人文叙事

——朱大可论文精选

朱大可 著

闽籍学者文丛 第三辑

闽南师范大学学术著作出版专项经费资助

海峡出版发行集团
THE STRAITS PUBLISHING & DISTRIBUTING GROUP
福建人民出版社

图书在版编目（CIP）数据

人文叙事：朱大可论文精选 / 朱大可著．--福州：福建人民出版社，2022.10

（闽籍学者文丛．第三辑）

ISBN 978-7-211-08923-9

Ⅰ．①人… Ⅱ．①朱… Ⅲ．①叙事文学—文学评论—世界 Ⅳ．①I106

中国版本图书馆 CIP 数据核字（2022）第 165773 号

人文叙事

RENWEN XUSHI

——朱大可论文精选

丛书主编：林继中　张　炯　吴子林
作　　者：朱大可
责任编辑：韩腾飞
出版发行：福建人民出版社　　**电　　话**：0591-87533169(发行部)
网　　址：http://www.fjpph.com　　**电子邮箱**：fjpph7211@126.com
地　　址：福州市东水路 76 号　　**邮政编码**：350001
经　　销：福建新华发行（集团）有限责任公司
印　　刷：福州德安彩色印刷有限公司
地　　址：福州市金山浦上工业区 B 区 42 幢
开　　本：700 毫米×1000 毫米　1/16
印　　张：18
字　　数：248 千字
版　　次：2022 年 10 月第 1 版　　2022 年 10 月第 1 次印刷
书　　号：ISBN 978-7-211-08923-9
定　　价：45.00 元

总　　序

本丛书为闽籍知名学者的学术论著精选集。

福建地处我国东南海隅，南临大海，有一条美丽绵长的海岸线，让人联想起一种开放性，其北为武夷山脉等群山所隔，又略显局促、逼仄。地理位置的这种矛盾性特点，一方面，使闽地学者不安于空间狭小的故园，历经磨难而游学四方，冲出“边缘”进入“中心”；另一方面，又有一种与“中心”相疏离的“外省”特色，在“中心”与“边缘”之间保持着必要的张力。这有力地塑造了闽地文化独特的“精神气候”：有比较开阔的世界性视野，善于借助异域文化经验、文化优势来实现自己、完成自己，建构属于自己的原创性理论话语，占据着学术思想的高地。

自魏晋南北朝以来，中原文化渐次南移，尤以唐宋为甚，故闽地学人辈出不已。在19世纪末、20世纪初中国社会文化的转型期，福州、厦门被列入“五口”开放，西学进入沿海城市，闽地涌现许多文化先驱，一度成为中国的文化中心之一，如“开眼看世界第一人”的林则徐，引进西方社会科学理论的严复，译介域外小说的林纾，等等。此后，闽地文化人如鲍照诗所云“泻水置平地，各自东西南北流”，以其才智和气魄在激烈竞争中居于重要地位。

在20世纪80年代的中国文化又一转型期，闽地文化人再次异军突起、风云际会，主动发起、参与了当代中国文坛数次意义重大的论战，发出时代的最强音，大大深化了80年代以降的文学变革和思想启蒙，成为学界思想潮流的尖兵。为此，当代著名作家王蒙提出了文学理论、批评界的“京派”“海派”“闽派”三足鼎立之说。这对于一个文化边缘省份而言，既是悠久历史传统的复苏，也是未来文化前景的预期，既是一项殊荣，也是一种鼓舞。

当代学术中“闽派”的提法，不仅仅是一个地域概念，更是一种文化概念。这个以地域命名的学术群落，散布全国各地学术重镇，每个人的文化素养、价值观念、审美向度和言述方式大相径庭，但都在全国产生了辐射性的影响力，充分展现了八闽大地包容万象的气势。职是之故，我们不拘于一“派”之囿，以“闽籍学者”定位这一丰富的文化现象。古人云：“文章千古事，得失寸心知。”受福建人民出版社的委托，我们欣然编选、推出“闽籍学者文丛”。闽籍学者阵容强大，我们分期分批分人结集出版，一方面是检阅闽地学人的学术实绩，另一方面则志在薪梓承传，泽被后学。

这是“闽籍学者文丛”第三辑。第一辑入选的著者有谢冕、张炯、童庆炳、孙绍振、程正民、陈仲义、陈晓明、林丹娅、吴子林、黄发有，第二辑入选的著者有郑敏、陈骏涛、刘登翰、林兴宅、俞兆平、曾镇南、王光明、南帆、李朝全、谢有顺。与前两辑一样，本辑推出的同样是我国当代文坛著名的文艺理论家、文学史家、文学评论家，既有年逾九旬的老学者，也有中青年学术新锐；每人一集，收录“有分量”的代表性论文，凸显“一家之言”的戛戛独造。这些闽籍学者都有学术体系的内在经纬，都有思想体系的结构支点，都有话语体系的文体风格；他们的每一个作品都是一次旅行，一个生命在构成理念的言语活动中的旅程；作为一个生成事件，他们的写作永远没有结束，永远在进行之中……

我们深信，“闽派批评”的后来者，只要坚持文化创新的理念，赓续“闽派批评”的精神品格，在“中心”与“边缘”之间保持必要的张力，定能如20世纪“闽派批评”的先行者一样，胸中有大义，心里有人民，肩头有责任，笔下有乾坤，不忘初心，锐意进取，成为新时代名副其实的文化先锋或“引擎”，给当代文坛持续提供崭新的世界观与方法论，为筑就中华民族伟大复兴时代的文艺高峰，贡献出自己所有的聪明才智。

“闽籍学者文丛”第三辑得到了闽南师范大学学术著作出版专项经费资助，福建人民出版社付出了诸多心力，在此一并致谢！正是源于大家的齐心协力，“闽籍学者文丛”第三辑才得以顺利出版。

是为序。

朱大可：诗歌变美了，可是力量消失了

（代序）

现在的诗歌是一种娓语

羊城晚报：近年来，诗歌活动在全国各地展开，似乎成为一种热潮，您怎么看？

朱大可：从20世纪80年代末开始，诗歌曾经落入一个令人苦闷的沉寂期，一些诗人纷纷自杀或病故，形成一个死亡的多米诺骨牌效应，海子和戈麦是这个骨牌的起点，顾城是它的高潮，徐迟是它的终点。但这只是整体性文化沉寂的一个区域性表达而已。我觉得这几年诗歌的复苏，应该有多重原因。第一，文化正在成为一种时尚；第二，诗歌的门槛貌似比较低，谁都可以写上几句（当然这是一种严重的错觉），但写小说门槛貌似就要高一点（这当然也是错觉）；第三，诗歌经过这么多年的自我规训和矫正，原先作为自由和反叛象征的这一面，现在越来越弱化了。它击打灵魂的力量正在衰减，失去了“力学”上的魅力；但另一方面，诗歌确实比以前更精致更优美了。你可以比较一下80年代诗歌，尤其是“第三代”刚刚崛起的时候，1986年，徐敬亚他们搞的诗歌大展，那些诗歌看起来都不美，但是有力量，因为它迸发出了话语反抗和批判的激情。它向我们显示了诗歌的“力学”。

羊城晚报：这样的情况似乎我们在美术方面也能看到，现在的画越画越好。

朱大可：没错。整体是这样。现在，“力学”消失了，“美学”崛起了，玩辞的技巧日益成熟。这种用“美学”置换“力学”的策略，营造了当下诗歌的优雅面貌。我没有否认“美学”的意思，恰恰相反，“美学”是需要我们全力捍卫的，我反对的只是，它要以牺牲“力学”作为代价。所以，“美学”的成熟既是一种进步，也是一种后退。当然这也跟目前语言消费市场的需求有很大关系，人们可能会期待一种更安全无害、更符合营养学模式的诗歌，而不是一种嚣张的、尖锐的、充满威胁性的呐喊。我想这也是诗歌作品变得更容易被接纳的原因。

羊城晚报：今天的诗歌会不会更像是一种装饰品？

朱大可：诗歌正在成为时尚社会的流行物，它加入了话语消费的洪流。你在宜家购物时会发现，它所经销的所有家具，都以道具的方式，组成了感官体验的布景。诗歌是这种生活场景中的一盏台灯，它照亮了人们为钱奔忙的无聊生涯。但对于少数真正的读者而言，诗歌不只是装饰，它真的是一种精神性的需求。伟大的诗歌不仅提供慰藉，而且传达人类的最高声音。

公共性将成为衡量文学作品是否成功的重要尺度

羊城晚报：您如何评价诺贝尔文学奖以诗人的身份颁给了鲍勃·迪伦？

朱大可：跟鲍勃·迪伦获得文学奖有点相似的是，早在1996年底，谢冕和钱理群主编的《百年中国文学经典》，就选了崔健的《一无所有》和《这儿的空间》两首歌词。这对当时的文学圈来说，是一个罕见的举动，它揭示了当代诗歌运动跟摇滚之间的亲密关系。诺奖委员会为什么会把这个文学奖颁给一个摇滚歌手？我想首先是因为他还原了诗歌的本初状态，回到荷马史诗和诗经的吟唱传统。我们今天所谓的诗歌写作、诗歌朗诵、诗歌大赛、诗歌大奖，都只是“诗”而已，没有“歌”什么事儿。在诗歌进化的路上，“歌”被文学无情地抛弃了。诺奖评委试图提醒我们，诗和歌本是一家，他们是密不可分的，所以这是一次历史还原的实验。更为重要的是，他是 60 年代美国反建制运动的公共偶像。据说几个评委是鲍勃·迪伦的歌迷，他们喝着他的摇滚奶水成长，所以要借此缅怀这场先锋运动。

鲍比·迪伦所具有的“力学”特征，正是当下中国诗歌所缺乏的。朦胧诗兴起的时候，北岛用他的警句方式喊出了“卑鄙是卑鄙者的通行证，高尚是高尚者的墓志铭”，顾城则喊出“黑夜给了我黑色的眼睛，我却用它寻找光明”。这些诗句不仅是美的，更是有力的，它能为我们的生存境遇，提供一个批判性的定义。

羊城晚报：今年的诺贝尔文学奖对于我们有怎样的启发？

朱大可：除了刚才谈到的，还有一点在于，它企图把文学的公共性，视为一种更加重要的品质，并且把它提到议事日程上来。诗变成歌之后，文学的流行效果是完全不同的，因为它可以通过大众文化的方式在民间传播。尽管许多获奖作品在获奖前卖得不错，但跟哈利·波特这样的类型小说相比，两者的销量还是相距遥远。鲍勃·迪伦获奖意味着，在互联网时代，诺贝尔评奖以及其他的文学评选，也许都会更注重公共性的尺度，这是值得注意的趋势。

羊城晚报：关于艺术工具论和纯粹艺术的争议一直持续，此起彼伏。

朱大可：这是肯定的。艺术潮流就是这样，不同的流派互相对立，又并存在同一个空间，形成多元互补的格局。诗歌也是如此。在中国的现实语境里，诗歌变得如此温柔，是有点奇怪的。现实如此暴烈，不断撕破我们的梦想，两者之间形成严重的不对称。我觉得诗歌应该是多元的，有人希望用精致典雅的方式处理他的语言事务，也有人试图表达他的批判性经验。这都是诗人自主选择的权利。我想举德语诗人策兰的例子。他是一个犹太人，可是他在纳粹统治期间，甚至在战后，都没有发表过批判战争暴行的文字，他的这种诗歌立场，曾经引发过关于诗歌与现实关系的激烈争论。很多人因此质疑他的立场，包括他的犹太同胞，但他确实把德语诗歌推到一个全新的高度。他的《死亡赋格》拒绝渲染战争苦难，放弃抗议性主题，直达语言本体的心脏。策兰是一个非常独特的案例，他卓越的诗学成就，和他对苦难的漠视，形成了尖锐的对比。

中国需要真正的独立评论

羊城晚报：有声音认为，今天文化批评的力量似乎越来越弱，对于公众对文化产物的选择和提升作用越来越微薄，您怎么看？

朱大可：这是合乎逻辑的结果。中国文化批评的力量总体上是虚弱无力的，但也不排除个别作品是有力量的，但是这些刀锋文字在主流那里属于异端。大众也是如此，在一个非常令人焦虑的现实状态下，需要用更甜美的文本来安慰灵魂，所以会热烈欢迎励志读本和心灵鸡汤，并且拒绝阅读直击现实、令人苦痛的批评，以为这是一种负能量的东西。在这种“正能量话语”统治的空间里，文化批评是孤独和弱小的，难以形成推动中国社会进步的力量。

羊城晚报：作为文化批评家，您认为文化批评的理想状态应该是怎样的？

朱大可：对诗歌而言，批评应该是一种很重要的鼓励，因为诗歌写作需要一种来自外部的声音。如果它永远跟自己对话，我想它一定会觉得孤独。所以诗人会渴望听到知己的声音，同时，他也需要从反对的声音里获得激励。另外，阅读界往往会把批评当作导引，希望批评家向读者推介一些有价值的作品。所以，无论从哪个方面讲，批评都是一种必要的存在。但是真正的独立批评，现在还是少得可怜，因为它无利可图，市场没有养活你的途径。文化批评也好，诗歌批评也好，他们的言说空间几乎为零，这是一个基本的现状，甚至还不如 80 年代。现在你只能在自己的微博和微信公众号上玩玩，在财政上根本无法自理，必须靠其他方式养活自己。欧美有比较完善的专栏作家制度，批评家一旦成为专栏作家，他就可以在同一个版面上长期发言，靠稿酬支撑日常生活，直到你老得写不动为止。最后的结果是，专栏批评家成了他那个领域里最厉害的角色，他的个人趣味，有助于整个领域的价值定位或观念转型。

目　录

第一辑　宏大叙事

饥馑的诗歌

海子:《饥饿的仪式在本世纪》(《土地》选章)

面对一个难以破译的诗篇，人们所能采取的最好方式，就是弃之不顾、扬长而去。但是在这首诗中有某种不同寻常的东西吸引了我。它是一种罕有的力度、浑浊而粗鲁的气质，以及对于宗教真理的悲痛的关怀。意象坚定地跳跃前进，所指暧昧不清，思想杂乱无章地涌现，仿佛灵魂已急不可待。被“饥饿”久困的人想象着他的“食物”，紧张得喘不过气来，断续地说出真诚的渴望。

这是公共法则的严重消解。公共的意象、公共的句法、公共的信念，都被私人化的字词、被词不达意的自言自语所笼盖或置换。符码充满歧义与谜性，破坏一切明晰而精细的诠释企图。例如，我们所面对的中心意象“羊”及其派生意象“羊毛”与“羊皮”，都是缺乏确定性的。由于“饥饿是上帝脱落的羊毛”，那么上帝就是那头奇怪的羊。这是令人费解的隐喻，我不知道这两者间有什么内在的联系。我也不知道羊毛与饥饿的内在关系。羊毛的温暖性对抗了饥饿的冷酷性，它根本无法成为标定“饥饿”状态的代码。唯一的可能性是羊毛的物质性，它与饥饿的对象重合了，于是有幸成为饥饿的喻体。几乎每一个诗行都充斥着这种牵强附会的修辞结构，提出一个喻词，同时又取消喻词的对象。它们是一些虚假的隐喻，制造着一些虚假的语象结构。

这是不可思议的。这些虚假的、不合神话原型规则、背离了人类深层联想结构的意象，却表达着最人类的思想。粗莽的灵魂在价值的荒原上呼喊，像一团风驰电掣的火焰，说出原始的生命意志的力量。它像一个言词的独裁者，用皮鞭抽打和驱赶零散的意象，对它们强行编组，逼迫它们产生价值与意义，犹如逼迫奴隶交媾和生殖。或者，令其排成符码的纵队，向无限饥馑的灵魂献祭。

我们面对的是一种怎样的“饥饿”啊！刚一个被称作“上帝”的物体，脱落了它的微渺的器官，在漫长的岁月里分批抵达尘世，制造永恒的令人疲倦的饿荒。它们是“上帝”的影像，被教士尊奉为“父”“王”，或被唯物主义者谦卑地叫作“物质”，它们是生命欲望（精神）和欲望的对象（肉体）这两者的二位一体。它们下降到土地的水准，像一个隆重的集体仪式。但贫瘠的土地不能满足它们复杂的渴求。土地产生了龙——一种畸形的世俗神祇，由九条河流上的九种生物的灵魂整合而成。但它只是某些凶恶的兽性的容器。人的器官和容貌、人的智慧和内在精神性，被轻易地省略掉了。这是土地的责任。土地，作为种族的象征，它加剧了我们在精神信念方面的危机。

对土地或种族的指责，表明了一种个人化的哲学立场，即一种真正的精神饥馑，只能从个人的昏暗中产生，并因个人的努力达到完美。完美的饥馑，这其实就是指个人精神危机的深度和广度的无限性，以及这种危机的不可解脱。于是，人只能收藏起传统的思想武器，在虚妄的低等的神祇身边住下来，倾听因饥饿而狂怒的诗歌，以此代偿不可遏止的生命渴望的无限对象。

有几种生物，在海子的诗篇里进进出出。虎豹，暗示着肉体化的欲望，它们曾经以人类自己的方式生存，以后又在神灵的恩泽和关怀中退化；公牛，中国乌托邦的象征，曾在“牛郎织女”神话里扮演最重要的角色，它的虚妄性使那些企图退回种族家园的诗人受到严厉的打击；只有羔羊，代表牧歌和诗，或者一切皈依的传统，躺卧在灵魂的山谷深处，啜入酒神的饮料，继续诵读书写于皮肤之上的诗歌，申辩着自身存在的理由。

这一切都迫使诗人的理性（太阳意象）分裂，像软弱的羔羊一样逃遁，向着遥远而无名的远方盲目行进。与此同构和并列的景象是：饥饿，也即原始的生命愿望，被囚禁于故乡的货车上，向历史的终端辘辘而去。而这就是诗歌：燃烧着的饥饿、饥饿的节奏和囚禁饥饿的种族栅栏。诗是火色的酒液，抵达灵魂最黑暗的部位，照亮它们。诗又像锋利的斧子，屠戮优美（天鹅意象）和一切既定价值（果园意象）。诗歌甚至像一块粗硬质朴的石头，杀死了代表家园和故乡的羊。这样，囚禁诗歌的种族精神和被种族精神囚禁的诗歌，都在这个时刻里获得最后的解放。饥饿升华成了造化和梦想的巨兽，驮负诗歌明亮地飞行。但饥饿同时也吞噬了贫困的人民，他们被埋葬在不结果实的土地上，并且带着惨淡的笑容进入诗人的梦里。诗人是最后的凶手，他将蘸着死亡的汁液书写瑰丽的诗章，借此完成他的伟大业绩。

阐释这样的诗歌（在价值饥渴中辗转号叫的记录以及这种记录的片段），是一种批评界的禁忌。游移不定的意象（如“羊”），则仿佛阴险的陷阱，使阅读者受困，但重要的不是个别意象的语义，而是从全体字词中跃出的激情，它像一束明亮的光线，照耀了事物的核心。借此我们看到，生命情感和生命意志痛切地诉说着不如意的景况，向上帝（终极价值的代码）发出含糊不清的呼叫，血和智慧从诗行的平面上混合生长，以怀疑主义的姿态爬向神的宝座。这是一个充满饥馑与灾难的种族所能给出的最好的福音。那些粗俗而低贱的市民诗歌，或者那些从各种知识文本中偷窃灵感使写作变成毫无激情的符号转贩的诗歌，在如此有力的生命的打击下，是注定要急速溃退的。

海子：《农耕之眼》

“农耕之眼”，谓农耕文化的精要之处。“眼”既是事物的精核，又是弈棋者在枰中所留的空隙，“眼”使对立的城市文化不能“下手”和插入。这一标题借用了围棋的规则，却企图标出文化的规则；农耕文化，或者说是自然文化、原始文化，是不可侵犯的，它守护着自身的永恒疆域，用土地、谷仓、葵花、阳光和雨水的语汇，说出针对宇宙的洪亮赞颂。“眼”也是历史的视界，它吁请一切被现代技术景观迷惑的视线，重新返回到对质朴、粗犷和典雅的原生状态的关怀上来。此外，还有一只诗人怀旧的眼，无限迷恋和伤感地叠印在了农耕的风景之中，像导引我们的风标。

《明天醒来我会在哪一只鞋子里》，企及农耕文化最本质的问题，生与死。它的基调是反讽的，以戏谑的态度谈论出生与死亡，它的简单、低贱和苟且性。“我生下来时哭几声，我死去时别人又哭”，在生与死的所有仪式中，还有什么比哭泣和眼泪更经济而有效的呢？卑贱地生息着，像一根树枝、一个梨子，或者，一头混杂于大小家畜中的猫，坚持在“生硬的黄土”上呼吸，浑噩无知，世代更替，没有任何作为个人的尊严与意义。但它却证实了农耕文化的强大的生殖力，大量的卑贱的生灵以农作物的方式生长与腐烂，低劣的种族人丁兴旺、蒸蒸日上。

《浑曲》和以下的诸篇，显示了与此全然不同的立场。从现在开始，讽喻、嘲弄和批判的调子快速地转向它的反面，转向一种咏叹和怅恋的情境。一声声“妹呀”的粗野快乐的呼喊，间歇但不停顿地涌现，仿佛是乡村少年的情歌，从浑噩的人群里质朴地跃出，结构与章句完全仿照民间谣曲，使我们听到一种真正富于生命力的原始的激动。这样，“农耕之眼”便缓缓旋转和展开，遮蔽了先前阴沉的图景。

《给萨福》，紧接着《浑曲》，却拒绝发展“农耕之眼”的命题，而是把对现代乡村的共时性关怀，变换成了对古代城邦的历时性追忆。从乡下妹子的背影里浮现出萨福——古希腊贵族诗人的美丽容貌。这个伟大的女人，被柏拉图赞为第十位缪斯女神，同性恋的大师，拥有无限芬芳的嘴唇和火焰般炽热的诗章。她对人类自由精神的贡献，逾越了漫长岁月的墙垣、中古基督教会卑鄙的焚书毒焰，向着怀古伤春的中国诗人开放。“萨福萨福，亲我一下”这种热烈的召唤构成了罗曼蒂克的经典性场面，仿佛一个失恋的骑士，在贵妇的花园里弹奏六弦之琴，唱出无限的倾慕。这是对所有逝去的美丽生命的叹惋，它拓展了“农耕”宇宙的空间深度，并通过富于质感和触觉的诗句，创造出一个想象性的感官世界。

《死亡之诗（之三：采摘葵花）》，陈述死亡的秘密经验，却并没有直接涉及死亡过程。这里只有沉睡的人，并通过睡眠模仿了死亡。睡眠还引发出梦和一个魔幻的故事。在这个叙事的梦里有两个奇怪的角色，身子上开放彩葵的做梦者和雨夜偷牛的人。这些葵花是画家梵·高最著名的作品中的植物，它们在画中像火焰一样燃烧。偷牛的人，我还不知道他的来历，但他似乎是一个盗窃各种生命力能的异贼，他不仅偷取动物和植物的灵魂，而且企图运走睡眠者的生命。其实这正是诗人精神内部生命本能和死亡本能的一次博弈，全部故事都模仿了自我冲突的经验，而且，它再度表达了梵·高式的对生命的热爱和眷恋。

《我请求：雨》，是一次真正的针对死亡祈祷，灵魂从梦里退出，向自然宇宙说出最后的请求。这是双重的索取，索取死和死亡仪式的必需物品——雨。而雨的功能也是双重的，它结束着腐败的时间，同时又孕育着新的生命形式。雨是一种转换器，它保证一个农耕或自然的世界在生与死的更替中恒动和永生。于是死亡就在这里变成某种再生过程的欢乐的起端，为伟大的新事物的诞生奠定了基础。

短小的呼喊性或警策性的句子、明快畅达的语调、异乎寻常的想象力、对爱与生的强大的激动，这些都在《农耕之眼》里获得了必要的显示。只要与《饥饿的仪式在本世纪》加以对照，我们就能发现，本诗缺乏的是强悍的力度，但它的风格的清丽绝尘，则构成了另外一种旨趣。它的怀旧性无法掩藏关切人类未来命运的急切眼神。

欧阳江河：《乌托邦》

《乌托邦》，一首无法窥测全貌的长诗，第二、三章已经散佚，没有人读过。所以第一章“我们”，姑妄就是“乌托邦”的一个完备模型，它独立遗世，诉说着对政治桃花源的难以言喻的情感。

乌托邦，指称完全乌有的邦域，从中可观察到两个彼此友爱的人种。“我们”是被践踏的众生，是颓废的人民和献祭的牺牲者，如同所有的奴隶，“我们”谦卑地映衬着另一人种的伟大性。“我们”天性和平，逆来顺受，与世无争，服从外在权威，保持永久的缄默。在“乌托邦”里，“我们”冷漠和无动于衷地旁观着针对自身的令人震惊的暴力。

另外的人种是“他”，一个神秘威严的单数，像上帝那样孤独地君临宇宙。“他”的重要性在于他是唯一和不可复制的。“他”占有了独裁者所应具有的全部属性，并把这些属性的意义推广到“我们”身上。《乌托邦》诗，就是关于独裁者神圣权力所涉及的范围的现象学描述。独裁者无处不在和无所不能：“他”用刀重新分离或组合“我们”的头颅和器官；“他”的饥渴或寥寥数笔操纵着人类的气象、季节和景观，而“他”的另一些言语则安排了光与真理；“他”的阳具或令三千女子终生不孕，或使万民迅速繁殖，以致浓荫蔽日；“他”病时世界雪白犹如医院，“他”睡时所有的夜晚不敢点灯，“他”睁大的眼睛永恒监视“我们”的言行，“他”的阴影笼盖大地、永不褪色。

从对万民头颅的屠戮开始，在“我们”的子代不敢降生的时刻终止，诗的内在层次尽管有些紊乱，但欧阳江河对《圣经·旧约》语言的仿制仍然是卓有成效的。作为以色列民族的英雄传说，《旧约》第一章涉及上帝的权能和造物业绩。从《旧约》中，我们目睹了人类主宰者的伟大性与崇高性。但《乌托邦》在仿作中微妙地放弃了颂扬的立场。它的史诗场面充满中立和灰色的调子，宏大暴戾的事件的震慑性，被竭力掩盖于冷淡的叙事态度之中。

这里已经隐含了某种来自种族或人类的巨大骇怕。乌托邦的逻辑、更确切地说是巨人的逻辑、从A形态到B形态的荒谬转换，完全是不可思议的。刀→头颅、饥渴→作物、笔→天气、器官→春天、影子→太阳、版图→人烟……这些在寻常世界里彼此无关的事物，在“乌托邦”里组成了严密断线性因果。这就是巨人意志强悍的力量。巨人根据一种事物去任意地审判所有的事物，命令它们存在或者缺席。“乌托邦”是一个不容置疑和不可抗拒的法庭，它的全部面貌都必须由巨人亲自加以塑造。而后，这个非凡的恐怖主义的祭坛，又被巨人用来塑造“我们”的灵魂。

但“乌托邦”的真正意义不是这个。“乌托邦”必须向人交付存在的幸福。乌托邦应当是炮制和出售幸福的超级工厂。欧阳江河的《乌托邦》，至少拥有下列两种幸福：统治的和被统治的。其中，受虐的、遭迫害的、被牺牲的幸福，是更为激动人心的，它由“我们”快乐地加以垄断。这种快乐甚至超出了骇怕的程度，以致“我们”最终能够无比平静地接受这个残忍的现实。我看到，在乌托邦的温床里，受虐人格正在茁壮成长，构成了上述美妙社会的真正核心。

这就是人类（种族）没落的征兆和起点。欧阳江河可能忽略了一个更有深度的问题：谁是乌托邦的内在主宰？难道那个孤寂的单数（“他”）拥有支配最大量复数的力量是正常的吗？不，这肯定被弄错了，它只是一个诡异的文化假象。对人类的理解应当穿越“人”

这个词缀而抵达“类”这个词根。乌托邦的秘密本质在于它必定是一个由大多数人统治少数人的世界。这一定理决定了乌托邦的一切逻辑，并为独裁者权力的无限性找出了最有力的解释。“我们”，或者干脆说人民，乃是乌托邦的真正主人。“我们”推出了权力的符码和玩偶（“他”），阴险地操纵它，像操纵一具伟岸的傀儡，把人民的全部功绩或罪责诿卸于它，并在必要的时刻将其轻易地推翻和替换掉。正是通过这种隐名于幕后的策略，人民实现了主宰世界和历史的伟大理想。

我所面对的是一座这样的乌托邦，它实存于真实的时空，并被我的精神与肉体所亲切地感知，像接受一件不可拒斥的悲惨礼物。乌托邦事物空气般渗入种族的日常生活，成为生命经验的构成部分。谛听和向往乌托邦，响应它的召唤，为它而英勇战斗，从一个乌托邦奔赴另一个乌托邦，最后，在它们之中像忠实的狗一样卑贱地死去，带着对更遥远的乌托邦的憧憬。

“我们以镜为家”，这个诗句表明“我们”正住在一组完全虚妄的价值里。揭露这种存在的真相需要足够的勇气。

不仅如此。欧阳江河的勇气甚至包括与恶毒的世界共存。由于洞悉了逃亡的毫无意义，他最终出示了听天由命和超然情外的立场：“静如植物，根部以下埋进土地”。以世外高人的角度静观暴力，大智慧的精神漠然注视自身肉体的痛楚，这个生命对策强烈地显现了东方文化的个性。在这种文化的个性中，诗人审慎地掩藏起了自己的反讽个性，而这正是乌托邦力量的一个最亲近的证据。

翟永明：《静安庄》

这是一个关于濒临死亡的种族的庞大寓言，凡 12 章，以月份为各章标题，构成有序的读数，暗示种族时间的循环与轮回。在寓言的中心，出现了一个名叫“静安庄”的村落，干枯、颓废而恐怖，充满死亡的预兆。“静安”一词，描述了它的鸦雀无声、它的冷寂，以及它被现代文明所悬置的孤单状态。

静安庄，或者说某个溃烂的种族，是一部古老的文本，它必须获得一个现代阅读者，正确地读它，转述它的意义。而不是像传统的读者，错误地翻转着读，并且在转述时加入美丽的谎言。有一自称 19 岁和“一无所知”的女人，承担了这项工作。她是乡村游荡者，从这个世界的边缘而来，于 1974 年遇见了这个村庄，并开始在村庄里游荡，花费“一年”时间阅读它的各个部分，然后从那里逃走，或者说，关上这本恐怖的书。

翟永明，也就是那个在书中游荡的胆战心惊的人，有什么理由非这样做不可？她为什么会遇见静安庄，又有什么必要在那里居住，探询它的各个细节？是她自己陈述了这方面的理由。在“第四月”“第七月”“第十二月”里，喊出“愤怒的声音”的母亲、“使生命变得粗糙”的异姓兄长、“人神一体”的祖母和“群居的家族”，这些人界定了游荡者的性质，向她呈现家园和故乡的形态，刻着她出生日期的老榆树、结满她父亲年龄的旧草绳，这些先验的事物则企图提供进一步证据。这就是静安庄的意义，它以母体的名义召唤异乡之客，劝她回归，然后，用“永恒的脐带”把她“绞杀”。

这不正是关于种族本性的真切喻示么？一个属于它的子民，将面临严重的两难困境，在它的外面阅读并诘难它，或者，进入它并成为其中的角色。翟永明不可能克服这种存在的两重性，在《静安庄》里，她一方面被读着，一方面又读着自己。她成了一个精神分裂的人。

这种混乱和怪异的精神分裂气质，对她读解静安庄的方式作了心理学的规定，使那个败落的村庄看起来愈加凶险而颓坏。正如女诗人所自我表露的那样，她“发育成一种疾病”：当内在生命力蓬勃涌现的时刻，被死亡的境遇所惊骇。这时，死亡本能开始生长，呼应着黑暗的存在之所。巨大的死亡涌流在灵魂的外面和里面同时起伏，构成诗人的转述方式的破碎性和盲目性。《静安庄》拥有史诗的规模，却没有它的逻辑、连贯性和语句完备性。它是十二次噩梦经验的残忍片段，它们之间的唯一联系是静安庄这个地点。在所有依稀的梦境里，静安庄永恒兀立，像一座被历史废弃的古堡，向那些致病的飘游者开放。

所有这些都先验地决定了我们视界中的“静安庄”的容貌与气质。它首先是有罪的。它的每一个段落都充满罪行或犯罪的气味，到处是陷阱与杀机、透明而不可经见的凶器、露出杀气的月亮、穷凶极恶的荒屋、练习杀人的男孩以及死鱼，已遂或未遂的谋杀在墙垣后发生，犹如影子在太阳下行走，并因不可知而变得神秘与恐怖起来。像《旧约》那样，它是种族溃解神话的一个导言，原始罪恶从这里推进成悲怆的历史。

“静安庄”是古老的，这构成了它罪行谱系的一个核心部分。时间是无底的容器，隐匿了无数丑行和“盛朝年间的传说”。尽管古代诸侯的床第早“已被白蚁充满”，它的腐朽气息仍然感染了还未丧命的人、“脸上盖着树叶的人”、在“漆黑的日子”里分娩和生殖的人，以及各种人，使他们拥有一个颓废的神态。这正是我们从秦始皇陵的兵俑的嘴脸上所读到的表情，它像一架坏钟表的指针，使西安地面的行人失去进化的契机。这个现存的例子有助于我们读解《静安庄》所企图传播的旨意。

那么，一切被家族或者岁月所谋杀的人有难了，他们的死尸毒化了乡村景观、风俗和事务，并且用白骨的风标描绘了“静安庄”毫无指望的未来。新娘服毒、婴儿被溺杀，乌鸦在祠堂头顶上说出绝望的神谕。于是这个后来写诗的女人，这个守望着干涸的麦田的人，被死亡的经验压垮，看见了“根彻底消失”的毁灭性遭遇。

从这部启示录式的预言书里，可以搜索到两个最古老的意象或“词根”：太阳与水。它们是支配“静安庄”死亡和再生的秘匙。首先是炫耀火的太阳，它并未使“漆黑的日子”消解，相反，它的光线暴力使水井干枯、仰脸望天的人成为石头。干旱的风在物种生长的季节里飞旋、散布死亡。水是富于耐性的失败者，它隐匿在土里，隐匿在木的深处，甚至隐匿于金的缝隙之中，这样直到 9 月，它才云雨一番，使“静安庄”重新进入生的轮回。水提供了一个奇迹，它改写了“静安庄”这部存在之书的结局，使它以活着的形态死亡，或者，以死亡的形态活着。

有一个孩子站在树下，为“静安庄”命运的魔术而惊讶。他试图思考这些生生灭灭的事物的因果。这个出现于《静安庄》尾部的男孩是翟永明的化身，在经历了 12 个月的精神历程之后，她的灵魂疲惫而又平静，迷狂的转述被引向一个沉思的态度，其中包孕着对种族之书中全部丑恶符码的缄默和让步。这就最终消解了我们最初发现的那个两难困境，书缓缓合拢，裂变的灵魂安详地走向睡眠……

何小竹：《人类最初用左手写字》

还原主义，倡导对事物的本始或本元形态的回归，把繁复的事象推回到它们共有的源头或根基上，然后，从那里握住世界的几条最基本的线索。这其实就是绘画领域中从具象简化为抽象的过程，无限众多的线条在其中消退，所剩的是世界最古老原始的元素、描绘世界存在的那个唯一和不可缺略的轮廓等等。还原，就是切开世界诡异的皮肤，将它的灵魂纳入人的视野。

何小竹在这首诗里放弃了他的巫术气质而变成了一个实证的还原主义者。他把世界的构成元素设想为沙、虫、风、树、鸟、云和鱼，然后按照东方还原主义模式，进而把它们分别投放到“动—静”二元组合的结构之中：虫（动）与沙（静）、风（动）与树（静）、鸟（动）与树（静）、鱼（动）与云（静），等等。更重要的是，这一“动—静”结构是不断运转和变化的，犹如老子的操作态度。这样，我们就目睹了一种同时兼有静穆与生动两种气质的无意象的诞生。

沙与虫，两种都具有运动性的物体，像古老的计时器一样缓慢爬行流走，越过无数个白昼与黑夜，标定着时间的意义，这里隐含着一个方向性的命题、一个对运动属性的简单思考，沙虫、白昼以及人类书写的方向是同构的，诗人声称它们都是从左到右，并且作了人类最初用左手写字的推断。这没有什么理由，或者说，完全不需要什么理由，因为逻辑本身在这里也被还原了，变得像原始人类一样稚拙而固执，只需一个简单的信念，世界的特征就被洞悉无遗。

风与树，这组命题与上一组有着微妙差异。风是自动的事物，而树最初是静穆的，它仅仅在风的吹气下才摇动起来，响应风的激情。风的运动方向与虫也完全不同，它不是从左到右地作线性爬行，而是在树皮上亲切地缠绕，描述着一系列弧圈，这主要因为树是圆形的事物，并且坐落于空间的核心位置。树的运动方向则是暧昧的，它把舞蹈的使命委托给了敏感的树叶。树叶离开树，发现了风，它就像风缠绕树一样缠绕住了风，又像声音缠绕树一样缠绕在声音上。这构成了元素们互相搂抱的场面，它使世界保持了运动的优美形态。

鸟与树，这组命题是组诗中最复杂的段落，它既包含了过去的元素（比如“风”和“树”），又加入了新的因子。这就是鸟——一种最机敏活泼的事物。它使凝固的宇宙生机盎然起来。鸟群停栖在树上，具有异常的重量，使树枝垂向地面。鸟的沉重感预示了它的飞翔。果然后来它利用树叶的反弹性离开树、离开它所依凭的事物，这同风对树的纠缠全然不同。鸟拒绝了家园对它们的央求和挽留。离树的瞬间的情态是两个互相存靠的事物发生分裂的情态，它的意义和情趣被凝定在一个由何小竹制造的象形字里。这是非常个人化的处置方式，但它是适度和可以读解的，像某种微观的插图，或者，一个片段的句号和停顿。

接着是树的态度。树与鸟相反，它是一种静谧的巢室，具备飞翔的动机，却不具备飞翔的可能性。它注定要忍受孤寂，然而它看起来对此十分害怕，并对鸟无限羡慕。于是它就“很注意鸟的去向，很注意鸟的动向”，这两个句子的语义是完全同一的，它们的重叠强调了树的依恋。树是功利主义者，它像鸟一样梦想获得羽毛和用羽毛来飞翔。其实树叶就是树的羽毛，但树叶不能托起沉重的树躯，它只能弃树而去，作为树的愿望的代表，去和天空会面。树深知这点，所以它在晚上叫喊，说出对风的恳求，让它带走树叶，“树离开树”句中的第一个“树”，指的正是这样的树叶。但风很沉默，于是树就只能想念鸟，并在对鸟的怀恋之中寄托对飞翔的向往。这其实就是静止对运动的向往、定物对活物的向往，以及大地对天空的向往，等等。

云与鱼，这是两个完全无关的事物，把它们放在一个结构里，与其说是因为它们都拥有“弯弯”的形态，不如说是由于它们拥有类似的习性，游动、在雨后显形、怯懦的性情、对气候有所选择，并且随机应变。这里出现了一系列很精妙的对比性事态，云的好高骛远和鱼的深入浅出，云的按部就班和鱼的静止不动，它们被钉在成语的框架上供人们观赏，语感在这里达到它的最良好的状态，宇宙物体间的差异性被描述得纤毫毕现。

这是何小竹写得最好的作品之一，拙朴而短促的句子，洗练的意象或事态，对隐喻的拒斥，形而上的风度，这些都在表明，适度的还原技巧完全可以建构出新的诗歌——宇宙空间。诗歌还原的终点不是词素，而正是上述单个的元意象。何小竹的另一首《太阳》，企图把诗还原到对“太”和“阳”的字义分析，便消解了诗，也最终消解了诗人自身，因为诗人只能靠语象（事态）、而不是靠孤单的字活着，难道不是这样吗？

空心的文学

关于新时期文学的白皮书

只有一个值得认真谈论的事件：文学的死亡。

当代文学的圣殿正在塌陷下来，变成硕丽无比的大废墟，一个“杂种”和“垃圾”的世界。但是它依旧保持着完美的幻影。诗人和小说家像几百年前那样，固定在一个偶像的坐姿上。巨大的典籍庄严静穆，凛然披挂着圣洁的尘土。澄明之风吹来，一切便杳然无形……

寻根，撒娇主义的冒险

寻根即撒娇。寻根就是将孤寂的自己托付给一个在我之前的先验实体，屈从于它的慈爱或恩宠。寻根就是找寻一个可以寄居的临时避难所，就是一次悲凄的怀乡运动，它旨在辨认与个体密切相关的种族的原始罪恶或原始幸福。韩少功声称他发现了某个种族发展的白痴法则。在《爸爸爸》里，丙崽是不死的，他是愚昧之神。所有生命智慧的死亡并不妨碍他的神秘存活。他是进入黑色乌托邦（愚人国）的唯一通道，并构成着古老种族永生的根基。韩少功用两只眼睛（一只嘲笑着，另一只则在流泪），洞悉了这项原始罪恶。

我所以特别指出韩少功的智性，是因为唯独这个作家拥有对上述种族罪恶的敏感。而更多的寻根主义者则跌跌撞撞地掉进了原始幸福的老式陷阱。

贾平凹的新笔记小说，显示了用早已干枯的语体召回传统价值与原始幸福的复辟企图。这奠定了寻根运动的基本流向。

没有人比张承志更强烈地说出了寻找原始幸福的渴望。张承志是长满浓密毛发的粗大婴儿，他沿着文学这条脐带爬回子宫或育儿袋，这一冒险举动曾使多少女性读者兴奋得颤栗。面对张承志的作品，必须学会使用耳朵而不是眼睛。只有这样才能倾听到分布在每一个句丛和字群里的啼哭。

张承志跃入了黄河。张承志俯身拥抱他的草原和牧场。张承志对着缄默无言的雪山下跪。张承志假托他的所有主人公向独裁的父亲或仁慈的母亲出示情结。他的小说结局都隐含了得救后的幸福感，因为每次他都使自己找到了一个摇篮的符号代用品，并利用这个代用品向自身发出事先准备好的安抚。

遍涉东方的古冢是威严的，它掠夺走所有的价值，却把死亡推给了我们。寻根者阅读到的只是墓碑上的残败铭文。这是一份诱入时间深渊的图引。原始幸福从来就不曾存在过。真正实存的只有原始罪恶，它匍匐在墓道深处，阴森地打量着未来的岁月。

另一文化误解在于对性欲的界定。它最初被基督教会确信为一项基本的原始罪恶，以后又被劳伦斯和弗洛伊德确证为一项基本的原始幸福。然而，性欲既非原始幸福，也非原始罪恶。性欲是中性的，它坐落在罪恶的边界上，等待进入精神之门并从那里受洗。

寻根的第二语义于是就这样构成了，它包含着解放古老雄浑的本能的暧昧用意。但寻根主义者不敢直接用肉体享乐故事去结束苦行。他们似乎缺乏义无反顾的胆气，还不敢将精斑直接涂抹在文本上。因为他们缺乏将本能引渡为现代幸福的精神自信。张承志在本质上是害羞的。他的主人公跃入黄河时穿着短裤。他拒绝直接谈论性行为本身。他只是审慎地出示男人的第二性征：高大的躯体、强健的肌肉以及一堆令人生疑的毛发。

那么，章永璘是一个真正的本能解放者吗？在那部叫作《男人的一半是女人》的小说里，章永璘找回了曾经失落的“根”，但他随即又在道德忏悔的战栗中将其抛弃，进入纯粹精神的原野，作了托尔斯泰式的自我放逐。这样，章永璘实现了两度被阉，第一次是他阉，第二次是自阉。章永璘不是解放者，他的卑琐的有罪的灵魂，因着对内体的自虐而最终获得某种虚假的崇高性。在这个意义上，张贤亮是当代作家中最为不幸的说谎者。

而使所有道德民兵错愕的，是王安忆的《小城之恋》。这个由女人提供的文本充满了前所未有的无耻性，它打开了通往秘密经验的历险道路。这种沉迷性行为和感受的坦诚甚至使激进的批评家都感到困难。

但王安忆并不肯走到对性本能作热烈颂扬的地步。她坚持放弃价值评判的权利。当她的主人公参与到一场存在方式的赌博时，她自己却退身为一个局外人。最终，像所有寻根作家那样，她拒绝像劳伦斯那样对性作必要的误解——把它当作生存幸福的伟大根基。

这已预设了寻根运动的失败终局。寻根作家，既不想承担离经叛道的重大责任，也不打算充当传统意识形态的代言人。他们小心翼翼地在两个陷阱之间搜寻价值，竭力保持自身形象的中庸性质，以致他们同时遭受来自激进与保守两个向度的攻击。

游戏：无底的棋盘

人什么时候才能学会正确地进入游戏和从游戏中全身而退？

饱受惊吓的中国作家，丧失了面对实存世界及其全部苦难的勇气。他们迅速蜕变成了一些可爱的游戏者。

游戏者是不可确认的人。他们在潇洒的游戏风度之后，藏匿起对公正、真诚、庄严与崇高的无名恐惧。游戏人格骇怕操作的结局，骇怕成为生活严谨的怪物。于是他们取消信仰，不相信事物的深刻意义，也不相信自身的力度。“玩玩而已”，这句著名的台词，消除了存在的全部严肃性，但它却帮助绝望者从空无的现世城里体面地撤退。

游戏是一个骗局，一场经过伪饰的戏剧，是人扮演他所不是的东西。游戏者的举止再优雅，也仍然是滑稽的，因为他没有本质。游戏者是二维人，他就像无底的棋盘那样，与支撑他的第三度根基分离，成为一个悬浮在世界阴影里的孤单的面具。

在严格意义上，游戏者拒绝了实存。他判处自己以游戏的方式死亡，从不可抵抗的生存命运和痛苦中彻底解脱出来。命运的规则是恒定的，而游戏的规则是任意的。你可以随便指定一个故事的开头和结尾、一种叙述方式、一组隐喻意象……游戏使自我体验了自由，但它最终只是自由的代用品。游戏否决了实在生活的意义。这个发现使我觉察到马原的英雄主义气质。他像一个在大绞架下游戏的失意圣徒，向上帝掷出一枚古怪的骰子，骰子的每个面上都刻着神色阴郁的骷髅。

游戏人格是伟大的传统，进入这个人格，即进入了传统。这个传统是从一位微不足道的人物开始的，那就是帝尧之世的壤父。这个游戏的发明者当时站在道路上，用手中壤木投掷地上的那一块壤木。这个单纯的游戏包含了游戏的主要形而上特征：它企图在现世功利目标之外虚设一个伪标来转移人的焦虑。击中伪标造成击中真标的假象，它代偿了人在真实世界里无法完成的复杂欲望。

游戏是一种虚假的生活想法，曾经激动了无数试图真实地生活下去的艺术家，庄周、陶渊明、刘伶、阮籍、嵇康、苏轼、徐渭、朱耷……这些代表了一种激动人心的游戏精神：利用游戏（策略）向世界抛出一副面具（伪在），同时守住自己的本性（真在）。这个传统告诉我们：真的游戏者正是那些从事假游戏的人。

只有小游戏者才向游戏出卖本质，也只有小游戏者才对其活动性质作自我揭露。大游戏者是缄默的，它首先用佯戏来掩饰本性，然后又用佯“不戏”来掩饰佯戏。这种双重的表演保证作家在一个非人的境遇里能够坚定地守住内在的真实生活。

马原是饶舌的。他在小说里不断出示各种游戏标记，不断提醒读者注意小说的玩性。这正是一个小游戏者所具有的特点。马原同博尔赫斯的差异在于：前者把真的变成假的，而后者不仅把真的变成假的，而且把假的重新变回到真的。这个差异暴露了马原（也许还应包括旁人）的致命局限。

游戏应当在人之内，而不是人在游戏之中，以一种错误的方式卷入游戏，就必然导致错误的后果：当马原变小说为纯粹的假时，他自己也被游戏所抽空和吞没，成了一个虚无的存在。

尽管如此，马原的笑声仍然保持了一种恶毒的成分。他既嘲弄神明，也嘲弄读者。他的小说是个机诈的圈套，除非你识破所有法则，否则就会卷入一场无休止的智力消耗运动。马原的诡计通常是这样的：他拿出一枚古代钱币，将你引入迷宫，然后，钱币突然消失了，你赤裸而下贱地站着，惊恐地发现这个陌生的屋子压根儿没有出口。我拒绝阅读马原，是因为我拒绝成为马原的玩具。我是觉醒了的玩具吗？不，我只是那个洞悉了马原本性的人。在一个更大的空间里，游戏者马原成了另一游戏者的玩具。这才是所有荒诞剧的真正序幕。

那只按动马原脑后开头的不怀好意的手是什么？是游戏拯救自身的可笑信念，还是某个神秘的女人，或一道来自先祖的森严训诫？……

在一个丧失所有信念的王国里，究竟谁玩了谁，这个问题是不可解答的。设想：马原被某个先验的游戏结构玩着；这个结构又被亚当和夏娃玩着；而亚当和夏娃则是上帝的玩偶；可能，上帝又是另一在者的玩具……一个无限（无底）的序列。最后的玩者是无名的，它玩遍了所有的存在者。

如果，游戏是世界的本质，那么马原是什么东西？

口语的狂欢与市民的庆典

“贵族气”，一种正在进入传说的文学罪恶，一个纯粹虚构的事件，却导致了真正的价值恐慌和骚乱。这些都是不可回避的。在很久以前，贵族就已经退出了历史。当代文坛的占领者是两类平民：农民与市民。他们曾经是杀死贵族的凶手，现在又宣判了贵族的复活。

这种风声鹤唳的架势，使我回想起贵族时代的崇高与强大。一个诗人就是一个精神贵族，他凌踞众生之巅，洞悉着世俗的全部丑恶和苦难。他也是一个纯粹的“独在”，一个高傲的隐者，保持生命意识的全部澄明性和孤寂性。“千山鸟飞绝，万径人踪灭”，这两句偈语是对“鸟人”们的绝灭事实的一种宣喻。那个披戴蓑笠的“渔翁”是缄默的超人，他从世界抽取（“钓”）某种纯净和完美的质（所谓“孤舟蓑笠翁，独钓寒江雪”）。

我所悲哀的正是“渔翁”的死亡和“鸟人”们的丛生。那些鸟人像渔翁那样披蓑戴笠，钓取的却是各种利禄之鱼。他们杀死贵族，然后又冒充贵族，使文坛充斥着虚荣与自卑的混浊气息。

这就是所谓“优雅”风度的根源。几个城市资产者和中低级官僚的破落后裔，加上一些出身于棚户的地道平民，构成了优雅文学的主要阵营。他们不断回忆起祖先的光荣业绩，从箱底搜索出光辉黯淡的老式首饰或毛皮大衣，把胭粉涂遍布满皱纹的衰老的脸庞。优雅是一个空洞的姿势，它把不属于我的东西向世界面呈。“优雅”嘲讽了这个肮脏的城市，因为它只是一个巨大的价值荒漠，必须依靠各种装潢才能扮成偶像。但“优雅”总是深藏着被揭露的紧张，它使优雅者处于持续的恐惧之中。

小市民的文学革命企图从根本上消除这种紧张，它用城市消费者的日常经验和世俗趣味反叛优雅，把文学变成市民的可口快餐和柔软手纸。它的目的：使写作与生存趋于轻松；它的准则：粗鄙与无耻；它的口号：鸟人就是鸟人！

我曾经欣赏过这种市民人格的自我还原，因为在最初的时刻，它拥有着存在的诚实性。但它随后就在模仿的涌流中变质，退化为大堆低劣的文化垃圾。

“口语派”小说，特别是“口语派”诗歌的流行，显示了和可口可乐拉罐类似的现象学特征：第一，粗制滥造；第二，与大众口味彻底融合；第三，用过即扔；第四，对生命的在所构成污染。

什么是城市口语的意义？这个问题就像什么是粪便一样令人不快。

我们选择做梦，但我们被禁止做梦。口语，在某种隐喻的意义上，把城市的梦想转换成实在的触摸。到处是精神苦闷的挣动。战栗的欲望充分地肉体化了。从一个物质的嘴唇里跃出了有关物质消费的全部语言。

这是价值下降的运动，或者，反过来说，口语使最琐碎无聊的东西神圣化了。口语是一个和解的姿势。口语使诗人取消自身的特殊记号，像隐形人那样融化于城市公众无边无际的洪流之中，从而在商业主义的庞大背景下安全自在地生存下去。

口语是一种分币，它蓄意购买来自他人的好奇心或窥视欲。城市口语构筑着通往市民意识深处的走廊。“市民自白小说”“隐私小说”“大特写”“报告文学”，从它的门洞里急切地涌出，使文学面临窘迫处境。

关于“第三者”，关于“同性恋”，关于“洋插队”，关于娼妓和月黑风高杀人放火……所有这些由秘密命题组成的消息碎片，描绘了一幅毫无秘密可言的透明图景。这里没有“私语”只有“广告”。这正是爱好窥私的传统市民梦寐以求的庆典：它把城市变成了消费“报告”的乐园。

丧失了内在隐私性的人，是一个非人。他毫无人格可言。因为他的存在不再是私人性的。也就是说，他没有自我，也没有尊严。他被新闻闪光灯剥得一丝不挂。他在大众的传播媒介里，在公众的恶毒目光下遭到意淫和轮奸。

传播技术的暴力，很像某种特殊的十字架，它必须靠钉死几个殉难者来制造生命的戏剧，慰抚和救赎那些生活单调、神色阴郁的城市生灵。这显示了一种令人毛骨悚然的人文主义。向人交还秘密，就意味着向人交还他的自由，意味着把个体的人从城市监控中释放出来。这样做的前提是缄默。秘密就是秘密，它不可探测，保持永恒的匿名性。然而缄默却将消除一切类型的生命通信，消除语言的法则，并判决文学在它之中死亡。这样的结局同样是无可救药的。

种族孤独下的“现代主义”噩梦

中国文学的“现代主义”进程，正是从这个国家丧失现代性的地方开始的。

20 世纪的东方是一座巨大的废墟，在它的底层是古朽的龙凤尸骨和秦砖汉瓦，在它的上层则倾倒着来自欧美大陆的第二手文明垃圾。东方的垃圾抗议西方的垃圾之压迫，西方的垃圾抱怨东方的垃圾之敌意。这场垃圾间的对抗，充满了历史的严肃性。垃圾的厄运在于它注定是一个过时的和受遗弃的实在。它被“现代”驱赶到过去的世界。而在过去的世界，它又被进一步驱赶到价值领域以外的地带。

与垃圾共生，意味着人正受困于无意义的事物，被虚妄的文化括号所悬置和隔离，在现代世界的座椅里永久地缺席。这样，即便人从垃圾中探头，向世界伸出友好的手，仍然与现代性无关。美国总统和他的人权宣言，只是一个电视事件，人注视它的原因在于它根本无法企及。

这是种族孤独的全部根源，也是产生焦虑和愤怒的根源之一。人被他渴望进入的文明所拒绝，他只能像饥肠辘辘的狗一样在那所美丽的大玻璃房子外面游走号叫。

然而，与其说当代作家为某种不公正所激怒，还不如说是为自身的非现代性所激怒。他试图在个别意念上提前进入未来，以致身躯无比古老，而头颅却噩梦般在天上笨拙地飞行。这揭示了一种精神分裂的征兆。

那么，文学陷入一种表演的哲学，就是不可避免的了。“现代主义”作家是僭越者，他租用一个激进的面具，企图成为他所不是的那个东西。从此，他只存在于别人的目光里。

中国人是世界上最伟大的演员，他的存在开始于某个“让梨”的表演细节。还在很幼小的时候，他就被告知必须对他人的眼神始终保持内在的警惕。那个孔融的台词里压抑着欲望，而“现代主义”者的台词里则无限地夸张了欲望。这两者都是为了诱使他人的认知发生错误。

把王蒙的《春之声》到《活动变人形》……当作文学现代化的

重大开端，这可能是批评界较大的失误之一。王蒙的作品起初只是某些精致的仿作，表达把士大夫的忧乐意识充填到现代主义的技法之壳的企图，尽管它从一开始就背离了卡夫卡的传统，但它还是洋溢着某些对生命的感动。《活动变人形》则是精神和语言动乱的标志，充满各种用以掩饰自我人格的努力。这样，王蒙就以一个特殊的身份，显示了中国伪现代主义魅力的彻底消解。

在现代主义的旗帜下抽搐着大量可疑的脸庞。他们痛苦是因为他们的头脑觉得应该痛苦，他们嚎叫是因为别人在这之前已经动听地嚎叫过了。当中国作家敬畏地谛听自己的痛苦嚎叫时，他的确捕捉住了能够用以自证的唯一的声音。

尽管如此，我仍然坚持把文学的不真诚性看成一种难以宽宥的罪孽，一次自我受难和对存在的虚幻特征的虚假估量。批评必须充当一把剃刀，去清除现代派作家脸上的全部装饰性毛发，使他们还原到一个真实的状态。批评应当让一切作伪者完蛋。

我不否认，在仿现代主义的文学运动中也包含了某些真诚性。有的作家拒绝屈从于他所隶属的文化。他反复谈论荒谬、孤独和死亡，是因为他触及了最可怕的生命事实。这种抗议文化由于现代主义而获得反叛的契机，并从此拥有一个类现代主义的悲怆面貌。

真正的现代主义从未成为事实，它只存在于一个语词的深部。现代主义并不是一个可以把各类反异化文化随意倾倒进去的袋囊。这是个严肃的概念，一座硕大的精神纪念碑，它显示了文学对人类技术文明及其灾难性后果的空前绝望的沉思。

在严格的意义上，中国的现代主义只是某种近代主义，它旨在反抗来自垂死的中世纪意识形态的压力。当代文学已经再度返回“五四”的起点，重历生命解放和精神自由的进程，卷入文学进化的第二度循环。当代文学的现代主义化，指望于时间的这种无限延宕。

记忆过剩及想象力的危机

我们是一个用记忆支撑起来的种族。我们活在记忆的宇宙里，宛如一片过去时代的模糊的倒影。

种族记忆越出了钟表时间的界域，它是生命从垂死的一端向初生的一端的精神贪恋。它胆怯地躲进过去经验的阴影，拒绝承担死亡的义务。

阿Q基本上是个记忆的人格。他的箴言是：我们家从前比你阔多啦。记忆把他引向一个虚假的历史深度，使之获得一份卑贱的荣耀。阿Q仅仅在意识到死亡的贴近和不可回避之后，才开始设想未来的图景：“二十年后又是一条好汉！”但这声英雄叫喊的原有语义早已萎缩。它仅仅在无人响应的静寂世界里空洞地回荡了片刻，便再度落回到种族记忆的黑洞中去了。

在所有的记忆人格中，阿Q无疑是一条好汉，他对记忆的背叛仅限于死亡的时刻。死亡使一切躲入记忆以抗拒时间的企图破灭。死亡严重摇撼了他的信念，死亡强迫濒死者面对一个正在逼近的未来，并说出最后的企望。

一个由记忆人格支配的种族是没有未来的，它已丧失企望。回忆用传统压迫我们，把我们囚禁于一个湮灭了的世界。回忆滋养了一切已经死亡和枯朽的形式，使它们以传统的名义复活。这就是《诺朗日》《小鲍庄》《棋王》《古船》的全部意义。历史主义文学细致地陈述了各种种族的生存经验和策略，它们从不违背关于记忆的绝对指令。莫言是一个极端的例子，他用“我爷爷”和“我奶奶”的叙述语体所说出的陈旧故事，使记忆美学充满了重返母体的粗暴激情。

让我来看一下西藏母题。那座充满神秘性的高原从来就没有实存过。在马原的文本里，它是缄默、无名、不可知和意义含混的过去世界的象征。它超越了单纯记忆的限度进入想象空间。但马原所提供的经验仍然是历史性的。那个由麻风病人、盗贼、小偷和野汉构成的国度，还不至于使人误解为一个真正的乌托邦。

这并不是说记忆与想象无关。恰恰相反，在某种意义上，记忆就是对传统和风俗的想象。作为风俗大师，加西亚·马尔克斯的风俗想象为中国当代文学垂死的想象力注入了生机。马尔克斯的风俗想象类似于种族记忆，它的全部意象都来自过去的乡村世界之素材。这无疑为中国的乡村式作家提供了伟大的范本。

与此同时，我们又彻底丧失了技术想象——针对城市社会未来图像的玄想。当代文学不存在“科幻小说”。对技术社会前景，我们既没有信念，也没有绝望。在绝大多数情况下，风俗的想象是种族想象，而技术想象是人类想象。这意味着中国作家从未改变过狭隘的种族主义者的卑微形象。他们的想象力只有在文明的边缘及其衰减地带才能悄然生长。

一方面是对乌托邦的轻蔑，一方面是对所谓“现实主义”（现世主义）的热爱，这构成了当代文学操作的一个基本法则。但它甚至不能像小市民那样真正生存于瞬态的“今天”，并对现世作真诚的关怀。“现实主义”掩盖了未来想象力和现世批判力的同时衰退。它的“现实”容器仅仅贮藏了逝去的岁月。

想象力的危机导源于无数次沉重的挫败。中国农民对生存图景的线性夸张，曾经是支撑其苦难地活着的脆弱根基。在那些多子多福、吉庆有余的年画主题中，包含了无数现代人的热烈憧憬。这些图式也反映了文学想象力的运动方向。但即使是某种关于农作物体积和重量的有限想象，在经历了“大跃进”式的电击之后，也注定会产生一种巨大的骇怕：政治想象的灾难性后果引起文学想象的萎缩，以致当代文学在这一禁忌中丧失了它的基本意义。

想象不是骗局。想象重组了经验，并勾勒出自我在未来的存在轮廓。它把人从种族的黑暗深度中解放出来，或者说，想象提供了一条逃亡到新大陆的路径。它带着全部难以言说的幸福与颤栗向人开放。

重建乌托邦，就是重建一种可能空间，一种指涉未来的真正宗教。这种宗教必须拥有某个启示录式的序言，它直言不讳地出示那个毁灭的唯一终局。但正是这种面对种族死亡的勇气，使卑贱个体在自身中找到伟大的神性，以推开厚重的传统，让一个文学的国降临到现世之城。

在一个没有圣经的种族里，文学就是圣经的代用品，这一点不容置疑。但犹太或基督教圣经仅仅是一部无限庞大的神谕之书的开端。坚持文学的崇高性，即坚持文学有权对人之未来处境进行玄想；有权用再生福音续写圣经；有权把人召回到对未来命运的绝对信念中来。当代文学的所有征兆都已表明：它正在背离这个第一义的使命，它用拒绝猜想未来的方式拒绝了未来。这不仅使文学自身封闭在它的静止性里，而且使之不断趋近于一个垂死状态。只有老者才是回忆的动物，他用文学爪子攀住时间的稻草，企图脱离死亡之潭，但这种记忆的挣动却只能加速他向那个危潭深处滑落。

非非主义领军下的语言搏斗

我们正在与语言搏斗。

我们已卷入与语言的搏斗之中。

这是维特根斯坦在 1931 年发现的一个基本人类事实。这一事实的边界现在已扩大到东方腹地。1987 年，当所有的声音都被严厉地打断时，只有非意识形态的纯粹语言，才像灵巧的鸟那样逃遁到罗网之外。而这漏网之鸟又回过来成为拯救文学的神明。

我注意到某些批评家是如何打开语言经典向作家们布道的，我也注意到那些可怜的作家是如何敬畏地倾听这一文学还原的奇异传说的。

在形式语言的信仰之中，隐匿着对“文以载道”的工具性恐惧。这种观念受到了卡西尔主义的有力声援。“人是符号的动物。”——一个充满异化色彩的定律，微妙地助推了当代文学的变化，以致还原主义的果子尚未熟透，就急不可待地向大地坠落，变成一堆芬芳的秽物。

指望通过重建新形式语言来重建文学和人类精神结构，这个老式梦想正在爬上中国先锋诗人的硕大反骨。非非主义——一个唯一值得我关注的语言无政府主义学派声称：他们已经找到了能够超越文化或语义的“语晕”。这种由语符发出的神秘光辉，烛照了文化以外的隐秘价值区域。更为奇异的是，所谓“语晕生成试验”，不仅能够“给这个世界注入新的语言机制”，而且必然地涉及“要给我们人类带来新的思维机制”（蓝马：《语言革命——超文化》）。但这种不可思议的“语晕”，甚至不能使非非主义者的诗意变得更明亮一些。一旦何小竹在诗歌中把“太阳”意象还原到对“太”字的纯粹语义分析，这个玄想的孩子就被干枯的字词“非非”地谋杀了。

语言实验中的著名自杀者是杨炼，他的《自在者说》笨拙地模仿了《易经》的结构和语言，像座由字词垃圾堆成的圣塔，在它的顶部，露出一个走火入魔的语言圣僧的阴郁背影。导致这个悲壮场面的原因在于：《易经》以终极性的方式贮藏了宇宙的全部密码，它在本质上是非通讯和不可复制的，并使一切包括杨炼在内的有限智慧瓦解。这样，《自在者说》便无可挽回地说出了用汉语重建诗歌元语言之梦想的破灭。

语言的悖谬在于，那些拥有各种精致的叙事结构或语体的作品是最不能叙事的，如马原和孙甘露的小说。它们由一些非常私人化的言语系统组成。这堆上了锁的密码使大部分读者丢失了破译的信心。

这是我对语言的意义产生疑虑的原因，语言的意义就在于它得有意义。语言的本性是沉默的，或者说，只有沉默才能对语言作出规定。正如在人之外才能说出人的本质，在宇宙之外才能描述宇宙一样，在语言之外才能获得一个认知语言的真正契机。

然而人又不得不进入语言这个叵测的在所，并面对它所具有的一切非人特征。语言用残败的字形音符干扰人对其生命之血的伟大响应。语言的线性阅读原则使人成为一维的动物，丧失了对文本以外的真实空间的占有性。进入语言，就是进入一个慢性绞肉机，接受它的绞杀。

历史上所有作家的命运是同一的：被语言所抽空。生命力由自我之中向外喷射，凝结成僵硬的字词，这个生命转贮过程最终淘光了人的全部价值。也许，只有海明威觉察到自我的这种精神死亡。他的自杀不过是针对肉体的最后一道手续而已。

在更普遍的意念中，人始终坚持着对语言的信仰，相信只要字词活着，人便能在字词中永存。“敬惜字纸”，这个古老的种族传统，包含着对文本的无限敬畏，并赋予“自古英雄谁无死，留取丹心照汗青”之类的生命以崇高的意义。芸芸众生对“经典文学”和空洞姓氏的赞颂，为语言献祭运动提供了声援。

“语言是文学的本体”，这个形式主义者最热衷的命题，已道出某种冷酷的事实。语言的悖谬是终极的悖谬。消灭语言，意味着人必须终止文学操作，从一切形式游戏和通信模式中告退。这正是禅宗所洞悉的真理。“禅”，就其本义而言，就是召号人尽可能脱卸掉那件唯一的语言单衣，以赤裸和本原的方式在世。

但人最后还是被判处了与语言的同存。人注定是一种饶舌的动物，他必须把语言作为造化所赐予的悲惨礼物接受下来，就像我必须用语言来表达对语言的不信任一样。和语言搏斗的结果早已被残酷地预定了——向语言屈膝投降，在吵吵嚷嚷之中等待那个最后静默时刻的降临。

移民文本：文学的第二类接触

龙具有空前的丑陋性，在现存的世界图腾谱表里，没有谁比这个怪物拥有更多的反人本主义特征：它的凶狠和贪婪、它的各种嗜血习性，以及对人类面貌与器官的审慎回避，等等。它一方面是找不到任何实在对象的空洞标号，一方面却停栖于东方，像永恒的梦魇，在种族的黑夜里飞进飞出，说出死亡的咒语……

在某种意义上，龙是同性恋者。龙没有性别，龙也不能生育和传继香火。这就意味着龙注定要死亡。事实上，龙在进入传统以前就已湮灭，带着它对这个种族的全部高傲和轻蔑。龙之所以成为记忆，是因为它曾经显示了对大地的反叛，以及对空间自由的渴望。这是龙受到赞赏的唯一理由。

即便如此，龙还是注定要被现代世界所废黜，因为死亡之龙不可能离开雕栏画栋和朱户玉牖。龙在死后就只剩下它徒有其表的恫吓性和僵硬性。

对龙的失望是同种族信仰的全面崩溃相关的。这促使我反思了龙的原始意义，并看到这种反叛大地的原始意义正在获得新的证实。

本世纪最大规模的种族移民运动暗示了“马踏飞燕”式的上古精神的复归。人子乘舟远遁，从贫瘠的土地上逃亡，搜寻新的大陆和乐园。

这是精神朝觐的肉体化过程。大迁徙表达了对种族根基的无望以及对外部世界的新的迷信。后工业社会像一个天堂的现世副本，召唤所有困窘的生命前往享用。

换一角度谈论这个事件，那些邻族将惊愕地看见“黄种外星人”正在君临世界的一切角隅，侵入它们的街区、掳掠它们的财富、文化和女人。人以逃亡的方式履行了弱者的远征，让全球笼罩在负性殖民主义的温柔恐怖之中，仿佛一次成吉思汗子孙的幽默复仇。

所有这些居住空间的根本性变化，对于文学来说是至关重要的。作家携带仅有的家私，以自由公民的身份在新地游吟，与机遇之流会合。游吟是一种征集文学生存可能性的活动，它把文字从过去的悲剧性中释放出来，赋予它一个无限开放的品格。

游吟显示了文学真正优良的传统。这不仅是指荷马在希腊半岛上的旅行，司马迁和李太白在中国山区的游历，而且还包括浮士德式的全球历险。游吟使作家把时间自由转换成了空间的自由。

最初的游吟者是一种自由主义诗人，如严力和张枣；接着是一些遇罗锦式的道德受难者，此后是觊觎诺贝尔奖的北岛和顾城……首都的诗界正在变得空寂，“今天派”已所剩无几。这个迹象预示了文科中心的瓦解和转移时分的最后到来。

当代文学的自我流放进程，须追溯到聂华苓和韩素音等。那些作家具有侨民亚文化的一切平庸特征：狭隘视界、幽闭心境、向母语文化和宗主国文化谦卑地表示双重敬意的骑墙态度……

如果精英之流的涌出，能够同时拯救侨民文学和中国文学，那么这个意向是不可指斥的。作家移民的使命，就是把文学的慧种从废墟里带走，植入更年轻健康的文明。当我用马克思的语言说出“全世界作家联合起来”的口号时，我发现一种经典哲学的反叛传统和神秘活力正在得到恢复。

犹太和苏联文学支持了这一国际主义看法。我要特别指出索尔·贝娄和索尔仁尼琴，他们的个人冒险和生存勇气，为世界移民作家提供了见证。他们置身文化冲突的边界，却进入母族的意识核心，从那里倾听人类的浩大叹息。

但这肯定是充满羞辱和内疚的道德过程。作家必须学会皮厚与无耻，学会在恩主的施予之檐下低头，接受神明式的目光的俯察和嘲笑。人要首先充当没落种族的后裔，然后再来做一个世界公民。

这还仅仅是全部困境的开端，我要询问：在切断了与种族根基的联系之后，移民将依靠什么信念在一个陌生的世界里爬行或飞翔？

从某次对种族的厌烦出发，经历了无数次来自邻族的羞辱，在痛切的负疚中重返祖祠，再度求助于他明知虚妄的母体的关怀，这几乎是所有知识分子移民的精神历程。那么，两手空空的移民文学，就被注销了它的全部意义。只有若干肉体性愿望的满足，只有对风俗、礼仪和神话的商业性图展。移民运动成了一次针对爱国主义的戏剧性检验。奇迹刚刚接近，就从身边狡狯地溜走。什么都未发生，一切依然如故。这个痛苦的景象是不可避免的。移民作家最终不能通过搬迁进入终极关怀的乐园。东方是个骗局，西方同样是个骗局。从这一骗局向另一骗局的进军，塑造了文学哥伦布的虚假英雄，他们靠屈从于谎言来获得食物与自由，获得一份衣锦还乡的英雄。移民，就是以迂回方式向母族表达敬意的孝廉。他们最终将在祖先的墓地里为自己选择一个狭窄的棺位。

空心化及其终极信仰的失落

身陷一个没有终极信仰或充斥大量伪信仰的时代，此系一切文学性焦虑的根源。人要么被各种中间信仰（种族传统、西方文明、家园、土地、英雄、人民、上帝、语言等等）撕成碎片，要么在某种领悟中意识到它们的伪在和空无性。这两者都把我推入永恒的迷乱之中。

一个终极价值的丧失，引起了所有价值的错位。

中间价值是拥有感性标志的迷宫，它出现于人对自身失望的薄暮时分，并总是呈现为一个亲切的面容。它打开它的全部秘密入口，说出热烈的意义，鼓励人的投身与奉献。把中间价值从一个平凡的地位提升到虚假的高度，是人类社会经常玩弄的小小把戏，它的全部意义都建立在一个工具理性的脆弱假设之上：个人应当为人以外的东西活着。中间价值的目标就是扮演那个东西，并据此有效地驾驭卑微的生命。

这样的价值迷宫里遍竖巨大的概念之镜，它们彼此互相反射，制造噩梦般的景象和深度。“人民”的语词是个镜像，从它那里无限地增殖着镜像的镜像，从“人民性”“良知”到“使命感”和“责任感”……把一个单义的宇宙搞得无比诡秘繁复。那么，被这些虚假的镜像所蛊惑而找不到真实的出口，就是十分自然的事情。中间价值不能帮助人从罪恶的世界里逃亡，相反，它是坚固的囚室，它的目的就是逼迫人中止思想的自由，沉迷于平庸的事物，向空无的偶像下跪——偶像是一切中间价值的最明晰的标记。

缅怀浪漫主义

浪漫主义的险恶敌人

浪漫主义是一个陈旧而悲怆的事实。

我们不用花费太多力气就能够看出，浪漫主义的现代消解是历史的某种定数。除西方世界沉浸于后现代主义的时代精神之中外，中国当代文学坚定地置弃着这样一种不合时宜的情调或风格，在某种意义上，东方比西方更冷酷地打击了浪漫主义。如果说美国每年出版 1000 种以上的长篇科幻小说，那么我们的公众则拒绝一切提供新的想象经验的文本，这种针对浪漫主义的抵触姿态，导源于对“大跃进”或“文革”时代的国家浪漫主义的痛楚回忆。

公众的上述态度无疑构成了作家的写作律法。一方面是反浪漫主义甚嚣尘上，一方面是小市民现实主义的云蒸霞蔚，文学景象从总体上说就是如此。如果对此进行条分缕析，我们将可以看到，中国当代文学在消解浪漫主义诸多要素上是何等彻底。在小市民现实主义作品中，人们热衷于用市民的清淡温情取代浪漫主义的内在生命激情；用世俗的琐碎经验取代对新世界的想象性塑造；用入世的随波逐流的亲切态度取代批判社会和颂扬自然的反抗立场；用平庸和无意义的事件取代对生命本体的暗示与象征；最后，用卑下猥琐的小市民（小乡民）气质去取代英雄主义和对终极价值的崇高企望。所有这些都使全部文学事实变得黯淡而平庸起来。

市民理性，这是支配时下走俏作家的头脑的最核心的事物，它要求我们消除一切与浪漫主义有关的因素，还原为没有自我和个性的人，这是一种危险的意识形态，或者说是意识形态中最颓废的部分。市民理性充满了市民功利主义和务实主义的人生信条，而实际上则显示了人类日常生活中最没有生气和最卑贱的操作态度，而它竟然还要成为一种诗歌或小说美学，通过大众传播媒介，对公众进行毒害。

然而，从这样一个黯淡的风景出发，我们也可以看到，浪漫主义精神事实上并未完全泯灭，它仅仅转入了其他领域而已。例如，在全民大练气功的热烈潮流中，气功浪漫主义明亮地涌现了，对气功的想象力发育到令人吃惊的地步，气功激情勃然发动，古代或中世纪的奇迹大量复兴，各种气功英雄被竞相传颂。这一情形，很像是某种气功泛神论的呈现：在采集和修习“气”的过程中，神明降临了，它与“气”合二而一，给予危机状态的人们以令人惊异的拯救。

在气功浪漫主义方面，我们看到了柯云路的小说《大气功师》和大量与之相似的长篇“纪实文学”，它们对英雄和奇迹给予了罕见的热烈颂扬和描述，更重要的是，它们还给定了一个有关这个民族的辉煌的未来。

我现在还无法对气功浪漫主义作品作出准确和充分的估价，但有一点是可以肯定的：那些市民读者正给予这样的浪漫主义最热情的欢迎。因为这可以弥补市民现实主义的缺陷，并给毫无生气的平庸生活注入一种诡秘的色彩。此外，我坚持认为，市民现实主义和气功浪漫主义是同一事物的两个方面，它们都受到市民精神的滋养与浇灌，并最终都向市民文化圈作出亲切的投奔。

使我深感惊异的是，一种纯正的浪漫主义精神，竟然会隐藏在台港武侠小说的世俗衣裾之后。这几乎是不可思议的。起初，它闪现于古龙中期和晚期的作品中，闪现于那些孤寂的“欢乐英雄”的豪情之中，闪现于饱含生命激情的刀光与杀气之中，闪现于生存与死亡的转换瞬间，随后，它进入温瑞安的世界，并急速上升到诗学的高度。

温瑞安，这是迄今为止大陆以外的最重要的当代小说家，他的“四大名捕”系列几乎包含了经典浪漫主义的全部要素：英雄的孤寂性、生命的内在觉醒和生命激情的洋溢、对于死亡的赞颂、豪情与感伤主义的充分融合，以及从每一个字词中涌出的诗情画意。

这是对古龙的人本主义英雄美学的有力推进。大量的几乎是不可破解的死亡危机，织成了诡异壮丽的网络。人被逼入毫无指望的困境，然后，他以最灿烂、最明亮和最炫目的方式纵身飞跃，陷入更严峻的危机，而后，再跃起，奔蹈、腾扑、击杀和再陷入……就在这些连续不断的生存危机和奇迹中，一个真正的英雄诞生了，他要向一切丑恶和暴虐的制度作出有力的宣战。越过悲痛愤懑的剑气，这个人还说出了他对于人类和新世界的最热切的希望。

耐人寻味的是，在后工业社会中，一种伟大的气质或精神必须借助大众认同的形式才能残存下去，或者说，必须受到货币和金融系统的赞助，也就是受到浪漫主义的真正敌人的支持。而在大陆农业社会，浪漫主义香火将凭借什么才能长明？

对这个问题的回答是不可规避的。诗人海子说，我躲进了上帝的羽翼下。这是一个当代大陆罕见的浪漫主义者的解答。这个孤独的人，在北京的宅院深处沉思着存在的形而上意义，然后，用一次卧轨行为来结束这种沉思。但他还是留下了大量的诗篇，或者说，大量不朽的心灵的火焰，他要用这些字词来召回一个湮灭了的时代。

海子的重要性在于，他第一次用浪漫主义语言说出了对于最高本体的终极关怀。越过那些忧伤而明亮的希腊景象、那些质朴而阴郁的黄河风情、那些兄弟姐妹的旖旎柔肠，他直截了当地向上苍发出了呼告。这是一种怎样的呼告呵，痛切到了喘不过气来的地步。它是罕见的力度、浑浊而粗鲁的气质和对于宗教真理的强烈关切的结合，意象坚定地跳跃前行，“所指”暧昧不清，思想杂乱无章地涌现，仿佛灵魂已急不可待，说出断断续续的真诚的渴望。

长诗《土地》是这样一种心情的代表。他把“饥饿”升华成了造化和梦想的巨兽，驮负诗歌高傲地飞行。但饥饿同时也吞噬了贫困的人民，他们被埋葬在不结果实的土地上，带着恬淡的笑容踅入诗人的梦里。然而，重要的不是个别意象的语义，而是从他的全体字词中跃出的激情，它像一束明亮的光线，照耀了事物的核心。生命情感和生命意志痛切地诉说着不如意的景况，向神（终极价值的指代）发出含糊不清的呼告，血和智慧从诗行的平面上混杂着生长，以怀疑主义的残剩心情爬向上帝的宝座。

这是我们面对的市民现实主义统治时代中最好的福音。那些粗俗低贱的市民诗歌、灰色小说及其从西方文本中盗取灵感的文学摹本，在它的打击下，是必定要溃退的。海子是一个路标，孤寂地坚立于广阔的迷津中。在这里，我不想预言他所开辟的事业，我只想回溯一下他以前的历史事件。这是至关重要的。在反传统的口号震耳欲聋时，我已经开始了这种回忆，它描述着人类某种伟大心灵的发育和生长的道路，而最终，它要告诉我们有关中国文学的全部未来。

浪漫主义的不朽景观

在海子躺卧的轨道上，我看见了一辆巨大的机车，穿过黑暗的时代，驶向最遥远的过去。这是浪漫主义的机车，奔行在西方和东方两条铁轨上。它掠过30年代的小罗曼蒂克者的匆忙身影，掠过郭沫若和李金发的脆弱书卷，把我载回安徒生、雪莱和惠特曼的岁月。在北欧阴郁而寒冷的车站，安徒生的容貌明亮地浮现了。这个用鹅毛笔写作童话的人，是浪漫主义史上最伟大的歌者之一，所有的孩童和成人都在倾听他。在宇宙亘古不息的大雪里，他用隽永的故事点燃了人类的壁炉。

我是那么严峻地注意到了这点。在我黯淡的童年里，正是他的讲述和音调拯救了我的心情。用那些有限的、细小的语言火柴，他还照亮着每个生命的头顶，使我们看见了奇迹，看见那些奇迹像流星、雨露和瀑布一样降临。更重要的是，我们还能够看到奇迹是如何被阻止的。这通常是令人痛楚的，因为这阻止了我们的愿望。然而安徒生出示了一个最令人惊讶的奇迹：只有他能够在阻止奇迹的同时使我们忧伤而不失望。

是的，当卖火柴的小女孩儿在雪夜里长眠时，或者，当海的女儿丢弃了刀具、溶解在海洋和天空的泡沫中时，我们多么忧伤！

这无疑是一种语言的奇迹。它向儿童揭示了黑夜的属性，却没有伤害他们的信念。美丽的风景、纯净的树林和海洋、拥有人类儿童的天真目光的动物、善良的老单身汉和长着芬芳头发的女孩，它们是塑造生命信念的最初的火焰。而后，在安徒生的童话的光线里，雪莱腼腆地出现了。这个面容过于姣好的男人是羞怯的，但他的诗句却那么坚硬，激扬着金属般的回声，成为经典浪漫主义时代的不朽旗帜。

越过安徒生的忧伤心情，以及越过所有来自华兹华斯、拉马丁、缪塞和拜伦的忧伤心情，雪莱卓然独立。他的诗句如同他的头发一样燃烧：像普罗米修斯身后的巨大岩石，发出天崩地裂的轰鸣。雪莱说：我要解放那个盗火的人。然后，他就派遣他的全部强大诗句去解放他。

这其实就是一次人间情感、尊严和自由的解放运动，颓废的美学，连同“基督教的古志和严酷的形式”被“捣成泥土”。必须向人们指出雪莱的上述针对保罗主义神学和天主教会的全部反叛的意义。这个人正是普罗米修斯的永恒灵魂的化身，他要成为人及其全部属性的不屈的守护者。于是，从对朱庇特的嘲笑和轻蔑中，我们嗅到了藐视神明的浓烈气味。

雪莱，或者从雪莱以前的伟大的弥尔顿开始，诗歌精神开始了与形而上本体分离的过程。这一下降的过程最初是必要的，而它以后却导致了诗歌精神的现代消解。诗歌匍匐于污浊的泥淖中，丧失掉它的全部光辉、明亮性及其对于心灵的映照机能。一个快乐、自由和放纵的普罗米修斯，竟然被资本主义的糖衣炮弹击中，最终受缚于后现代主义的更严厉的锁链。

我无意在此指责弥尔顿和雪莱，这不是他们的过失。恰恰相反，我注意到，尤其在弥尔顿的诗句里，神性的光辉如此充溢，笼罩住这个反叛的思想家的高贵头颅。《失乐园》和《复乐园》，一个对称的“福—达”游戏，隐喻着人类与终极真理的分离与重合的完美进程。这与其说是弥尔顿的浪漫主义气质的弥漫，不如说是他的内在（自我）神性和外在（宇宙）神性的一次宏大拥抱。这个英雄洞见了宇宙的最后本体。

沿着弥尔顿的有力手臂所指引的方向，我们听到了但丁在中世纪最后时刻的呼告。无限谦卑而虔诚的心灵，从对一个女童的永恒恋情出发，登上了至高无上的阶梯，径直走进“上帝”里面，走进无限光明与欢乐的最高天体。弥尔顿是“看见”，而但丁是“走进”。他坚定地越过地狱和净界，也就是越过一切“在下面”的事物，越过全部的惊眩、恐惧、忧伤和悲痛，越过肉体与灵魂的种种魔障。弥尔顿描述《圣经》故事，但丁则记录了他的思想之旅。这其实也就是人类所能企及和走越的全部心灵空间。从地狱的最深处，到天堂的最深处，那条垂直的道路是奇迹中的奇迹，除了但丁，没有任何一个诗人和战士能够开辟出如此非凡的景象。

诗篇，这是我们缅怀浪漫主义先驱的最重要的文献。在书写着

《神曲》的羊皮卷的边缘，西方的轨迹黯淡了，东方的轨迹明亮起来。我们看到了住在各个王朝的衰败楼宇里的不朽诗人，用狼毛笔书写着浪漫主义的汉语文本。那些用棉絮和毛竹纤维制成的薄纸，在蛀虫和岁月的咬啮下，已经成为毫无意义的碎片，然而诗篇却存留下来，像寺庙里的佛灯，映亮着无数昏暗的人群及其面庞。

漫长的诗人队列，拥有着彼此相似的“世俗浪漫主义”的动人容貌，据此与西方世界的“神学浪漫主义”进行着无言的对抗。我们听见的是一种宏伟的合唱，在豪放派的激越旋律后面，婉约派发出了柔和感伤的和声，无数著名的姓氏支撑着这个庞大的美学集团。

我不想在这里谈论李白——一个耳熟能详的名字，这个人的浪漫主义精神，与其说弥散在他的诗歌里，毋宁说停栖在他的生命风度中。他是谦逊的，他把浪漫主义的桂冠移交给了李贺，而后，飞扬高蹈着走进民间的传说。

李贺，中国浪漫主义诗歌的巅峰，他的语言和意象过于高峻，使一切批评家难以望其项背，而他的生命是那么短暂，刚刚照亮了唐朝的诗坛，就急促地陨灭了，同时，留下最奇诡壮丽的诗篇。他的生命的长度和他诗歌的高度构成了如此强烈的反差，以致他在一些小册子作家的手下成了“畸人”，也就是古怪的人、不可思议的人和逾越了古典伦理规范的人。这从反面验证了他的重要性。他本身就是一个出乎意料的奇迹。他只是没有风度而已。

李贺与李白的最大区别在于，前者是一个无比痛楚的人，而后者则恰好相反。李贺的痛楚来自他的病弱的肉体和无望的灵魂。他在这种痛楚的深渊里打滚，从颤栗的舌头上滚出诡异的诗句，说出对于时间和人生短促的惊骇和惧怕。而另一方面，他又显示了对物理世界的空前绝后的敏感性，这正是他不久将要放弃的那个实在的世界。它的质地、色泽、重量、裂纹、气味和声响，穿过砚台的影像被他轻灵精微地握住，像握住他即将长辞的世界。甚至连新小说派也不能达到他对于物体及其物体内在生命的触握深度。而后，通过对这样一种痛楚的触握，他把汉诗语言推进到李白根本无法企及的眩目境界。

这并不意味着，用粗疏或质朴语言写作的人值得我们蔑视。有时候，一种质朴的语言暗示了诗人心灵的质朴性，陶渊明是这方面的范例，一方面浪漫，一方面质朴。他用自己的伟大心灵统一美学的不相容的范畴，并借此开辟着通向乌托邦的革命道路。桃花源的景象是令人难忘的，它直接指涉了所有中国浪漫主义者所回避的事物，而这正是浪漫主义的真正核心。穿越桃花构成的墙垣，时间的河流把我们引向过去的世界。构成这个世界的要求是如此简单：田野、阡陌、屋舍、鸡犬、农夫、老人与儿童。他用这些字词概括了乌托邦里的全部事物。而当他退出后，他无法再度进入：迷津阻止了他。

我注意到了这种隐喻的意义。陶渊明用一个破坏性的结构反对了弥尔顿的理想。它不是从失乐园到复乐园的“福—达”过程，而是从得乐园到失乐园的“达—福”过程，它构成了一个比弥尔顿主义更深刻的反转的镜像。

令我惊异的还有，这个无法进入的乌托邦并未使我们绝望，它最多只能使我们为之忧伤和怅惘而已。这不仅是一个叙述技巧的问题，而且显示了浪漫主义的情感本性。在陶渊明看来，我们企及或不能企及乌托邦，它完全取决于概率和统计学的因素。这就为信念的生长提供了脆弱的理由。

正是这样的信念鼓舞了陶渊明的寒碜的田园生活——一个乌托邦的次等摹本。关于乌托邦，陶仅仅进入了一次，而关于它的摹本，陶则倾注了最大量的言辞和激情。他的喜悦和他的悲痛像稻菽一样从田园的土地生长，而最终，喜悦瓦解了，剩下的只有永久的悲痛。

乌托邦的现世化，或是浪漫主义字词的实存化，这是浪漫主义精神的最严酷的敌人。历史上所有类似的努力都注定要归于失败。我们企望用手指抓住它，而我们却抓住了一个虚空，就在这样的深刻的失望中，浪漫主义精神从我们的心灵中消退了，像消退的洪水，而后，露出了光裸的、一无所有的大地。

那么，世俗浪漫主义的弱点已经显示出来了，除非他放弃一切实用主义的念头，也就是放弃在头脑之外还要用全部肉身去占有奇迹的渴望。陶渊明没有意识到这点，所以他注定要接受贫困的苦难。然而伟大性保证了他以一个隐士的姿态坚定地生活着，履行他向自己作出的承诺。正是这种坚定的生活召回了浪漫主义信念。从阴郁寒冷的病榻上，陶渊明用悲愤的声音唱出了对于复仇者荆轲和精卫的颂扬。

这是何等熟识的声音！它曾经如此澎湃地涌现于屈原的吟哦之中，像一条怒气冲天的字词的河流，去淹没一切敌对的事物。屈原，这个人是一切愤怒的渊源，而后，一种亚洲型的明亮事物从中有力地闪现了，这就是被历代儒者诬指为爱国浪漫主义的伟大诗歌精神。

甄别这点是至关重要的。汉代的儒者，那些利用注疏和训诂从事文化阴谋活动的人，企图在“阐释”中扭转古代史的性质。屈原是其中被用以篡改先秦浪漫精神的学术核心。假如他被修补成符合儒家教义的伦理英雄，那么该教义将获得更有力的传播。由于这一缘故，汉朝，成了阐释灾难大规模发生的年代。

要清洗掉涂抹于屈原肖像上的汉代颜料，其方式是非常简单的：首先，彻底忘却有关此人的全部历史评价；其次，像对待一个无名诗人那样诵读他的作品。

所有的屈原研究者都在有意忽略和遗漏下列事实：对历史上的反叛者的追忆与颂扬，是这个人的诗歌写作的基本母题。推翻夏启的“五子”、弑杀后羿的寒浞、抗灭夏桀的成汤、兴师问罪的文王，上述著名叛臣的姓氏与事业，受到屈原如此热烈的眷顾，以至成为反复吟哦的对象。

在反叛者的名册中，伍子胥是至关重要的。这个楚国最杰出的复仇者，因全家遭到楚平王的杀戮而逃往东方，成为吴国的重臣，并率吴兵打回祖国，将已故国王的尸身掘出，痛挞三百。对于犯有如此滔天罪愆的叛徒，屈原居然明确声称，他要追随其后以了遂自己的心愿（《悲回风》：“从子胥而自适”）。且问，他何以要追随此人？他有什么难以言喻的心愿？

我想特别指出“端午节”的原初语义。“端”，就是平反与昭正之意；“午”，就是“伍”的通假字；“端午节”，就是人民用以昭雪伍子胥的日辰。而令人吃惊的是，这个属于伍子胥的纪念日最终却被屈原的阔大身影所掩替。这种情景在人类庆典史上是罕见的。只有一种假说能够理性地解释这一现象，那就是“同构叠加”：一个更有力的反叛者的历史映像将覆盖住与之同构的其他映像。“端午”，显然是世界上唯一的反叛者的节日，它蕴含了对饱受压迫的革命者的最盛大的赞美。

屈原的反叛性，可能导源于一个众所周知的原因：他的政治事务的受挫和惨遭贬窜。他沉痛的目光看到忠臣接舆、桑扈、比干和介子推的悲剧结局。他甚至警醒地指明，像申徒狄那样因屡谏君王而不被纳听、最后抱石自沉以明心志，是毫无益处的（《悲回风》：“悲申徒之抗迹，骤谏君而不听兮，任重石之何益”）。这是一个贰臣所能达到的较高觉悟。

然而，如果把屈原的悲愤仅仅限定于一个臣子对昏聩统治者的抱怨，那就大错特错了。屈原是一个真正的国王，这构成了他全部痛楚与怒的根源。政治失败迫使他转向诗歌，转向一个可以用隐喻语言来寄托宏大野心的场所。

让我们来倾听一下屈原对自己名字的注解吧。他声称自己名叫“正则”，叫“灵均”，这显然是一个双层字谜游戏。人们已注意到“正则”（“公正”）里隐含着“平”字，而“灵均”（灵开混沌）里隐含着“原”字，等等。但是，这组字谜还有更重要的一层解答：“正则”和“灵均”，就是要求这个人去匡正（“正”）世界的法则（“则”），以及像神灵那样支配（“灵”）循环生息的大地（“均”）。这既是一个丧失权柄的旧部落领袖对他的男婴的期待，也预示出这个婴孩在以后的年代里所拥有的宏大野心。

正是这种不可遏止地燃烧的野心，支持着屈原的全部浪漫主义写作与吟咏进程。在《九歌》和《离骚》中，他反复地描述自己与众神（东皇太一、云中君、大司命等等）会晤或交往的豪华场面。他梦想自己像周穆王那样出巡西方，直抵昆仑，去访问西王母之邦，有九千辆马车簇拥着他，像簇拥着人间最高贵的君王。他还要乘龙驾鸾，在壮丽的天庭遨游，向日神、雷神、风神和云神颁布敕令，并且追逐洛神、宓妃、湘夫人和少司命，向她们表达热烈的爱慕。这样一种对神性血统及其力量的自我鉴定，难道仅仅是某种“楚地民歌风格”影响的结果么？

在中国诗歌史上，没有人（包括李白）能够像屈原那样显示出非凡的王性、对时间与空间的征服性以及野心受挫后的愤怒。因为这不仅取决于一个人的美学态度，而是主要取决于他的政治和哲学立场。也许在征服性上，只有毛泽东可以与之比拟。“把汝裁为三截”（指昆仑山）和“风景这边独好”，这些充满独断性的句式，只能诞生于一个面对世界版图踌躇满志的王者的伟大灵魂。

然而，在给予了屈原以诸多赞美之后，我不能隐瞒这样一个令人难堪的事实，即屈原的人格是高度分裂的。这个人同时拥有王者与仆人、贰臣与忠臣的四重特性（也许还应包括他对彭咸—巫隐传统的向往）。他像一个马不停蹄地改换着角色的悲剧演员，在不同的台词里呈现不同的面貌（当然它们不是面具，而是复杂心灵的直接映射）。他甚至能够在从事高贵的反叛与征服事业的同时，保持一个饱受委屈的忠实臣仆的卑顺气味。他是那么尽心竭力地表白着自己对于国王的无限忠诚，信誓旦旦，到了令人发笑的地步（见《九章·惜颂》）。

这就像马克思在浪漫主义者歌德身上所洞察到的那样，屈原，有时非常伟大，有时极其渺小，有时是叛逆或征服世界的天才，有时则是一个竭力守护住摇摇欲坠的昏聩统治的庸人。自杀（或谋杀）结束了他的这种紊乱的浪漫主义气质，却开始了关于这个人的真相的永恒争论。如同读者所看到的，我不想加入这种争论，我只想结束它们。

浪漫主义与世界真理

以屈—陶为代表的世俗浪漫主义，和以但丁—弥尔顿为代表的神学浪漫主义，这就是我们所面对的浪漫主义传统的核心部分，而在历史的尽头，或者说，在历史开始的遥远边缘，原始的宗教浪漫主义闪烁着微弱而神秘的光辉。那些不朽的传说，从残破的碑石、泥版、铜鼎和竹简中浮现出来，诉说着世界真理的诸多细节。我注意到远古神话的这个特征。浪漫主义，它是真理最初（也许还是最完美）的表达形式。

世界真理，也就是有关世界的诞生、动力、材料、构造与历史的准确消息，隐藏在宇宙的阔大景象之中，像来自星辰的光线，可以被我们模糊地感知，却不能被我们握住。然而，从缄默无语的人群中，一个浪漫主义的头颅发出了永不停息的追问：我们是谁？我们从哪里来？我们到哪里去？而后，这种追问扩大到了太阳、月球和整个宇宙。

只有浪漫主义者才可能发出这样的形而上追问，只有他们才可能凭借这种追问握住世界真理的温暖灵魂。屈原的《天问》，不过是对他的浪漫祖先的一次诗学模仿而已，但这已经足以击中那些巨大的消息。

另一方面，也只有浪漫主义者才能够保存他们所掌握的世界真理。只有他们能够提供形而上的壮丽容器，以包装真理的难以言喻的属性。这里，我们看到了浪漫主义所拥有的代码系统的有为性。从湿婆、梵天、努特和盘古的伟岸身影中，世界真理实现了它在人间的逻辑转换。

神话首先阐释了真理，而后才运载它们，并在必要的时候重新对它们进行新的追问和猜想。

浪漫主义与真理的这种关系是耐人寻味的，它要消除一切关于浪漫主义的历史偏见。在最古老的年代，一个浪漫主义者就是一个真理的颂扬者，他越过无数的山峦和部落，把消息传递给所有沉浸在痴愚的笑意中的人群。而后，我们看到了一次巨大骚乱和觉醒。

在某种意义上，那最初的浪漫主义者正是上帝本人。当他对天堂的景象腻味了之后，他就投入到对人间乌托邦的热烈制造之中。上帝甚至是一个真正的诗人。据《旧约》记载，“创世”，就是他用语词说出想象的乌托邦诗篇：

> 神说：“要有光。”
> 神说：“诸水之间要有空气，将水分为上下。”
> 神说：“天下的水要聚在一处，使旱地露出来。”
> 神说：“天上要有光体，可以分昼夜、作记号……”
> 神说：“水要多多滋生有生命的物。”
> 神说：“地上要生出活物来，各从其类。”
> 神说：“我们要照着我们的形象，按着我们的样式造人。”
> ……

这是真正的吟诵诗篇的过程。在上帝的字词溅落的地点，乌托邦明亮地出现了，这是不可阻挡的，而从上帝的乌托邦里诞生的人类，难道能够回避摇篮所赋予它的这一属性么？

乌托邦的子孙们，携带着浪漫主义的天赋秉性，携带着对于真理和未来的全部猜想，携带着诸多瑰丽的意象与故事，从上帝的乐园出发，向我们走来。我们目睹了这些，就像目睹那些难以言喻的苦难一样。只要我们不放弃受难的权利，我们就应当响应这种亘古长青的号召。

1990 年 9 月 20 日于上海

燃烧的迷津

在一个贫瘠的年代里，诗人有什么用呢？

——荷尔德林

A. 边缘的景观

我所面对的文化（无论它是种族的还是世界的）充满着对诗歌的各种误解。诗并不像人们确信的那么重要，它不是什么“种族的触角”，相反，它有时候不过是种族的宣泄物而已，然而正是那种对诗歌的过高估价导致了某个运动的诞生。

一切询问和回答“诗是什么”之类问题的企图，无论它来自艾兹拉·庞德，还是托玛斯·艾略特，都是毫无意义的。我们只需问“诗人是什么东西”或者“人为什么写诗”就足够了。

只有这类问题能够帮助我们了解中国先锋运动的真相。

在东亚大陆的汉语言区域内，几千年来簇拥着无数写诗的人，其中包括乡村教师、孔教信奉者、落魄文人、商贩、寺僧、庄园主、各级文官和他们的幕僚、宫廷大臣、皇帝的妃子以及皇帝本人，等等。隐士的茅舍和君王的香气四溢的御花园，都是诗人的摇篮。他们寄生在韵文的芬芳里，像虱子寄生于美人的云鬓。这是教养和学识的面具，入仕的门，托付情思与抱负的箱笼。作为汉文化的真正内核，它的功能向存在的领域全面开放。

把人的存在韵文化，这个奇怪的生命战略，决定了现代前卫诗歌的面貌。在它的针尖上挤攘着各式各样的亚文化积极分子、机会主义者、野心家、政客、自由主义者、退役士兵和神经官能症患者。他们指望诗歌成为：（1）意识形态隐喻系统；（2）荣誉证章；（3）痛苦转泄疗法；（4）智力开发玩具。各种复杂的生存意图向一个容积有限的文本倾倒，使诗歌变成一个庞大的亚文化肿瘤。而诗人的大规模增殖，则成为现今时代最古怪的公害和噪声源。

寻根派：重温中国

黄皮肤文化和黄色意识形态，最终填补了大步离我们而去的父的空缺，这就是种族历史传统、《易经》、庄禅、深不可测的河流与高山。其中，皮肤包容着古老的眼泪，而《周易》则是符号的魔具，投放形而上的价值幻想。太极和道，这些拥有无限深度的建筑，用来庇护那些饱受惊吓的灵魂，是最合适不过了。

恸哭的灵魂、孤苦无助的羔羊、被严厉的父驱赶出来的孩童，如果他们离开国家神话转而求助于种族神话，那是十分自然的事情。在所有邻近的事物中，只有种族是不朽的，它炼气和游戏，安详地度过一切生命危机。像悬吊在古希腊木桶里的西彼拉老妪，拥有沙砾般永恒的生命，唯忘却了向神明祈求青春。它同时被衰老和永生这两种法则所支配。在腐败到足够的尺度时，时间就终止了，判处它不死亡，并赋予它一个无限枯朽的精神容貌。

母的永生，意味着大量古老经验的贮存，那些世故的微笑、智性的尘土，像灰烬一样，在诗人的脚底睡眠，以等待激情的风。这是种族意识形态的根基，曾催动了唐诗宋词的生长和繁殖，现在又使“寻根者”醉生梦死，然而我们有什么依据认定，我们所掌握的先人的道，不是历代经学家卑鄙训诂和篡改的结果？或者，我们有什么必要去拥抱一个被帝国没落时期的风尚所代替了的赝伪传统？

只有一个理由迫使诗人皈依和投降，那就是它的亲切性。在一个普遍寻求形而上母亲的心灵颓废的时代，诗人除了躺在符号摇篮里回忆祖先的原始业绩外，完全无所事事。这是发生于杨炼和整体主义者之间的新宗教运动：扮演先知，讲述有关东方“空间”或“磁心”的神话，煽动一揽子的种族信念并对日常经验世界怀有仇恨。但正是这些摇篮激情具备了强大的社会整合功能，它把那些被父伤害了的零散个体再度召回到了乌托邦的旗帜下。

市民派：井底嬉戏者

舞蹈群众、狂欢群众，以及各式各样的抒情群众，在诗歌吟唱传统中聚集起来，环绕种族意象的圣火游行。这毕竟损伤了所谓“新个人主义者”的脆弱情感。后者其实是土生土长于半工业城市的小群体主义者和麻将群众，靠诗歌与游戏建立起亲密的圈子，养成了小人物的灰色温情。他们在怀疑种族神话和英雄美学的同时，向一切平庸的事物妥协，成为加入市民意识形态的新阶层。

这就是我曾经描述过的“鸟人”，他们在日常戏剧中心安理得地扮演低贱的角色，却坚持制造有关幸福的骗局，以慰藉怯意丛生的灵魂。其中，《他们》杂志，一个用第三人称复数命名的诗歌趣味的文本，记录了大量与市民促膝谈心的口语片段，对市民禅宗（从匮乏无聊的市民生活中搜寻生命乐趣）的建构，有特别重大的意义。这是在灰色光线笼罩下所发生的事件，即对生活态度对艺术态度的取代和僭替，它的犬儒主义哲学最终消解了诗歌至上的神话。

市民意识形态的胜利，以及种族意识形态所显示的某种力量，构成对先锋诗歌运动的真正威胁，它们强大而隐秘，像尘埃一样无所不在，同时拥有亲切凡近的表情。这种软性技术足以瓦解最激进的反叛意志。另一方面，在激情、信念和想象力尽悉湮灭的时刻，只有猥琐的日常经验和语言“尴尬”地剩下，然而它们居然成为构筑市民诗歌的新颖材料，被惊奇的批评家所误读，疑为一个先锋诗学时代的降临。

仿写派：销魂的时刻

上述情形还不是先锋诗歌运动最令人恐惧的背景。先锋艺术能够容忍或欢迎一切反先锋的事物，却无法容忍那些更先锋的势力。在黑暗的风景里，月亮的意义昭然若揭。因此它有足够的理由敌视太阳和所有更为明亮的物体。目光犀利的诗人看见，灵魂不朽的异邦大师，越过无限高远的世界事实的门槛，停留在上帝或道里，像一片炫目的不可企及的闪电。

这种来自西方意识形态的压力，判定了我们爬行的命运以及中国先锋诗歌在世界文学史中的微末名次。乌龟的悲愤就是这样被点燃的，它决计细致地模仿对手的气质、言词和面貌，甚至企图径直像兔子一样疾走，逾越种族的界限，抵达诺贝尔奖的有限高度。这是一场被预设了结局的赛跑，其中混杂着谦卑的敬意和虚妄的野心，从中滋养出某种史无前例的无耻性：面不改色地仿写大师和一切现代经典的汉语译本。其中的差异仅在于：像或不像、指明或不指明那些辉煌的出处。

识破仿写法则、识破先锋语汇的欧美词根和掩映在弟子身影后的导师头像，这其实并不重要。因为那种以艾略特、里尔克、聂鲁达、埃利蒂斯、帕斯捷尔纳克为姓的先知，那种具有无可辩驳的伟大信念与不可言说的高贵气质的人、那种在痛不欲生的悲伤中蔑视一切的歌者，是不可复制的。但这一事实无法取消模仿的权利。在世界史的遥远的开端，鹦鹉模仿了人的聒噪，而人则试图模仿上帝的完美。

那么，从日常市民经验和乌托邦废墟逃亡而出的人们，他们所经历的，便同样不是一种生命对另一生命的尖锐感动，而仅是一种语言对另一语言的精密临摹。那种精神的形式或灵魂的签名，从大师的光辉里跃出，成为二手大师做梦的源泉。正是这一状况塑造了大量以文本为生的人：寄宿于某个语言母本，吃和用它，并在掏空之后转向下一个母本。也正是由这种文本的人塑造了大量伪造的杰作：它们拥有广博的历史、深邃的概念和宏大的结构，却唯独没有内在燃烧的激情。一旦大师把手从诗歌里抽开，他们就停止存在。

这是生长于黑暗风景中的四种不同的事物，被各种意识形态的灯具所照明，形成先锋诗歌运动外缘的古怪轮廓，用以戏弄批评家的目光，使他们隐入深深的感动。然而这些坐在信念瓦砾间恸哭的孩子，这些向着种族的根部飘落的树叶，这些为提高生活质量而辛勤操劳的人们，这些大师外部特征的副本，不是真葡萄树。在某种意义上，他们仅仅是通向先锋实体或中心的陡峭台阶，从阴暗的乌托邦废墟底部伸出，像幸存的舌头，匆忙报道着当代诗歌精神的伟大复兴。

B. 迷津里的博弈者

诗歌现存格局已经揭露了生存处境的真相。种族是一个超验的母乌托邦，它的全部价值通过无数子乌托邦——圣朝而现世化。在时间的向度里，圣朝辗转更替，盛衰有常，使历史的质点不均匀地分布，这就是汉、唐、宋、元的序列产生的原因。这些伟大的圣朝、东方的奇迹，像花朵一样依次盛放和枯萎，从我们身边经过，走向一个漫长故事的最后终结。在一个圣朝和另一个圣朝之间，是一些黑暗的迷津和荒凉的渡口，使来自旧圣朝的逃亡者迷失。

迷津事物或迷津空间，隐匿了大量的死路和迂道、大量的危难与死亡，以及大量的秘密价值和生命契机。迷津是多种统计单位的人（个体、团体、种族和人类）所必须经历的关隘和门，使生命获得无限众多的前景。然而，只有真正的大师才掌握了逾越它的线索，并进而抵达辉煌的彼岸。那些精神平庸的蝼蚁、赌徒和市民，在所有的时代都是迷津的囚徒，对他们而言，迷津既是摇篮，又是墓床。

处在迷津里的人和处在圣朝里的人是全然不同的。圣朝里的人，像李白和苏轼，被盛大的气象所感动，诗句明亮，犹如晶莹的器皿，盛放着来自形而上的太阳的光辉。迷津里的人，像李商隐和曹雪芹，是从圣朝的枯枝上飞走的夜枭，在没有光源接引的津渡悲怆地啼啭，说出对个人或种族的无限惑疑。

迷津处境和迷津心情，是先锋诗歌运动的全部精神起点。来自旧圣朝的逃亡者，最初具有狐疑的品质，在“我不相信”的聒噪中向迷津惘然行进，随后便失去了辨认价值方向的一切机能，成为纯粹的迷者。这是被“朦胧”的字词吞没的人，失掉存在尺度的人，或者说，是被“多元”面具掩饰着的无元的人，面对各种险恶的门而不知所措的人，等等。正是这种迷惘使之能够被市井（日常生活迷津）、旧圣朝（历史迷津）和西方经典（语言迷津）轻易地劫持，并带往虚假的彼岸。杨炼与周易八卦的亲密关系，是先锋诗人在迷津中陷落的一个最初的证词。

那些曾经同迷津搏斗并且被打败的人，他们的经验写在诗句里，像分布在岔口的死亡标记和箴言，使来者得以规避。在这个意义上，先锋是率先殉道的人，前仆后继地喊出福音，然后被时间迅速抹除，但这里并不排除出现某些因机遇而接近真理的人的可能。他们迂回地越过沉没的津筏、被诗句的封条打过叉的门道，以及前驱者怨气冲天的遗骸，逼近那个唯一和最高的实在。

一个我所看到的先锋运动的核心，其中至少包含了三种彼此不同的类型：抒情诗人、强力诗人和玄学诗人。尽管他们的言辞仍然残留着各种伪化（尤其是仿写）的迹象，但他们却已经停泊在离真正的门最近的处所。福音就这样怜爱地击中了他们，使他们的容貌变得明亮起来。

从前驱者倒下的地方起步，向未来的事物眺望，这无异于一群跛者获得了飞翔的能力。什么是跛者或完美的人？这个问题很难确切地给予回答。审视一个诗人，指望他像神那样，同时具备质朴纯真的热烈情感、实现伟大信念的强悍意志和无限深邃的洞见力，是不可能的。天才的完整灵魂，像陨石一样下降人间，在荒凉无言的大陆上跌碎了，破裂成一些次等的心灵，他们仅仅具有某一方面的特殊禀赋，借此沿着诗歌的凄凉道路缓缓前进。

抒情诗人：白昼与黑夜的对话

诗人大都心灵脆弱、秉性忧伤。旧圣朝里的人，给皇帝和朝廷唱各种歌，说各种匪夷所思的奇迹，动各种情，滴各种泪。把被这些不幸的人关闭的抒情传统再度打开，耗费了整整10年时间。抒情正在变得不合时宜起来，并注定将遭受嘲笑和冷遇。那么，许多早期的抒情歌手，他们被迫放弃自己的权利，就成了值得怜悯的事情。在迷津的诸多罪恶中，抒情是最严重的一种，因为它向我们指明了抒情者的无用性。通过语言的舞蹈，人被判处与苦痛迷离的经验共存，像尘封于往事的囚徒。

几乎没有什么人敢于无视这种流行的反抒情原则。李亚伟和万夏，这些具有优良抒情气质的歌者，一方面在欣喜若狂或痛不欲生的经验中浮沉，发出灵魂的狂乱反响；一方面又嘲笑这种情感，把它们隐匿到反讽、戏谑和粗鄙的“莽汉”面具之后。这种自我伤害的结果，不是抒情要素的消解，而是一系列从热抒情到冷抒情、从软抒情到硬抒情的风格剧变。因此，除非“反抒情”反对的是诗歌自身，否则它就只能被理解为某种“反面的抒情活动”，即在一个自我悖反的语言结构里保持内在抒情的本质。

这其实就是针对旧圣朝的没有信念与出路的情感，被困在硬化的表情里，像冰冷而硕大的石像，接受来自大学反叛青年的仿效。而尽管这种使人面目全非的硬度，损害了诗歌在处理个人经验方面的弹性，它仍然显示出反叛的力度，因为它是拒斥历史现状的，并且最终结束了用哭泣和撒娇的方式表达怒气的时代。

由于“莽汉”们的沉痛嚎叫，某种抒情原则获得适度的保存。然后，由另一些抒情诗人在新向度上加以展开。而这样做的前提是放弃对阴郁境遇的直接感受，把孤寂的心灵投入梦幻，用典雅的言辞再塑抒情空间和抒情对象。柏桦、陈东东，有时是才华横溢的海子，无限落寞地前往逝去的圣朝，凭吊凋谢的事物，同质朴的人民或早夭的诗人对话，倾听一种被时间湮灭了的亲切的语言。古代的风景清澄明亮，像漂浮于迷津空气中的蜃楼，使做梦者在这个限度内获得幸福。

远离实存世界以祈求想象的价值，这完全是新浪漫主义的立场：既然诗人无法修改他的境遇，那么他除了向过去时态的光辉嬉游之外，还能做些什么呢？也只有女人能够在莽汉主义和新浪漫主义之间找到第三种抒情道路：被实存本身的力量所震撼，同时又蔑视语言反讽的面具。这就是翟永明，坚持在尘世的阴影里爬行。迷津气质像噩梦一样印盖在她的感官上，使之成为内在迷乱的人。灵魂恐惧而欣喜地穿行于身体的迷津、血的深谷，以便同一个叫作静安庄的外在迷津会合，用黑夜激情去开辟存在的神秘道路。

在某种意义上，翟永明接近了我所企盼的类型：保持存在的激情、批判的勇气和对迷津苦痛的敏感。但她的迷乱性破坏了语言的制作，使之具有一个同样紊杂的面貌。郑单衣正是在这点上使我释然。一个完全无名的诗人，执拗地向生命情感的深度大步推进，企图达到现代批判精神和古典抒情气质、难以压抑的激愤和异常纯净的语象、永恒的爱的价值和世俗生活题材之间的内在和谐。这是先锋运动在抒情样式上所显示的令人鼓舞的迹象，它使一个文本匮乏的时代出现了某种变化的契机。

强力诗人：愤怒的旗帜

抒情者，有时是怨恨的人，但基本上是忧伤的人，赞颂生命和净化死亡的人，面对挫败顾影自怜的人。我不指望他们会维持一个抗争的脸庞，反复喊出愤世嫉俗和尖锐刺耳的声音。抒情，其实就是企图最终忘掉丑恶的经验，并在温柔的骗局里永远居住下去。而某些拒绝居住的人，则继续守望着旧圣朝的庞大阴影和迷津里的可疑事物，怒气冲天地书写关于种族或人类文化的死刑判决。

这些嚣张的顽童、愤怒的青年，正是我所说过的强力诗人，从一个单纯的阳具激动开始，向极度的欲望飞跃，成为语言恐怖主义者、殴打现存文化秩序的暴徒。他们依靠仇恨的力量在世上行走，企图用屁股颠覆头脑，用蛮化消灭文化，用肉体意识打击精神意识，用字词的暴力推翻乌托邦的永恒统治。所有这些操作法则构成了形而上的“怒”的最激进的形式。

怒的问题，也即从抒情体系分离出来的破坏性意志的问题，它意味着人与境遇在所有方面的决裂。怒是心灵对自身的奴隶形态的极端感受，是“心”与“奴”之间的紧张对话，它包含了大量占有或摧毁的愿望。然而从“怒”里走出来的人，或是我们称之为“怒者”的人，却是无法一言蔽之的。有一种怒者，像屈原，是撒娇的人为着某种国家关怀或个人荣耀严肃地活着，并因得不到它们而趋于最激烈的撒娇：写诗或自杀。

在怒的严肃性方面，廖亦武是屈原线上的人，这个浑身杀气的武士，原先是脆弱的抒情者，由于愤怒向着胆边生长，获得了义无反顾的勇气，并拥有一个被仇恨烧灼得粗鄙不堪的语言相貌。正是从这种脸庞上长出难以名状的舌头和牙齿，咬遍外在的事物，也咬自身，在自虐与他虐、自渎与他渎之间痛苦欲裂地挣扎，把自我逼入毫无指望的绝境。《巨匠》—《黄城》—《死城》，一个在愈演愈烈的亵渎中不断向内旋紧的刀架，绞杀着信念残剩的心灵，而诗人的身体却不能及时地死去，无法响应关于自我和旧圣朝（“城”）双重空无的学说。

毫无疑问，我此刻正在谈论一个无论反叛的力度还是宽度都力图达到某种极致的人，但他却仍要求助于嘴的神话，并相信“亵渎”这个事件本身所具有的力量，只有走向游戏的怒者，或只有试图取消生活严肃性的怒者，才能摆脱这一困境。张小波声称，诗人应当学习死亡，这一劝诫是意味深长的，死亡，也即自杀，就是在征服与占有的强力操作中自我抽空，越过亵渎的限度，用寂灭对抗被确证为毫无价值的存在。于是，头上隐然现出双角的反叛者，同时用肉与灵两支笔“瞎涂”世界，在疯狂的享乐游戏中耗竭，最后被旧圣朝劫持，栖身黑暗的囚室，并屈从于他曾经蔑视过的事物。游戏通过一个荒谬的结局取消了怒的主体，是谁预见到这一令人疼痛的图景？我想正是张小波本人。愤怒的嘴从空气里消失，只有眼与耳像葵花一样旋转生长，收集来自内心或栅栏外的稀薄物象。

作为迷津里的赌徒，游戏者必须在赌博规则的支配下进行个人冒险，用目标和程序的理性设计而非怒气去推动反叛的事业，从而获得必要的力度。但迷津的门无限增殖，其中只有一扇能够把我们引向奇迹，张小波因此心力交瘁地坐在完全空无的门的背后。而这就是他的罪孽：被美丽的事物迷惑和出卖，成为惨败的人。这同“非非主义者”的命运构成了对比。他们用知的光线探测或猜想迷津，劝服诗人结束无谓的冒险，以还原主义方法向一个超验和形而上的“前文化”结构皈依。

“非非”，可以翻译成“不不”“达达”“乒乒”“乓乓”等自我否定和自我映射的字词，据说它来自蓝马或周伦佑的一次神秘梦启，以致这个亚文化运动从一开始就笼罩着“盆地妄想症”的谵妄气氛。由于它在诗歌的还原实验方面的失败，“非非”的核心人物所扮演的，主要不是诗人角色。在更精密的意义上，他们是一些狂热的文化游戏分子，迷恋于取消文化和清洗语言的理论野心，用“非非辞典”制造大规模的语词动乱，并指望在文化之外建立新乌托邦的强大秩序。

这就是非非意识形态，既敌视语言又热衷于制造术语，既拥戴逻辑又屈从于悖论，既反叛文化规范又企图组织起更强大的暴政，既狂妄又天真，既执着又戏谑，既“非非”又“是是”……所有这些极度分裂的气质塑造了“非非主义”，使它拥有一个不合时宜的可笑面貌。

但比起先锋诗界的诸多弱点，“非非”的过失又算得了什么？它无非是某个在各种压迫中尽其所能地反抗的结果。从诗歌的针尖上向无限阔大的文化哲学作亡命的一跃，以期逾越“还原”走廊逃向“非非”神话，这在一个戕害人性的境遇里，难道不是一种令人心碎的努力吗！

玄学诗人：智者之瓮

被极度分裂的欲望引离诗歌，其代价是否昂贵，这不是我要验证的东西。我的全部疑问在于，谁在诗歌经验领域内洞悉了时代精神的本性？强力诗人，被愤怒所驱役，敌视一切存在，急于利用语词亵渎并推翻世界，借此向自身的狂热意志致敬，那么它就最终勾销了包括所有存在者的全部经验对象，使描述迷津或圣朝的内在格局的愿望破损。

玄学诗人承担了这个使命。对此我并不感到奇怪。在种族事务的顶端，“慧”的射线洞照了存在的阴影和津渡上的迷雾，企图揭露被它们隐匿的价值线索；“慧”也促成了语言的苏生，再度赐予它“逻各斯”（道）的神圣地位，并把诗人导入事物的本质和一个光辉的形式。这两种操作是内在合一的：思想和语言、智慧和纹样，从一个脆弱的心灵出发，获得无限幽远的洞见力。“玄”就是衡量“慧”所能达到的空间深度的最高标尺；“玄”是起点，也是终点，它叙述了诗人卷入迷津并与之搏斗的全部历程。

正如一切思想都导源于某种启蒙操作那样，玄学诗人必须求助于一个外在的导师来推动他的事业，而此人将明彻地了解人类迷津的全部细节。这就是博尔赫斯，在他所指点的概念和语言向度上，中国当代作家茁壮成长。显然，所有受惠于博尔赫斯的诗人中，牛波的学业是出类拔萃的。这个迷恋二度空间的画家，企图用语言说出第三度空间的热烈意义。于是“迷宫”，一个从博尔赫斯的概念里援引而来的事物，便因着它同我们生命境遇的内在吻合，成为玄学诗人的不朽母题。

这无疑是把博尔赫斯主义同中国革命具体实践相结合的重要典范。作为“迷津”的高度欧洲化的称谓，“迷宫”为走投无路的信念过客下了定义。迷宫滋育了那些在它里面玄想的人，动员着他们的全部辨识智力和突围激情。牛波看到，那些互相平行的事物、崛起的山体、充满各种语言复本和词典的图书馆、关押囚犯的“功德林”监狱，是“迷宫”投射在现世幕布上的影像。他不能拒绝这样一种迷人而悲伤的图画。因为最终是他自己制作了大量语义的“迷宫”，使无数渴望从中获得情感慰藉的伪读者陷落。他是捕鼠机里警醒的猎物，也是安装捕鼠机的人，在思想的午夜辛勤地狩猎。

但“迷宫”意象和迷宫人物，不过是某种静止在现时态里的三度空间而已，它注定没有时间的入口和出口。只有迷津才是四度的，朝着过去和未来幽怨地开放。退出“迷宫”，从一个更阔大的视界里探究事物的形态和因缘，欧阳江河就比牛波说出了更多的猜想。这是一种令人骇怕的经验，描述“乌托邦”和“空中家园”等各种圣朝的故事，还有“父”的严厉统治和“家园”的漂移走失，精致的推究式的思辨言辞，尽其所能地触摸着对象的残酷细节，像一只温良可笑的家鼠，敬畏地触摸猫的爪子，以估量它的哲学意义。

这里肯定包含着某种来自“神圣言语”本身的力量。玄学诗人，在某种意义上就是崇拜语言的人、相信好的言辞能够裁决一切的人，以及企图利用字词驾驭存在的人。所有这些信念赋予欧阳江河一个英雄主义的容貌，自负地谈论“我来了，我看见，我说出”的恺撒大帝式的箴言。巨大的迷津就这样被轻易地打开了，像“玻璃”一样无限浅显而清晰，“慧”的闪电毫无障碍地在其间穿行，直抵事物的秘密核心。

在透明法则中眺望人类的事务，并因其语言的有力性而体验到征服者的荣耀，这种经历为诗人提供了进入新家园的重大线索。迷恋家室的人，以符码为床，以意象为衾，反抗着迷津的恐怖或混乱气质，他与其说是一个流浪者，不如说是一动不动的人，躺在语言的神话里死去活来，以致成为丧失行动性的瘫者。宋琳是这方面的例证：被存在的痛苦吓得目瞪口呆，拒绝起床，用睡眠去模仿死亡，让浑身上下都散发出慵懒的气味，同时又固执地等候福音，抑或某个有关“革命”的指令，并迅速成为一个新人，以书写卓然独步的诗篇。

然而，更多的中国青年知识分子，正在拥有奥勃洛莫夫式的不朽灵魂，这不仅是一种推测，而且是一个犀利的事实。人要么像西西弗神那样坚定地做着完全无效的事务，要么拒绝一切操作，以躺的姿势在世，成为长眠的人。诗人支持后一种策略。他抚摸受伤的膝盖，停栖于身体的深处，用取消行动来取消失败。这就是人全部快乐的源泉，超越于迷津的命运之上，静观那些偷渡者、迷途者或溺毙者的悲惨结局。于是绝望的人，或是大梦先觉的智者，就从出售勇气和愤怒的交易中，摄取了无限短暂的幸福。

不妨让我们一起来回忆柏桦《在清朝》所提供的场景：牛羊无事、百姓下棋、饮酒落花、风和日丽、山水画臻于完美，建筑弄得古色古香，闲适和理想越来越深，而后哲学如雨，风筝遍地……这种古老帝国弥留时刻的伟大的安详，正是滋生玄学或不玄学诗人的颓懒风骨的摇篮。人民无所事事、怠惰成性。诗歌是闲暇产业，诗人为迷津时间和迷津日历所惑，在寂静的岁月里无尽地休眠，时而说出颓废的梦呓。

许多玄学诗人的最后本性正在显露。肉体的怠懒和灵魂的活跃，这两个方面同时达到激进的程度。他们是时间诗人，在岁月里驻足，失却一切愤怒，用预言结束生死循环，凌越于一切与空间有关的征服、权力意志和强大激情之上，一动不动地向时间尽头漂移。玄学诗人竭力引领着这种普遍慵懒的罪恶，而实际上是被这种罪恶所驱役，成为时间民族走向黑暗的永恒的先锋卒子。

然而并没有什么人走出了迷津。无论是用心抒情的人，用屁股造反的人，还是用头脑玄想的人，这些传说中的英雄，迄今为止仍然在各种歧路上奋勇前进，离弃着一个真正伟大的历史目标。也正是这些神色坚毅或弛惰的向导，被自己经历的路线所迷惑。绝对迷津（变量 1，又称客观迷津）加上迷者的胡乱行走（变量 2，又称主观迷津），构成了不可破解的相对迷津，像两条内外缠绕的线段，续织出无数价值死结，使全部的信念探险活动瓦解。

C. 走出迷津

相对主义：价值的遁词

先锋诗歌运动的全部优劣是在一个严酷的时代被命定的。大数量的劣质人口和四分五裂的信念格局，像黑暗的涌流，为诗人利用诗歌满足革命的愿望提供了腐败的根基。绝望者们组织各种诗歌互助团体，高举哥老会、袍哥和青帮的不屈旗帜，编印粗糙或精美的地下诗歌读物，喊出咄咄逼人的美学宣言，使人间充满动乱和预言的气息。这一由无数小型公社构成的诗歌运动，在 1986 年发育成庞大的形态。徐敬亚策划新诗大展的消息是史无前例的福音，在它的感召之下，诗歌爱好者的零散个体匆忙集结起来，自我命名和赶制宣言，使“流派”数量急剧扩张到 60 余种。复合的灵魂们簇拥在两张八开报纸上，用破碎的口号和诗歌残片撰写了作为运动的诗歌革命的重大新闻。

运动，这个词正是我们理解先锋诗歌意义的逻辑起点。由公共传播媒介所推荐的群体行为就像欲望的潮汐，在无比痛楚的月光下涨落，发出摇撼人心的呼啸。运动是火的花瓣、成群结队的牙齿、由密集点阵集合成的宏观图像，只有从一个浩大的立场出发，才能舍弃它的细枝末节，洞察作为整体和过程的辽阔意义。时间之手的介入，注销了一切单个诗人及其文本的独立意义，把它们改变成转瞬即逝然而赏心悦目的泡沫，为某个巨大的涌流服务。

那么，一次描述了运动轮廓的“大展”，受到来自官方和民间的双重攻击，就是十分自然的事情。因为其中最有力的指责，恰好指涉了参与“大展”的文本的低劣性。这正是“文本美学”的传统立场：愤怒于一切不能奉献出硕鱼的潮汐。这种渔夫信条无疑损害了对先锋运动及其展出事务的评判。先锋诗歌的主要形态绝不是字词文本，字词的意义附庸于操作，它必须在录制了运动的明亮律动之后才闪烁出微弱的光辉。同样，只有在先锋运动的尽头，才可能出现经典诗篇和大师的身影。

然而真正严重的威胁不是来自对文本的负责，相反，它来自某种颂扬。运动的迷乱气质诱惑了好心肠的观察家，并为相对主义美学提供了实证。宣称诗歌向度的多元特性，或用无数细碎和相互平行的价值单元肢解那个唯一的价值之王，这就是空间相对主义的罪恶，它杜撰了关于迷津消失的神话。无数五官残缺的头颅（元）在迷津里疾走，判定所有岔道和死路的值皆为真值，足以把人们准确无误地引向新的乐园。这样，迷津就首先在心理上而不是在实际上失去了效用，从危机四伏的猜想空间转换成了各种真理命题的汇集。

用多元主义学说迎合迷者摆脱迷津的痛切愿望，或者，劝慰所有被时间进程遗弃的诗人，这显然是众神时代的精神特性。无限众多的神灵在人的四周舞蹈，掌管每一条秘密路径。一个神就是一个向导或一架路标。在这样的时代，真理俯拾皆是。它不需要我竭力探寻，而只需随便挑选一下就够了。在一个咒语、一声祈祷、一段旋律性哭泣或歌唱性吟诵之后，神就应召而至，向我出示浩大无边的幸福。

让我们回过来阅读书写在那些“流派”旗帜上的宣言吧。我要援引“撒娇派”的例子，它清晰地表明了一群愤怒的学生是如何用“撒娇”把自己从无望的怒气中解放出来的。“撒娇”是饱受屈辱的心灵所采用的奇怪的抗议方式，它起初满含着对反叛的思念，而最终则趋向于意志的自我消解。可以断言，撒娇的人企图推荐一种策略，即通过自我弱化和自我颓废来嘲笑一个早已失去慈爱与关怀的母体。而这种嘲笑在击中了种族母体的冷酷面容之后，也沉重地回击了嘲笑者自身，把他们同样推入迷津中最阴冷的囚室。

撒娇的或不撒娇的，这些受到多元主义者热切关注的诗歌原则，已经组成当代多神教的庞杂格局，并且正驾驭着诸多脆弱的心灵。只要它们所发出的聒噪不妨碍我倾听一个最高的声音，它们就有充分的存在理由。但多元状态并不一定就是民主和自由精神的结果。恰恰相反，多元主义往往为拒绝猜想真理提供遁词，使人们屈从于一些鸡零狗碎的事物，以取消对本初或终极价值的探险活动。

时间相对主义，或是我称其为“代替主义”的某种学说，修理了多元主义的这一立场。用“第三代”或“第四代”自我命名的人，他们坚信高序数的“代”比低序数的“代”拥有更多的生命优势，并指望一种青年文化能在“代”的更替原则支配下，获得统驭世界的权能。这其实就是天真进化论，把诗歌发展归结为一些较少占用岁月的肉体，借此显示对于一切未来价值的信任和对一切过去价值的不信任。

然而，时间的展开抹掉了“代替主义”的有限信念。时间神向我宣布：既然所有子代都是对它的上代的反叛或更正，那么它们就具有完全同等的价值，因为它们各自实现了其生命阶段的使命。我注意到了时间逻辑的这一特点，它把“代替主义”转换成“阶段理论”，确信每一时期的诗歌都是该历史段落的最好显现，或者说，它就是自身完美性的唯一尺度。而这种向所有时间产品胁肩谄笑的态度，正是古往今来一切文学史家所坚持的立场。

绝望主义：上帝的弃儿卡夫卡

相对主义批评的零度眼界，使诗歌处在丧失自身伟大信念的危机之中，每个口号、宣言、“流派”和“代”，都毫无例外地沉浸于自足的快乐，完全无视内在或外在的超越。只要它聒噪并使语言生效，它就是一个光辉的价值，足以维系住一种临时的声望。这些嗡嗡小组，像这个社会的生产和消费系统一样，不幸参与到了迅速生息的时髦循环之中，验证了“后现代主义”的异化事实。

从急促紧张的诗歌活动中建立起来的基础价值体系，是我所能企盼到的最好的货色。基础价值，也就是商业社会的精神法则，蕴含着用货币和消费数值去评判文化的机能，它把诗歌变成了表达浅薄欲望的波普艺术。一个波普诗人就是一个市场偶像，用日常语言垃圾拼贴诗歌，在大学校园及其朗诵会上拍卖，博取青年公众的狂热喝彩，然后就被迅速遗忘，隐入下一座偶像的硕大阴影。面对这种图景，诗歌文本的增殖和贬值都是不可避免的。

在中间价值方面，除少数抒情诗人继续从事对情感伦理及其情爱命题的羞怯探讨之外，我没有看到任何新的进展。所以我只能再度回顾一下北岛同杨炼的对话。这也就是黑夜激情与白昼激情的问答，回响于“今天派”诞生和死亡的短暂岁月之间。北岛在此扮演着一个苍白的鬼魂，说出“我不相信”的著名台词。杨炼（也许还应包括江河）则是索魂的使者，他必须解答这个质疑，把对国家意识形态的信念引渡到种族意识形态领域中去，借此完成对中间价值的重建。

这与其说是一种解救，还不如说是对腐败事物的更深的陷入，它使“今天派”的文化反抗变得愈来愈没有危险，并被迫加入一场旷日持久的后卫战争，以应付来自激进诗人的攻击，尽管如此，我不能回避这样一个事实，即所有那些用过即扔或无限衰老的价值，仍然是价值的某种形态。正是它们的存在激发了我的批判意识。

一个真正的空无，出现在终极价值的层面上，这是必定无疑的。拥戴众多低劣的价值神明，意味着对最高真理的舍弃。在卡夫卡、艾略特和毕加索的邀请下，中国先锋艺术家向荒原、毛虫和稻草人的状态飞跃，从灵魂的一切隙缝里清除生命信仰的残余，竭力要成为完全虚无的人、虔诚地去厌烦的人以及卑微到了非凡地步的人，等等。于是，这些自我藐视的人，就最终藐视了包括上帝在内的一切神明。

但只有当我开始痛恨卡夫卡时，我才明彻地意识到，这个人是真正的迷津，在激烈的较量中，已被中国游戏文化所劫持和修理，变成他自身的陌生人与僭伪者。作为一场悲剧性演出，卡夫卡的替身对中国先锋诗人说出不容置辩的旨意，命令他们和上帝的信念一起完蛋，而他的真身却在欧洲的墓地里为他与神的契约而永恒缄默。艾略特或毕加索，是卡夫卡的兄弟。

契约，它是卡夫卡家族的秘密吗？这些从神明的梦境里分离出来的心灵，从一个虫子的卑贱角度推开上帝，而事实上只是被上帝所推开，像推开空气和灰尘。卡夫卡无非就是那种具有足够洞见力的人，透彻于被终极真理悬置和遗弃的状态，然后用破裂的语言写下绝望的证词，这便是契约：作为世界现象和世界经验的缔造者，只有上帝有权决定谁将获得或不获得他的恩宠，人的德行和祈祷根本不能影响上帝的意志。而所有这些严酷法则都来源于基督新教的教义：上帝无限地行动着，人的意义则仅限于接受。

把虫的形貌及其内在卑贱性作为上帝的悲惨礼物接受下来，是人所能做的唯一的事情，了解这点耗费了人类几个世纪的时间。正是在这个意义上卡夫卡成为历史上最奇怪的先知，一方面像虫那样爬行，一方面却说出神的声音。而基于极度的绝望和愤懑，卡夫卡没有直截了当地喊上帝的名。这就是他的罪孽：以一堆阴郁寓言去迷惑东方的游戏者。只有艾略特偶尔动用了基督教的语法："主啊，我毫无用处！主啊，我毫无用处！"

这样的痛苦欲裂的言辞，旨在说明某种人与神明的迷津关系，却拥有一个祈祷的句式。它显示了绝望的笃信者的双重特性：确信那个最高的实在，同时对自身的命运无限悲恸。这是被终极真理废黜的人的必然下场。据我所知，绝望就是对终极事物进行关怀之后的极端反响。

在卡夫卡们的极度沮丧的灵魂里，永远蕴含着某个不可企及和难以言说的信念。一种被上帝遗弃的绝望，被诬指为一个“上帝死了”的消息，而引发出普遍的信仰崩溃，其结果是大量真正低贱的虫性人格的滋生。一个名头响亮的先锋诗人就是一条毛虫，蜷缩在他的意念深处，用诗歌的茧套把自己封存起来，拒斥一切价值的光亮。中国游戏精神推进了这个颓废化运动。因为游戏消除了伟大和微渺的差异，游戏也塑造了适意而快乐的虫子，为一个卑下的存在状态低吟浅唱。

虫而没有痛苦，这才是所有罪恶中最深重的部分。这两个要素的叠加，构筑了“东方后现代主义”模式：（1）坚持语言—情感的二重游戏；（2）用游戏消解痛苦，或维持某种低度的痛苦；（3）消除一切价值深度；（4）孜孜不倦地探寻日常生活的琐碎意义，用日常经验取代艺术经验；（5）保持潇洒、安详、闲适和恬淡的演出风度。这同卡夫卡的立场形成尖锐的对比。一个被虫的经验压垮的人，却依然不懈地坚持对日常生活的峻切批判，用孱弱的躯体尽其可能地负载和贮存痛楚，从而在最后的时刻发出震撼灵魂的呻吟。

本质主义：重建精神圣殿

一种敢于绝望的浩然勇气，如果它不能导致终极的幸福，那么它至少也能导致某个终极的痛苦，使人有了唯一值得活下去的理由。在败坏的世界里，诗人被强烈要求着他的超越性。痛苦像闪电一样照亮了他的头部，为他指明向上离开迷津的途径。由于痛苦是诗人的触角，诗人才得以成为“种族的触角”，充当盲眼者的向导，对准一个原初和本体的事物飞跃。

于是我就既触及现存诗歌制度的基础匮缺，也触及了它的未来发展向度。先锋诗人从古典浪漫主义的云端里坠落尘寰，现在要重新回到上面去，越过一切古典的或“新批评”的高度，获得对最高天体的盛大占有。而这就是终极的诗：从它的文本里迸发出对人的精神存在和语言存在的极度关怀。这种关怀达到如此专注的地步，乃至诗人超出了迷津的命运，诞生与死亡的时间循环，以及一切与此相关的焦虑和恐惧，沐浴于以“上帝”命名的新圣朝的光辉之中。

“上帝”是一个谜语，有基督教和非基督教的无穷尽的解。在今天，这一概念会遭到致命的误读，被偷换成与思想奴隶有关的皈依仪式。但上帝的本性在于，它是启动人的伟大信念和终极关注的契机。或者说，它是显现在人类梦境中的最明亮的景观。一旦我们不再做梦，上帝就动身离去。对人而言，上帝没有什么危险性，并且完全不需要我的屈从和臣服。相反，它不过是人类事务的最高目标的一个普遍象征。如果放弃这种隐喻性陈述，我甚至连思考都不能进行。上帝是一个词根，人什么时候中断说话和写诗，它就终止自身的存在。

写诗说话的人，从猜想“上帝”这个谜语出发，向终极的诗大步推进，然后在瓦莱里的所谓“纯诗”那里停栖下来，环绕它热烈地舞蹈和生活，唱还原主义的最后礼赞。这其实就是用语言表达对语言的膜拜。在“纯诗”的澄明领域，语言和受其支配的整个感觉系统僭越了终极价值的权能。它正好显示出形式的巨大力量，诗人与这种力量一起命名和塑造着世界事实。这就像“创世纪”中的耶和华神，先“说”事物的名，随后才出现宇宙的诸多意象、结构和幸福。

那种纯化的和不提供任何意识形态信息的艺术，是企及终极的诗的巨大的门，先锋诗人在这里云集，练习说话的技能，推敲语词间的各种关系，还原俚语、译语和各种语言的魅力，以及穷尽形式法则所能容忍的一切实验。前赴后继的人，践踏着北岛和杨炼的尸骸蜂拥而入，从这个形式主义的英雄队列中，出现宋琳、欧阳江河、柏桦和郑单衣的身影，他们是修葺玻璃城堡的工匠，沉溺于语言玻璃的透明而有限的世界，被它冰冷的火焰与光线所震慑。而这里蕴含着一个深刻的限定：坚持自身澄明的事物，不仅排斥杂质，而且也拒不收留内在精神性和一切本质经验。

宋琳和欧阳江河洞悉了这个原理。他们在这一限度内写作，同时探讨某些小规模突围的可能。更多的人则在字词的深处睡眠或打坐。这是语言原罪所带来的悲惨结局。神圣语言（逻各斯）缔造和握住了人，而这就是它的工具。语言利用人达到它自我完善的伟大目标。历史中的个体、可怜的肉身、僵硬的舌头，皆被许诺以各种未来的名声，而一旦他们衰老得不能说话，就遭到神圣语言的抛弃，成为一文不名的人。

正是在这样的尺度中人们鄙视一切哑巴，确信失语症的可悲和聒噪的热烈意义。语言统治无所不在，像罪恶之手，操纵人的存在，并迫使那些思想者就范。只有沉默的人，坚持不懈地用个人冥想和静虑去抵制语言，削弱着它的权能。尽管如此，某种内在的语言仍然是不可拒斥的。那么，除了认定一个硕大的语言事实及其权威性之外，我们是否还有别的更重要的话要说？

语言，它不过是思想的前夜而已。越过“纯诗”之门，一种难以言喻的精神正在降临。它与其说是一种实在，不如说是一种辉煌的气质和信念，支持着人的全部写作事业。孤寂的面孔、不朽的悲伤、无畏的义愤、博大的仁慈、深不可测的意念等等，这些属性的总和构成了语言里面的东西。神圣语言注定要去迎接这种伟大精神，并与之汇合，共同开创文学和世界的苦难面貌。这样，我就为所谓“终极的诗”的概念找到了最模糊的界定。

我们丝毫不缺乏语言。或者说，在收集了各种语言发展的向度之后，先锋诗人面临着内在精神性的不在场。我们缺乏的正是这个东西。而全部的拯救都取决于对存在的最高意义上的关怀。人无限行动着，上帝则仅仅接受。那么，凭借难以抑制的激情、征服世界的意志和洞悉真理的智慧，一个大质量的心灵将最终抓住他所眷注的终极价值，使以往所有的喧闹都成为赝品。

先锋诗歌运动和终极的诗，这是一个事物的两个极点，中间分隔着广阔的迷津。令人惊骇的是，中国诗人已在其中迷乱地奔走了将近一个世纪，并且看来还要继续奔走下去。但我无意在此援引那些悲怆的事实，而是要为结束这种精神苦难探求一种出路。

这其实就是在吞噬信念的时间的威胁下，逼近一个难以名状的希望，也就是在燃烧的迷津里，收集灵魂的火焰以烙写最高的信念文本。时间之神注视并裁决着这一切。它是初者，也是终者。

1997 年

零年代：大话革命与小资复兴

零年代的大话革命

2001 年 5 月 2 日，青年节前夕，一个新闻事件隐喻了中国的话语剧变。主演电影《大话西游》的演员周星驰，在北京大学礼堂受到青年学生英雄式的欢迎。这不仅表明脂粉英雄已经取代了诗歌英雄，而且意味着一场新的“大话”革命降临到我们头上。以香港无厘头电影为契机，以数码网络为载体，一场崭新的“大话”运动正在风起云涌。

接着，一部以同名电影为题材的《大话西游宝典》成了最热销的图书。此后，六部一套的“21 世纪大话文库”也在策划出版之中，成为网络大话走向平面媒体的最具代表性的文本。朝气蓬勃的“大话乌托邦”涌现了，网络和书市上回旋着各种“大话”声音，话语的狂欢气息在四处弥漫。

80 年代中国文化的最大遗产是第三代诗歌、王朔的小说和崔健的歌唱。在反叛的战旗下，精神分裂的“流氓”（即那些以“一无所有”自我界定的人）展开了话语颠覆运动。这场运动的“清道夫效应”，就是晚近中国文化精英的出现。相形之下，90 年代是毫无个性的 10 年，在文化精英缺席和流氓改邪归正之后，创造和反叛都走向沉寂，但它的平庸正好为零年代（零世纪的零年代）的崛起作了铺垫：“小资”们对文学经典和政治经典展开了全面的戏拟和颠覆，其规模之浩大，连迷人的 80 年代都黯然失色。

无厘头的大话美学

令人惊讶的是，这场软性的话语革命，居然起源于以迎合香港市井趣味著称的“无厘头电影”。从臭气熏天的庸俗粤语喜剧片的粪便里，诞生了一种奇怪的反叛声音。

这部 1995 年拍摄的影片，对经典小说《西游记》进行戏仿，把庄重的佛学神曲改造成了搞笑的爱情话本，其中所有的人物都遭到了游戏式的篡改，唐僧变成了婆婆妈妈啰里啰唆叽叽歪歪的傻瓜（在学生看来，这显然是令人讨厌的家长、老师和行政官僚的一个隐喻），而孙悟空则成了伟大的超时空爱情的化身（情圣），甚至连白骨精都改变了其阴险狠毒的道德本性，摇身变作情意缠绵的女优。

而在内地，《大话西游》一开始并未赢得掌声，恰恰相反，它首映时面对的冷遇与它日后所获得的殊荣形成了鲜明的对比。但借助电视台和盗版 VCD 和 DVD 市场，这部影片保持了其在民间的观看率，正是这项技术使它得以被反复读解和品味，直至内地观众逐渐发现其“隐含价值”，在 1997 年开始走红，并在 2000 年引发出热烈的反响。

这个混合着黑色（灰色）幽默、后现代主义、言情与武侠文学、好莱坞电影以及下层市民趣味的大杂烩，以百科辞典的方式全面呈现了“大话美学”的各种要素：幻想、反讽、荒谬、夸张、顽童化、时空错位和经典戏拟，其中包含了文化颠覆、低俗的市井趣味和感伤主义等各种混乱矛盾的要素。所有这些都塑造着大话时代的嚣张面貌。

大话修辞学的若干技巧

以《大话西游》为范本的大话写作的核心，就是大话修辞学的建构。在我看来，它至少包含了下列基本技巧：

1. 戏仿（复制）：如对小说人物（如韦小宝、郭靖、岳不群等）和公文样式的借用和“现代化”戏拟，如“岳家军精忠报国之 BBS（论坛）版”“全国网恋等级考试（ELT）大纲样卷”等。

2. 篡改（刷新）：在原有价值图谱上进行有限改造，如“潘金莲之花样年华”。

3. 颠倒（替换）：对经典符码的语义的彻底改写，将其转换成面目全非的新意义（例如“孙悟空”→“情圣”；“唐僧”→令人生厌的“啰唆鬼”），这是一种比“篡改”更加极端的手法。这方面的另一例子是“新版白毛女”。

4. 反讽：利用经典文本进行现代政治反讽，如“慈禧同志先进事迹”“宝黛相会之样板戏版”“韦小宝的判决书”等。

5. 粉碎（拆分）：把“三国”“水浒”等都分解成若干碎片，然后再对各个碎片进行仿写。由此在整个网络上出现了无组织的庞大的集体拼图游戏活动。

6. 拼贴（剪切和粘贴）：文本（人物）的鸡尾酒写作（勾兑），

如把潘金莲和福尔摩斯、织女和猪八戒这些风马牛不相及的事物加以拼接。

7. 移置（超级链接）：包括空间移置（如美国的中央电视台新闻联播和大宋中央电视台的新闻联播）和时间移置（如孔乙己考研和祥林嫂炒股）。

8. 镶嵌（插入）：网络专用符码（BBS和聊天室符码）对传统话语的插入（如“^.^”和“～～～～”等等）。

毫无疑问，这是一种包含了数码词根和颠覆性语法的新话语，尽管许多人正在指责它的“恶俗”，但它仍然不可阻遏地生长起来，成为中国语文进行自我更新的民间源泉。

小资复兴及其三种类型

“小资”现在成了准中产阶级或预备役中产阶级的临时代码，它还包含新滥情主义、自恋状态下的感伤主义、小布尔乔亚美学（发嗲或撒娇的方程式）、都市怀旧主义、青春期的愤世嫉俗（“愤青”）等各种当下流行的精神倾向，它们在网络原创叙事中卷土重来，犹如一场规模盛大的流行感冒。

在我看来，零年代的小资至少分为三类：反叛的小资、无厘头小资和感伤的小资。它代表了小资的截然不同的三条意识形态路线：其中，反叛的小资沿用了周星驰的“大话”语法，显示了颠覆和话语原创的生气；无厘头小资是城市小市民低俗趣味的代表，他们把网络大话当作了一件寻开心的玩具；而感伤的小资则坚持了与时尚、潮流和主流意识形态的偷情。

感伤的小资

《第一次亲密接触》无疑就是感伤的小资的美学蓝本。这部“小资”代表作其实就是传统故事的一种改写：一个身患绝症的女孩从网恋里寻求安慰，而不断逼近的死亡使她的异端行为获得了正当性。“反叛者”正是这样寻求与旧伦理的协调的。感伤的小资借此向人们展示了一种妥协的道德，它试图在新精神和旧传统间找到折中的道路。主流文化起初对它深感狐疑，随后就予以了笑纳。这个变化验证了感伤的小资的本来面目。

感伤的小资是所有小资中最具魅力的部分，他们在琼瑶、三毛、亦舒、金庸、古龙、张爱玲、王安忆、陈丹燕、罗大佑和王家卫（有时也包括被误读了的王小波和海子）的故事里复兴，浑身上下散发着流行文化的气味，企图扮演世纪情感代言人的角色。唯美的感伤气息最初来自一些历史记忆，而后就渗透到每一场叙事的缝隙里，成为当下情感经验的基调。

上海宝贝、北京宝贝和安妮宝贝，这些在情欲超市里涌现的各款“话语宝贝”和“美女作家”，正在成为小资们的带路天使。她们是一些被“棉布裙、香水、光脚等词语掩藏的女人”，借助对奢华的都市奢华消费品的敏感，从事着散布肉欲的香艳叙事。尽管此类“现代性经验”不过是“无法道出灵魂真相的泡沫”，却仍然为小资群体提供了必需的中产阶级幻象。

继《女友》之后，《读书》的姐妹杂志《万象》，正在发展为感伤的小资消费当下文化时尚的高级阵地，在它的港湾里停满了各种幸福的小船。由于中国文化的弑父特征和断裂，历史总是呈现出可笑的回旋景象：继 80 年代启蒙思潮之后，中国的小资正在被重新启蒙，他们重蹈覆辙地追踪80年代的西方文化英雄的足迹，这份黑名单里包括博尔赫斯、塞林格、卡尔维诺、玛格丽特·杜拉斯和村上春树等等。在这场精神哺乳运动中，《万象》扮演了一个价值暧昧的角色：一方面试图维系知识精英的破碎形象，而另一方面却要紧紧追踪流行趣味，成为新小资叙事的优雅的代言人。在某种意义上，《万象》就是那些正在向中产阶级阵营冲刺的小资们的识字课本。

零痛苦和零信仰模式

作为一种新的策略，阴沉的80年代的人文痛苦（扭曲的、变形的、自嘲的、反讽的）和愤怒像雾气一样消失了。小资和大话文学都丧失了传统文学的悲剧感，犹如狗丧失了对骨头的嗅觉。新享乐主义正在取代王朔式的痛苦的精神分裂，成为最时髦的生活方式。在大话名义下，人们兴奋地从事着语言群交，并在网络BBS和聊天室的集体狂欢中获得快感。爱情和大麻的气息在到处弥漫，像是一场针对痛苦的大规模叛乱。

小资的甜蜜的忧伤主义，是我们这个时代最具魅力的情调。我们可以看到，忧伤的面容大量浮现在网络文学的水面，犹如受难的睡莲。它表面上不过是一种被削弱的痛苦，而实际上却是痛苦的最柔软而危险的敌人，在痛苦的名义下展开对生活现状的大肆赞美。在本质上，每一场忧伤都是一次情感与现实的调和。70年代后出生的人们，现在注定要扮演天使的角色，以便在唯美而甜蜜的情调里飞进飞出。

在所谓零时代（2000—2019），“零”就是它的基本精神表征，象征着“无暴力颠覆”（话语暴力）所能达到的非凡程度。在痛苦丧失的同时，小资和大话话语都放弃了普罗米修斯式的精英主义理想，终极关怀和国家关怀成为历史陈迹。威权主义崩溃了，意识形态集权遭到了空前的肢解。与此同时，救赎主义和团体信仰也遭到了“大话”的放肆的嘲笑，它要么被小资爱情所软化（观世音和孙悟空的暧昧关系就是一个例证），要么被一种转瞬即逝的都市时尚所取代（参见卫慧的小说），要么被新痞子的爱情游戏所消解（参见痞子蔡的《第一次亲密接触》）。此外，历史计时模式也逐渐失效，80 年代的预言性和隐喻性已经荡然无存（参见《2000 中国新诗年鉴》）。作为社会反叛要素的“反讽”，退化为一种纯粹的修辞手法，变得更加软弱无力，像风中飘浮的气球，被游戏气息吹上了欢乐的天空。

电子乌托邦时代与泛江湖主义

网络而非电影，才是大话生长的最惬意的摇篮。网络群众积极参与到集体的网络话语造句游戏之中。游戏的首席特点就是它的虚拟性，当新闻都可以使用虚拟播音员时，人生的虚拟化潮流似乎已势不可挡。从麻将桌的狭小格局中解放出来的小资群众，正在数码技术的声援下，发起一场史无前例的游戏运动，它要从庸常的生活里解脱出来，在幻想性游戏和话语里找到安慰。这是电子乌托邦时代的一个心灵奇迹。

大话者普遍运用金庸武侠小说的“文化词根”，营造虚拟的江湖场景，题写虚拟的流氓英雄和流氓寓言（主要是《射雕英雄传》和《鹿鼎记》等），机智而犀利地打击着威权主义的话语堡垒，显示了 20 世纪 80 年代以来中国流氓主义的更新版本。

流氓主义唯一真实的表达，是论坛上的匿名攻击。这种放肆的匿名骂街和粗鄙化的话语暴力，是 80 年代流氓英雄主义退化为网络无赖的重大标志。匿名的攻击帖子大量涌现，网络论坛成为“知识分子焦虑”的宣泄器。写作道德的瓦解已经势不可挡。

现行的匿名注册制度保护了思想和言论自由，庇护了必要的正义批评和真相陈述，阻止了小资的无聊主义的泛滥，但同时也为网络流氓的发育提供摇篮。在这方面，知识分子（即所谓“大知”，小资们的盟友或死敌）率先暴露出伊阿努斯式的双重性格：他们既是学院、理性和真理的代言人，又是蒙面的杀手，在各个学术论坛里出没隐现，像一些饥饿的老鼠，仗着犀利的话语门齿，肆无忌惮地袭击着过路的旅人。那些“受袭者”中既有“无耻的文人”（如何新），也有“无辜的或有缺陷的好人”（如李慎之、朱学勤、王朔和赵无眠等）。

“大知”的这种道德两重性，原先隐匿在面具的背后，而后在网络论坛里浮现出来，从而令学术“帖子”呈现出异常复杂的面目。而在另一条战线，反叛的小资（“愤青”）也展开了针对“大知”以及文化威权主义的激烈攻击。这种来自“大知”和“小资”的话语杀伐，显示了文化对话正在走向江湖化。它的激烈程度甚至可以与那种臭名昭著的聊天室暴力媲美。在某种意义上，BBS 就是讲堂和厕所的混合体，向人们同时展示着思想与粪便。这是网络自由主义带给这个时代的最怪诞的礼物。

大话效应：第三等级的崛起

大话时代的一个戏剧性后果，是它在短时间内迅速完成了从“话语的知识分子专权”到非知识分子化的漫长进程。话语权力发生急剧泛化和分散，说话者从国家主义（经典主义）走向了市民主义（俚俗主义或民间主义），显示出非专业化、非知识分子化、平民化和幼齿化的各种表征。70 年代后出生的青年知识分子以及更大范围内的青年学生，这些过去没有话语权的群体，现在终于可以扬眉吐气了，他们竭力要摆脱 80 年代人文精英的影响，以确立自己独立的言说权力。

网络言说的策略就是这样产生的。“大话”所颠覆的对象从文学经典，扩大至教育、新闻、体育等话语制度区域，以及所有的流行文本（如电影《泰坦尼克号》、金庸武侠小说）。对话语制度的颠覆甚至还波及新闻语体、行政公文语体和试卷语体。尽管大话修辞和大话语法缺乏原创机制，但它仍然为某些新语汇的诞生开辟了道路。

基于这种群众性的颠覆运动，网络成了杀死旧文学的“千年虫”。文学神殿无声地崩塌了。在“大话”的逼迫下，传统文学正在大步退行为“小话文学”（也即一种小圈子文学）。文学的第一等级（官方知识分子、中国作协、中国文联之类）和第二等级（学院—专业知识分子）遭到了适度的轻蔑，论坛上到处飞扬着嘲笑和叫骂的声音。

以小资为代表的第三等级正在崛起，就像一支数量庞大的第五纵队。70 年代后期“文青”靠《萌芽》杂志提携的时代已经一去不返，唯美的小资和粗俗的无厘头文化甚嚣尘上，青涩的学生语体正在成为网络的主宰（“榕树下”网站是这方面的代表）。

耐人寻味的是，大部分知识分子至今还在鄙视网络的心情中继续自我禁闭，只有早已衰败的诗歌在竭力利用网络实现其复兴梦想，诗歌网站和诗人个人主页雨后春笋般生长。但这似乎并不能改变正统文学遭到屠杀的现状。

这种数字化的话语模式有被严重滥用的倾向。粗制滥造的、哗众取宠的、低俗的、三流的、厕所化和课桌化的，网络口蹄疫在四处蔓延；文化分崩离析，历史像断线的风筝那样突然失去了控制。这引发了来自主流意识形态的激烈批评。

这方面的范例，当推所谓“鸡过马路”命题。我至今未能找到这个命题的起源和始作俑者，它对“意义”和“价值”的颠覆达到了令人发笑的程度。这是一种从网络时代的深处涌现出的“灰色无聊病毒”。而正是从这种极度的无聊中产生了“有聊性”，即话语本身所散发出的颠覆魔力。大话者用“小鸡程式”过滤权威和偶像，将其改造成鸡零狗碎和毫无价值的废物，其功能完全等同于那些溶解和销蚀文本文件的“病毒”，它在破坏威权主义或流行文化程序的同时，也破坏了真理探索的机制。在后资本主义时代，这种机制竟是如此的脆弱，它甚至不能喊出黑夜里的抗议声音。

毫无疑问，我们正生活在大话魔法所产生的双效后果之中。第三等级所引发的动荡和混乱还将持续下去，而病入膏肓的文学并不能因而得到拯救。从这一亚文化的杂碎中只能产生一些有趣的怪物。文学创造的使命，远不是大话或小资运动所能完成的。在大话时代奠定了自由主义的根基之后，我们将继续期盼创造性时代的降临。尽管这只是一种令人心酸的奢望。

1978—2008：中国文学蜡像馆

当代文学三段式

面对消费社会的强大压力，传统文学的盛宴早已终结，但文学30年，却为我们打造了一座含义复杂的蜡像馆，那些文学蜡像栩栩如生，昭示着文学由盛到衰的戏剧化历程，并向媒体提供了无限丰富的谈资。当代文学刚刚越过青春年华，就已迅速老去，它的背影何其苍老，而它所提供的经验，又是何其珍贵。

在我看来，中国文学30年，可以大致分为三个时期：第一阶段（1978—1989）是所谓“新时期”，也就是我命名的“狂飙期”，这是原右派作家复苏、知青作家崛起，前卫作家以及杰出翻译家抬头的时代，以1985和1986两年为最高峰值，标定了当代文学最繁华的状态。第二时期（1989—1999）我称之为半衰期，这是一个文学渐退并寄生于影视的年代，文学依赖影视而获取自己的荣誉，王朔、苏童和余华等都由此受到青睐。第三时期（1999—2007），我称之为“数码期”或“全衰期”，它以卫慧的《上海宝贝》为代表，成为“身体派”崛起的标志，一方面是以文学形态命名的汉语文本在互联网上高速增殖，一方面是文学自身影响力急剧衰退，这种反比例关系，就是全衰期文学的基本特征。

作家的精神蜡像

狂飙期是文学30年中最值得观看的段落，它向我们展示出中国文学自我复苏的强大能量。在经历漫长的精神苦难之后，前右派作家和知青作家，共同集结在文学旗帜下，加入历史反思的合唱，发出了解冻后最初的呐喊。各种痛楚而喜悦的创伤记忆，混合着破裂的青春期梦想、政治恋母情结、文化寻根的焦虑，以及对“彼岸”的乌托邦想象，都成为文学书写的重要母题。而全体民众都在侧耳倾听。此外，还有那些政治乌托邦的“文学”字词，用毛笔涂写在白纸上，糊贴于高墙上，俨然是灵魂高蹈飞舞的宣言。激越的改革声音，跟“85美术新潮”和先锋音乐一起，汇聚成精神解放的洪流。

狂飙期涌现的不仅是“伤痕派”的撒娇式啼哭、诗歌夜莺的迷人歌唱，以及张贤亮自虐式的生命礼赞，而且伴有“人道主义”的痛切反思。其中最值得我们眷顾的作家是周扬、白桦和戴厚英等人。周扬试图从形而上的领域，为马克思人道主义探寻理论合法性；而戴厚英的忏悔则基于她自身的痛苦记忆，尤其是诗人闻捷之死，成为其精神苏醒的独特契机。戴厚英被谋杀，乃是当代文学中最惊心动魄的事件。她所开创的忏悔道路，被凶手残忍地切断。文学自此退回到拒绝道德忏悔的坚硬传统。这两位作家的悲苦结局，勾勒出文学火焰外缘的浓重阴影。

朦胧诗之正名和后朦胧诗之崛起，乃是狂飙期的重大收获。诗歌的飞跃，起源于知青在白洋淀的湖畔吟唱，后来却引燃一场针对旧美学的叛逆火焰。从四川盆地、北京和上海涌现了大批诗歌流派，云集于 1986 年徐敬亚所组织的诗歌大展。激进的校园先锋诗歌，不仅修正了诗歌的撒娇嘴脸，拓展了流氓诗学的战地，而且孕生出前所未有的先锋小说。青年小说家学习汉语诗歌，练习小说叙事的现代技法。博尔赫斯、马尔克斯和罗布—格里耶等，成为先锋小说家的光辉样本。中国翻译家据此介入了汉语的起飞，他们提供的译本，就是汉语文学复兴的秘密导师。

在短暂的狂飙期里，文学不仅完成了自我解冻的程序，而且向价值反叛和话语转型，迈出急切而脆弱的步伐。这个时期的最高代表，就是年轻的诗歌天才海子，他的诗作超越了新文化运动以来诗歌的最高水准，为汉语文学标出一个全新的高度。但出乎意料的是，他竟然以自杀来宣喻文学狂飙期的终结。这是农业时代的最后一位歌者，在秦始皇寻求永生的地点（山海关），不惜以暴力的方式终结肉体生命，这不仅是对古老极权主义的嘲弄，也是乡村诗学的一次最高祭礼。

这是精英叙事的秋天，它明朗而阴郁的色调，照亮了汉语文学的锦绣前程。但文学并未在那里驻守下去。在 90 年代，先锋作家的集体叛逃，预示了精英文学的整体性衰败。余华、苏童等小说家转向有戏剧性情节的叙事，也就是回归到大众阅读的层面，从《妻妾成群》到《活着》，这些文本相继被第五代导演所收购。文学成为电影的侍妾，浓妆等待第五代导演的临幸。与此同时，先锋诗人集体逃亡到图书市场。他们腰缠万贯，出没于 90 年代的全国书市，成为操纵图书工业的“第三只手”。

文学只剩下一种似是而非的出路，那就是反讽。反讽最初是对国家话语的一种戏仿（王朔），而后就成了作家批判社会的拳头（徐星和王小波）。作家踏上流氓主义美学的康庄小路。王朔、徐星和王小波所构成的三位一体，为 21 世纪互联网上的大规模反讽，开启了意义深远的大门。但反讽不是价值建构的主要道路，它只是社会批判形态之一，并不能替代价值正谕的建构程序，而反讽过度势必造成对文学的伤害，甚至导致对反讽作家自身的伤害，王朔的故事就是一个例证。他在 2007 年的出位批评及自我忏悔，无疑是对反讽叙事的背弃，并为文学反讽标上一个佯狂的记号。

卫慧的小说《上海宝贝》，不仅是全衰期的开端，而且是“翻身文学”的第一声尖叫。女性作家成为身体写作的主体，这在过去是不可思议的。女作家飞越羞耻感的边界，向身体禁区突进，无畏地传播床帏真理，把身体叙事推向了高潮。从九丹、木子美、竹影青瞳到热倡“胸口写作”的赵凝等等，在这些耳熟能详的名字里，人们能够清晰地看到女权主义的造反线索。女性的自我解放，彻底改变了文学的走向，把它从形而上的庄严云端，拉到粉红生活的大地。这种身体解放具有双重品质——它的意识形态反叛性，以及它对市场庸俗趣味的急切响应，两种截然不同的事物被混杂在一起，令批评家们深陷于解码的困境之中。

文学的多重面具

狂飙期理论家的主要目标，就是试图建构文学自身的主体性。为了获得自身的纯洁，它要忍痛切除那饱受民众欢迎的触角。它要把政治功能交还政治，把娱乐功能扔给游戏，并把心理治疗功能交付电视连续剧，如此等等。而在消费时代，文学被再度拉回到娱乐和情感治疗的现场，成为大众娱乐和消费的工具。中国作家从来就没有实现过真正的“纯文学”梦想。

这是一种复杂而充满矛盾的图景。文学既要捍卫自身的多元功能，又要小心规避工具化的命运。我们已经观察到，文学最初是体制的工具，而后又成为资本的工具，多重性的工具人格，拒绝了作家的独立主体，以致无法聚集起足够强大的心灵力量。但那种内在的精神性（独立意志、诗学信念和终极关怀），却正是文学创造力的轴心。中国作家的这种精神性软骨症，加速了当代文学的衰老进程。

作家的角色，一直是文学所无法规避的难题。从“人类灵魂的工程师”（教育者）、“社会良知的担待者”（引领者）、“传统价值的叛徒”（反叛者），到“汉语创新的手艺人”（实验者），所有这些表情严肃的角色，都是文学家为自己订制的面具。这是狂飙期作家的多重特征，它要据此成为社会精英中最有力的群体。而到了全衰期，作家只剩下一种单一的角色，那就是扮演大众的情人。一些新生代作家寄生于无边的互联网，拥有大批数码粉丝，但至今尚无任何作品有望成为文学圣经。他们学会流畅地书写武侠、警匪、言情、惊悚到魔幻等各种类型小说，以及掌握笼络青年读者的叙事技巧，却没有继承狂飙期的核心价值及其书写语感。他们的话语方式陈旧而单调，不是仿效港台三流作家，就是跟本地中学语文课本的风格密切呼应。他们比其他任何群体都更需要天才的诞生、崛起和突围。

阅读的风雨旧梦

早在狂飙期，文学展示过其全能的神性，它是广谱安慰剂、硕大的情感乳房和哺育国家婴儿的字词摇篮，由此点燃了狂热的文学崇拜。中国最优秀的读者，大多云集于文学乌托邦之中，从那里汲取全部存在的知识、能量和信念，文学和读者的这种热切互动，构成了一幅感人的图景。这场运动提升了文学的意识形态价值，把它变成一座温暖的精神家园。

基于这种印刷读物的神圣性，强烈的铅字崇拜涌现了。许多走过 60 年代的知识文青，都拥有成箱的手稿，他们在简陋的练习簿上从事抒情和叙事练习，为日后转换为铅字而辛勤工作。狂飙期的文学杂志，从某人转到另一人，制造出手—手传播的延伸模式，由此构成漫长的传阅链索。大多数文学杂志，五年后仍然在传阅链上滚动，最后在某文学读者的床边高高堆叠起来，犹如铅字码起的细小山脉。它们被翻阅到卷角的程度，其上散布着无数人留下的指痕、断发和污迹。文学杂志的这种超负荷阅读，带给它以巨大的名声。文学杂志的长命，跟它今天的短命——用过即扔的一次性消费状态，形成了鲜明的对照。

但这种文学杂志的神圣性，随着互联网时代的降临而消失殆尽。互联网时代的“无铅运动”，导致手—手传阅链的断裂，文本可以自由发表，不再经过任何编辑程序的过滤。这种无铅化—数码化运动，令许多网络文青丧失自我估量的能力。他们沉浸在作家的幻觉里，在互相勉励和叫好中一意孤行，以复制、粘贴和转发的方式，制造着互联网上的文学狂欢。毫无疑问，中国人拥有世界上最大数量的网络文学帖子，但这跟文学发展无关。它不是升华的信号，却提供了繁荣的幻象。

狂飙期的一流读者，早已弃文学而去，成为影像、游戏乃至各种新式娱乐生活的用户，从而把文学孤立起来，成为一个跟世界主流脱节的文化小岛。唯有那些缺乏阅读经验的三流爱好者，继续簇拥在其四周，消费那些被市场大肆推销的快餐，为低劣的文本高声喝彩，俨然是垃圾文学的幸福粉丝。

在所有大型文学杂志中，《钟山》《花城》《大家》《芙蓉》等先后兴起与消沉，只有《收获》继续拥有数量可观的订户。它以文学代言人的姿态，长期驻留在学院图书馆和中文系资料室的订单上。但这只是某种象征性的独存。人们从一大堆杂志中挑选一种或几种作为代表，仅此而已。在大众文化喧嚣的时代，《收获》成了站在文学荒原上的一株孤独的小树，用以证明这类文化事物的实存。而在它的四周，到处横陈着地方文学期刊的残骸。

作协敬养院和学院鸵鸟

作协的神圣地位在狂飙期是不言而喻的。任何一位当时加入中国作协或地方作协的文学作者，都能获得广泛的敬意。1980年前后，作协发展了“文革”后首批新生代作家，其中一部分人是新三级大学生。他们加入作协的那些红色光荣榜，一度成为校园里最令人惊羡的招贴，支撑着文学青年的炽热梦想。在狂飙期，作协是高踞于文学台阶顶部的圣殿，也是文青所渴望的最高荣耀。

但30年之后，环绕在作协四周的光晕已经逐渐消退，露出了布满青苔的落寞容颜。作协辅佐作家的机能已经丧失，官方文学评奖被各种丑闻所包围，变得声名可疑起来。作为官方文学领袖的威权性，受到了消费主义的强大挑战。在某种意义上，作协就是文学官僚的敬老院，散发出居委会和菜市场的混合气味。为了改变这种状态，中国作协向新生代作家发出了亲切感人的召唤。但这种热吻并未改善作协的处境，相反，却引发了媒体的普遍质疑。新生代作家就此陷入两难的困境：他们指望靠作协来确认自己的作家身份，却选择了一个错误的时机，因为正是市场准则颠覆了作协的威权，把它变成可有可无的鸡肋，甚至要被迫吞下韩寒充满机锋的嘲笑。

早在1985年，文学理论家曾经以全新的姿态进入文学。1985年的厦门会议和桂林会议，聚集了全中国最优秀的中青年批评家，展示出学院派干预文学进程的强大信念。但狂飙期之后的文学史，却陷入了空前的混乱之中。尽管“重写文学史”的呼声震耳欲聋，但学院炮制的1000多种文学史教材，并不能向青年学生提供正确的文学知识，以及有效的文学价值评估方法，这是文学价值倒错的主要原因之一。学院派率先丧失了文学评判的能力，满足于自我封闭的鸵鸟政策，继而丧失了文学估量的威权性，在“国家主义批评”“术语批评”“红包批评”中自我贬值。文学批评的退化，加剧了文学的危机态势。

汉语工具危害论

图书经纪人和出版人的夸张叫卖，利用媒体宣传，把一大堆劣质文学产品，倾倒到阅读现场，由此导致文坛的垃圾化效应。这是21世纪零年代文学的最大困境。出版商的高声叫卖、红包批评家的笨拙赞誉，像口红一样涂抹在刚出炉的出版物上，令其散发出赝品式的廉价光泽。这其实就是典型的“毁灭性炒作”，它曾经断送过九丹等有才华的作家的前途。

发泡式垃圾是花哨而轻盈的，漂浮于消费世界的水面，夺取了公众的视线。而那些沉重的话语宝石，却只能沉没于水底，跟泥沙混杂在一起，无法得到必要的凝视，由此造成严重的价值倒错。当精英文学继续沉浸在占有时间的快乐之中时，大众文学已经迅速占领了空间。

坚守文学信念的作家，在几乎无人倾听的状态下，不倦地从事汉语书写，为我们留下了一些值得收藏的文献，它们以手稿、打印稿或网页的形态在世，其读者限于微小的圈子。在诗人余地自杀的背后，正是文学所面对的最深切的孤独，它像瘟疫一样扩散，一直伸展到历史深处。这就是汉语不能承受之“轻”。

汉语文学退化，跟世界文学的整体性危机相关，它是轴心时代终结的征兆，但另一重要的本土原因，在于30年中国文学史，完全依赖于“国语”和“简体字”这两种书写工具。它们提供了隐秘而强大的工具语法，犹如坚硬的文化印模，把所有的书写活动压入了规范的凹槽。事实上，只要以行政方言“国语”为基准进行文学书写，就能强行矫正作家的内在（心灵）话语。所有那些不适合用“国语”表述的地域（或少数民族）文化元素，在其尚未发声之前，就会遭到“国语”的过滤和删除。正是这种“国语写作”塑造了文学的体制化面貌，并令作家丧失了从地域文明中汲取文化养分的空间路径。

无独有偶的是，书写工具“简体字”，再度摧毁了本土最独特的“非物质文化遗产”。它解构中国文字象形和会意法则，粗暴切断了文明传承的时间路径。那些珍贵的历史密码，藏匿在繁体字的形体里，被书写者所临摹、学习、顿悟和传承，由此保障了优良的文化传导性。但那些美妙的符号遗产，却因“简化”手术而变得烟消云散。作家根本无法利用日常的繁体字书写，从字符密码中汲取文化养分。这种空间路径和时间路径的双重丧失，就是30年中国文学所面对的历史处境。

回到当下文学的现场，我们可以看到，文学的幽灵正在四处出击，探求新的寄生空间，从影视、游戏和短信的新媒体那里获取力量；更年轻的作家则忙于收集大数量的读者，指望从市场里获得高额版税；只有少数作家在继续坚守文学的内核，表现出非凡的勇气和信念。这很像尤奈斯库戏剧《犀牛》所描述的场景。当小镇上的全体居民都竞相变成犀牛时，只有个别人拒绝了异化的潮流。但这种针对时尚的抵抗，却只能谱写新的荒诞喜剧。作家坚守人类的形貌，也即捍卫文学本质，对于已经集体变成“犀牛”的种群而言，无异于新的怪物。文学的命运，早已被历史所无情地设定。这是文学的不幸，也是它最高的光荣。

（原载《文艺争鸣》2008年第11期，题为《1978～2008：中国文学的三段式》）

文学：语文与算术的世纪之战

文学正在从传统语文的旧居逃离，向算术的领地飞跃。这是近年来中国文学的一个重大变化。文学原先是属于语文行业的，也即属于语词、篇章、修辞、语法和风格的空间。数千年以来，文学一直试图借助简洁的叙事，描述自我或世界的真相。文学试图守望自己的语文家园，那就是人本主义关怀、创造性技巧以及语言的力量。

但在 21 世纪初叶，文学开始向它的世仇——算术献媚，甚至拿算术的尺度当作自己的尺度，用数量、数字及其算法（简单的线性加法）来衡量文学的核心价值，在大多数情形中，文学采纳的算术，仅限于四则运算中的加法，这算法要求作者在一个短小的单位时间里，尽可能制造最多的字词，并将其无穷相加，以求取“和”值的最大化，借此满足声誉的“结合律”或市场的“交换律”。这是一种古怪的物种变异，它意味着文学正在背弃自己的本性。

文学算术化的潮流，起源于冷战和集权主义时代。它是 20 世纪文学的最后挣扎。目前世上最长的小说，也许当推索尔仁尼琴的《红轮》。它的长度据说接近 1000 万字，俨然是俄罗斯史诗叙事传统的宏大尾声，它要凭借一种非凡的个人记忆，去抵消集权主义对历史真相的遮蔽。而本土的鸿篇巨制，则以张炜的《你在高原》为上限，该书以450万字的篇幅，击碎中国书面文学的历史记录。这是一种充满“愚公精神”的字词工程，漫长无尽的语句相加，不仅需要强悍的脑力，更须有强大的体能。正是这种超能英雄式的写作，令其散发出算术课加体育课的浓烈气息。

主流文学自身的字词算法，为类型文学提供了笨拙的样本。这场被市场煽动起来的大跃进浪潮，不仅导致每年近千部“印刷长篇小说”和上万部“数码长篇小说”问世，而且其单体篇幅也在不断扩容，有的网络小说，甚至被注水加长到1000万～1200万字以上，成为一个没有灵魂和内胆的庞大容器。这不仅刷新本土文献学的历史记录，也创出“数码文学”的世界纪录，进而令平面出版商目瞪口呆，所有那种把数字小说转为纸面小说的商业企图，都已宣告破产。

与此相关的另一种算术，指涉了文学书写的速度。这种高速性，早已成为中国当代文学的基本特征。自从20世纪80年代开始，主流作家和先锋作家，都以这种流畅的方式进入中篇写作，而后又将其延伸到长篇小说。某位德国汉文学研究者指出，德国作家写作一部长篇小说的时间通常为四年左右，而中国作家的写作周期平均只有四个月。中国长篇小说产量（仅指平面出版类），达到每年800～1000部的惊人数字，挑战全球小说的数字总和。这种“纯文学”作家的高速书写模式，为类型文学和垃圾制造，提供了另一种非凡的样板。

我们曾经被告知，早在20世纪，香港畅销书作家倪匡，就曾以每天5万字的速度写作，创造华语写作的最高纪录。但这项纪录已经被内地写手所追赶和刷新。为了满足市场需求，少数成功的数码文学写手，娴熟地运用各种悬念（悬疑）、言情（情色）、科技（科幻）和历史知识的噱头，每天以3万～5万字的速度生产类文学读物。有消息称，“互联网小说”的最快枪手，单日写作速度有时可达6万字，这意味着打字者完全没有时间停下来沉思，而是必须像一个优秀速记员一样，马不停蹄地记录头脑里涌现的字词。但常识告诉我们，思考和书写的质量，跟所耗费的时间大多呈正比例关系。在作家的叙事进程中，需要运用各种复杂的语文技巧，更需要时间去选择字词、推敲句子和营造篇章，即便是文学天才，也无法在瞬间里完成精致的书写。

高速度的写作，如同“工业大跃进”，只能制造出量大质劣的低级产品。中国类文学读物，其数量规模足以冠盖全球，而令包括英语在内的所有外部语种黯然失色。但不用细读每一部“小说”，我们就能得出一个基本判断——其中绝大多数都是文字垃圾。中国正在成为高速生产文字垃圾的超级工厂，并跟“made in China”一样，沦为劣质品的代名词。这些垃圾被大量和高速消费，随后就被彻底遗忘，成为无数转瞬即逝的泡沫中的一员。

“纯小说”的数量和长度，营造了阅读的巨大障碍，以致它几乎没有读者问津，甚至连职业文学评论家都望洋兴叹。在这个充满变数和焦虑的时代，全中国似乎只有一位评论家，还在认真阅读那些长篇小说，并为其仔细地撰写长篇评论，那就是上海的程德培先生。但奇怪的是，由作家、评论家和文学官员共同把持的各种文学奖项，竟然对这样的先进事迹置若罔闻。

然而，一项对手机阅读现状的局部调查表明，“类型文学”而“非纯文学”，才是中国普罗大众的重要精神快餐。其中言情小说的手机读者为 293 万，穿越幻想小说访问用户为 336 万，玄幻奇幻小说的读者则为 68 万，现代都市小说为 56 万。读者主要来自珠三角地区的打工仔，以及遍及全国的销售员和 17 岁以下的中学生。有的打工仔每天用手机进行在线阅读的时间，多达 8 个小时以上，这意味着，除了上下班和睡眠，每天的剩余时间，全部被用来进行手机阅读。上述数据，来自中国某家权威的电信公司，它足以表达手机用户的趣味，更显著地表达了“文学”的现实出路，那就是用低俗而充满快感的文字，来满足低文化层次大众的精神饥渴。不仅如此，只有“类型文学”读者能超越数字的限度，而将阅读的长征进行到底。

这种高产“文学”的大肆泛滥，诱发出人们对文学繁荣的天真幻想，但它终究会制造更深的幻灭感。因为世人所面对的，并非只是真的文学，更是打着文学招牌的“类文学读物”，后者的基本功能，就是在文学牛奶短缺的情况下，以低度或零度营养的“代乳品”方式，侵入人的灵魂，为其填补精神空白。但此举无疑是饮鸩止渴，它只能引发更严重的精神饥饿。

另一项私下调查还意外地揭示，在第一线进行文化产品筛选的电讯机构，其人员的流动性，远远超出了平均值。绝大多数青年编辑的供职长度，通常不会超过 2 年，其主要原因在于，青年编辑无法承受处理劣质精神产品的“审美疲劳”和道德压力。换岗（逃离）是他们的唯一出路。但这种状况丝毫不能改变文化资本的本性。还会有大量渴望就职的学生，前赴后继地踏入文化工厂，成为捡拾和推销文化毒食的最新成员。

另一方面，在“文化产业”的盛宴背后，是 200 万名签约写手的庞大队列。这是一个惊人的数字，几乎跟中国职业军人的总数相当，而其中真正具备类型文学写作能力的，则寥寥无几；真正能赚到号称“年收入 150 万”的，更是屈指可数。但正是这种大肆张扬的暴富神话，鼓舞着年轻写手前赴后继，犹如飞蛾扑向温热的火焰。其中的绝大多数人，注定要成为这个“新兴文化产业”的牺牲品。

即便是那些貌似成功的作者，仍然会面对高速写作引发的生存危机。许多网络作家一年能码出 300 万字以上的公共作品，以赚取有限的稿酬，却要为此付出高昂的代价。笔名“青鋆”的网络女作家包青春，一年多里写出 6 部小说，字数 300 多万，网站阅读点击量达 2188 多万，却在 25 岁的青春时段，因凶险的癌症而溘然谢世。她的个案被报道之后，网络作家透支生命、过劳写作的生存状态，已成为世人关切的话题，但他们似乎只能按这种方式赚钱，用以穿越毫无保障的未来。

与小说和类小说的情形完全相同，继 20 世纪 80 年代的黄金时代之后，诗歌的彩虹，似乎再度飞上了尘霾密布的天空。老诗人弃诗从商，其中一些人变身为成功的富人，而在钱囊饱满之后，他们往往调转头来大啖“回头草”，不仅自己重操写诗旧业，而且还热衷于投资诗歌，为诗人聚会和研讨提供大宗资金。中国诗坛有着奇怪的自我游戏规则。这种“前诗人效应”，制造出罕见的文学奇观：各种捐资神话在坊间流传。诗人们在各地结群行走，总有人为机票、住宿和吃喝买单。各种诗社、诗会、研讨会、诗刊和诗集（卖书号或自行印刷的）风起云涌。这种大数额资金向诗歌界的单向注入，重燃了诗坛回温的激情。诗人们在夜宴中弹冠相庆，以为“诗歌的春天”已经降临。

但跟小说一样，算术的阴影也已经笼罩诗歌。它推动了一场聒噪书写的运动，并导致诗句和诗篇的大量冗余，酝酿着文学另一场灾难。各种民间诗集（公开出版或自印）如雨后春笋，堆满了这个完全不需要诗歌和美的国度。而那些堆积如山的“无良”印品，吞没了少数诗歌“良品”的孤独文本。

不仅如此，受到海子等人的鼓舞，诗人开始书写抒情长诗或史诗，以为只有具备这种强悍的算术属性，才是伟大诗人的标志。长诗于是被大量炮制出来，其中有的长诗，号称 100 万行，但这还不是诗歌算术的终点。还有人宣称正在写作 150 万行的超级长诗，若以每行平均 15 个字计算，则长诗的总字数，可以达到 2250 万，远远逾越了小说山脉的巅峰，直追藏族史诗《格萨尔王》，后者拥有 100 多万行，2000 多万字，已被视为超越《摩诃婆罗多》的世界最长史诗。但所有这些神话史诗，均为漫长年代里的集体创作，历经大量杰出民间诗人和歌手的反复打磨，由此散发出恒久的神性光芒。在一个毫无信仰的时代，任何快速制造的“史诗”，都露出了可疑的行藏。它们中的大部分，充其量是一些失败的案例，它们不能对衰弱的文学实施救赎，反而验证了这个时代的精神荒芜。

汉诗的算术竞赛，正在描述诗歌繁荣的假象，并遮蔽了短诗写作的进步。尽管优秀诗人屈指可数，但诗歌复苏的财经语境，似乎已经初步具备，这是诗歌前景被看好的一个重要理由。诗歌是文学复苏的逻辑前提。没有诗歌的先锋话语原创，以及诗歌对于互联网劣质话语的坚定抵抗，汉语文学的复苏将毫无希望。然而，大堆诗歌垃圾，尤其是以“口语美学”为招牌的口水诗，严重混淆“口语”和“口水”、“诗歌”和“生活用语”的差异，把诗歌变成毫无价值的唾沫。它们不断击打着诗歌的脸面，令其在公众面前出丑。但诗人却在生气地怪罪读者“愚蠢”。令人奇怪的是，这究竟是一种怎样的趣味？为何它要借助鄙陋的词句，蓄意毁损诗歌的尊严，并立志成为读者的宿敌？

人数、作品数、字数和营销数，成为评估“纯文学”和“类文学读物”的四种算术指标。它们不断增长，向极限的峰值爬升，大肆牟取名声和市场的数字红利，主流作家不惜代价，卷入这场数字游戏之中，衰弱的文学企图以数字说话，但它除了给地方媒体提供短暂的炒作题材外，不能给文学自身带来任何增长点。在这场语文跟算术的博弈中，“纯文学”距离自身的家园日益遥远，并注定要成为一个失败的物种。在中国文化衰败的总体背景下，文学无法出现飞越菜市场的奇迹。

语文和算术的战争，成为当下中国文学的戏剧性事件。数字的急速增加，显示文学自我救赎的努力，却因撼动其语文根基，而变得笨拙可笑起来。语文终究是文学写作的内核，不能用算数和体育去做简单置换。就连小学老师都懂得，批阅作文的标准，不是它的数量和长度，而是它的品质。文学需要回到常识的底线，从那里重新获取起跑和跳跃的契机。

（原载《文艺争鸣》2012 年第 5 期）

文化退化与文学断代

以“十年断代”标定文学，正在成为一场可笑的文学史灾难。从来没有哪一种文学按照十年断代年份来出产作品，也没有哪种合格的文学史会以这种方式书写记忆。文学成了一种反转的威士忌酒，以“愈年轻愈好”的价值标尺推销给阅读市场。而媒体则以这种方式误导着大众的文学阅读。

在上述断代问题里，深含着一个重大的历史观谬误，那就是所谓的“文化进化论”。这种进化理念来源于达尔文的“生物进化论”，进而演进为“科技进化论”，并要求借此对文化“发展”的图式做出浪漫主义的界定。

但只要反观中国文化史就能轻易地发现，文化与科技恰好相反，它在总体上遵循着退化的原则。在公元前 6 世纪前后，全球文明都经历了一场诡异的文化大爆炸。希腊、印度和中国是这方面的范例，哲学、政治学、文学等各种思潮，以大爆炸方式突现在历史现场，在短短一两百年内（春秋战国时期），中国文化被迅速推向顶峰，然后就是一个历经数千年的漫长退化期。我们至今还置身于这场退化过程之中。其间每一次“文化革命”的努力，最后都被证明是无效的，相反，它只能加速文化的退化。

发生在中国文化领域的三次“语文革命”——汉字革命（简化字）、汉字书写方式革命（横写）和语音革命（普通话），并没有真正确立中国文明的现代性，却导致了历史传统、经典文化、区域文化和弱势民族文化的崩溃。

中国文学的最高峰只能在先秦，最高代表作只能是庄周的《逍遥游》。汉赋、唐诗和宋词，都无法望其项背，犹如上帝的完美瓷器被打碎后的残片。五四新文化运动引进西方文学元素，企图复兴先秦文化，结果只能进一步瓦解经典性文本。它所缔造的“现代文学”，距离唐宋都无限遥远，更遑论伟大的先秦。

先秦→唐宋→现代文学，向我们展示了文学退化的明晰轨迹。单个文体的分化与成熟（比如唐代诗歌、元代杂剧和明清小说），造成在总体退化态势里的区域性进化。人们误以为，这种短暂的回旋和细小的局部进展，就是总体进化的明证，而它实际上只是一种“螺旋下降”的态势。但它却成为文化进化的幻觉根源。人类的愿望何其美好。但历史的宏大真相却只能令人失望。

回到断代的话题，我们就可以发现，这种所谓“70 后”“80 后”“90 后”之类的断代法，不仅是一种低级的区分，而且正在加剧我们的文化进化论幻觉，以为愈年轻的文学就愈好。年轻无疑是活力的标志，但活力不是魅力，更不能与生命力等同。我丝毫不怀疑，每个时代都会拥有自己的明灯，在“80 后”或“90 后”中间，也一定会出现几个优秀的作家，但就整体而言，以市场激素催熟果子的策略，只能导致文学的速朽，验证我关于文化退行的断言。

从 20 世纪 80 年代开始，越过二战后的短暂繁荣，文学已经开始了全球性的大规模衰退。而在 90 年代的资讯资本主义时代，数码技术的飞跃，加剧了这种衰退的进程。互联网瓦解传统的文学阅读方式，击溃庞大的书页读者群体，也粉碎了人们对于内在精神性的渴望。没有人能制止这场深刻的悲剧。诺贝尔文学奖致力于维持着虚假的繁荣，但日益高涨的奖金数额，仍然无法改变获奖者二流化的态势。这个文学精英主义的最大堡垒，正在陷入前所未有的危机。

指望中国文学能够独自摆脱这场退化噩梦，无异于扯拔着自己的头发离开大地。年轻化只能拯救阅读市场，却不能拯救文学本身。但媒体和批评界的部分声音却在混淆这两种完全不同的事物。市场主义批评扮演文学导师的角色，企图把读书的羔羊们引向由出版商设定的文化圈套。“十年断代论”就是这样的产物。它看起来是如此低幼、天真和简单，以“文化进化主义”的逻辑分解了文学社群，也向我们标示了中国文学退化的底线。

（原载《诗潮》2014 年第 5 期）

意见空间的文学丑角

三种空间的历时性结构

就在文学研究会议开得热火朝天的时刻，我们却陷入了一个深刻的逻辑悖论：以最没有公共性的方式探讨着公共性话题。这似乎是纠缠学院知识者的最大困境。

所谓公共空间的概念，应当按领袖—民众的二元逻辑，分为下列三个理论级位。（1）规训（宰制）空间：以古典集权政治（政权或教权）为控制轴心、由大数量民众所热烈拥戴的垂直空间。[①]（2）主导空间：近代知识精英及其民众追随者共同构成的斜面空间，具有某种威权性，但普世的人本价值已融入基础语法。[②]（3）对话空

① 参见米歇尔·福柯：《规训与惩罚——监狱的诞生》，刘北成、杨远婴译，生活·读书·新知三联书店 2003 年版。

② 参见汤因比：《历史研究》，曹未风等译，上海人民出版社 1966 年版。

间：哈贝马斯所描述的现代市民空间，也就是建立在自由、民主、平等价值上的中产平民的水平空间。① 以上三种公共空间构成历时性的演进过程，同时又成为共时性的理论模板，成为我们描述现代社会的基本模型。其中，规训（宰制）空间最为悠远，可以径直上溯到秦帝国时代；主导空间虽然源于古希腊城邦社会，但却在文艺复兴之后才发育成熟；而哈贝马斯所描述的，则是公共平台发育的现代形态，描述着战后德国及整个西欧中产阶级社会的基本面貌。

中国社会的公共空间发育线索，经历了从第一时期向第二时期的转型。而我们现在正处于这两种形态的混合型之中，距离哈氏模型还路途遥远。基于中国的现实语境，简单照搬哈氏理论，只能引起更大的学术混乱。

为此，我想从一些现实公共事件出发，来探讨中国社会的公共空间形态以及作家在公共领域的言说危机。

只要回顾一下历史就不难发现，文学参与公共生活曾经引发如此强烈的反响，曾经文学是意识形态的核心和政治运动的焦点。

1976 年 4 月爆发的天安门诗歌运动，文学开始在公共事件中第一次扮演了积极自主的历史角色。进入“新时期”之后，作家进一步成为公共心理安慰师，向民众提供各种话语药物，以治疗“文革”带来的严重创伤。与此同时，文学批评家加入了思想解放和人道主义的探讨，以“铁肩担道义”的方式，向民众发出了不倦的召唤。但毫无疑问，文学的这种公共性，不是民主理性的公共话语交往的结果，而是批判知识分子单向灌输的结果。它的资讯正确性，不能掩盖其作为主导空间的基本特征。

20 世纪 90 年代以来，批判知识分子严重边缘化，消费社会迅速发育，市场价值上升为最高价值。而文学研究在发出一声“人文精神”的叹息之后，便龟缩回学院深处，接受教育评估指标的规训，成为制造学术垃圾的庞大机器。无独有偶，文学创作日益丧失社会

---

① 参见《哈贝马斯精粹》，曹卫东选译，南京大学出版社 2004 年版。

批判性，甚至缺乏基本社会观察力和表达力。文学的公共交往能力发生严重退化。中国社会的畸变，不仅打断了向对话空间进化的进程，反而向规训空间急速退行。

第四空间的诞生

就在规训空间复辟和批判知识分子退化的同时，鉴于数码技术的发展，从 21 世纪零年代开始，一种有限的意见空间逐渐形成，互联网民众代替了作家和批评家的角色，成为发表公共意见的最大主体。这是对批判知识分子的历史性否决。新型的意见主体是广泛的社会群体，其中包括中产阶级、大学生和职业复杂的青年市民等多重社群，他们之间有着全然不同的趣味和价值取向，却在匿名表达意见方面具备共同诉求，而这正是意见空间诞生的摇篮。

在意见空间尚未形成之前，国家叙事曾经是唯一的声音。但互联网技术改变了这种图景，它向民众提供博客（私媒体）的精致平台，从而把中国推入“有限的意见空间”的大门。

这种意见空间的基本特征是：（1）就意见主体而言，各种民间意见在互联网上出现和流传，监督着政府及其官方文人的言行；它同时拒绝了国家威权和知识精英的规训与主导；（2）民众的意见表达显示出精神分裂的表征，它在理性与非理性、自由主义和民族主义、国家主义和个人主义之间剧烈摆动，它一方面探求公共事件（如华南虎事件）的真相，同时也无力自我过滤攻击性语词，使民间批评染有浓厚的暴力色彩；（3）意见发表权的普及化，导致了意见数量的大规模繁殖，而意见个体则往往会被这种群体声音所湮灭，形成互联网时代特有的“广场效应”。

但无论如何，意见空间是“数码技术民主”带来的伟大成果。

“意见主体”曲折地繁殖起来，以匿名和隐身的方式，说出自己的真实看法。这是旧的规训空间所无法想象的事变。我们应当正视中国转型社会的这种进步。

在意见空间的初级阶段，基于民众语文水准（阅读和书写）的大幅度提升，国家叙事开始丧失原有的威权优势，变得捉襟见肘起来。民众由被规训者转型为评判者，这是一个重要的历史性分野。民众不仅是找乐子的专业哄客，也是严肃追寻真相的业余侦客。他们放肆地点评文官的行藏与言说，探查其中的逻辑错误，给他们的“作文”打分，高声嘲笑其修辞水平的低下。这已经演成2008年民众娱乐的重大项目。仅以“俯卧撑”为例，这个“关键词”的表演空间，从最初的语词范围，一直扩散到图像和行为艺术，成为当年中国文化语词的最高代表。

意见空间里的文学丑角

面对早期意见空间的网络舆论，作家的言行变得岌岌可危起来。作家针对公共事件在公共领域的发言，正在受到民众的密切监督。那些伪饰过度的国家修辞变得可笑起来，沦为大众的日常笑料。

不妨以轰动一时的“余王事件”为例。20世纪90年代出名的散文作家余秋雨，其叙事模式完全依赖于单一和单向的点对面传播。在经历书写、出版、销售和阅读等诸多环节之后，这种叙事完成了精神诱导的目标。在90年代中期，精英作家跟零度反省的受众组成主导空间，它与80年代的唯一差别在于，市场开始参与其间，扮演日趋重要的角色。

正是基于这种“精英＋市场”模式的支撑，余秋雨可以肆无忌惮展开眼泪叙事，不必有任何黄雀之忧。余式眼泪最早闪现在《文化苦旅》[1] 里，被成功地嵌入敦煌爱国主义框架，俨然是一堆廉价的蕾丝花边。这种煽情策略当时并未遭到读者质疑，反而被中学语文教材推崇为散文样板，由此营造出所谓“新语文”的酸腐气味。

但余秋雨没有意识到，在地震时代，整个文学状况已经发生剧烈的变化，作家的公共言说，面对着意见民众的严格探查。眼泪修辞（《含泪劝告请愿灾民》）[2]，无法继续忽悠有头脑的民众，反而暴露了这种道德抒情的伪善属性，令作家本人沦为过度表演的文学丑角。在这场话语战争中，中国网民显示了某种进化特点——对廉价的眼泪叙事的警觉和鄙视。

跟余秋雨发表在博客上的粗陋文章相比，山东作协副主席王兆山的坟墓抒情《江城子·废墟下的自述》，似乎具有更鲜明的“文学”特点。它是一篇所谓古体词，以“江城子”的词牌写出，“悍然”发表在 2008 年 6 月 6 日《齐鲁晚报》的《青未了》副刊上[3]，乍一看是对汶川大地震的一种道德反响，其实却是借公共事件之题所发挥的政治表演。

这显然是当事人的惯用手法，也是官样文学的历史常态。鉴于那些可以理解的原因，此类文本从未遭遇过戏剧性的事变。但在汶川大地震期间，肉麻的“马屁文字”，竟然被嫁接在死难者身上，从而引发网民、时评家和媒体的愤怒抨击，迅速演为重大的公共事件。就连中国作协主席铁凝，都被迫出面宣称王诗“内容不妥”，并称“作家应该遵从起码的社会公德”[4]。这是官方机构第一次公开批评自己的地方成员，被舆论界视为作协自我净化的一种努力，同时也暗

① 参见余秋雨：《文化苦旅》，上海东方出版中心 1992 年版。

② 见于余秋雨博客，http://blog.sina.com.cn/s/blog_46e94efe01009iom.html。

③ 王兆山：《江城子·废墟下的自述》：一位废墟中的地震遇难者，冥冥之中感知了地震之后地面上发生的一切，遂发出如是感慨——天灾难避死何诉，主席唤，总理呼，党疼国爱，声声入废墟。十三亿人共一哭，纵做鬼，也幸福。银鹰战车救雏犊，左军叔，右警姑，民族大爱，亲历死也足。只盼坟前有屏幕，看奥运，同欢呼。

④ 参见《新京报》2008 年 8 月 7 日。

示着一种重要的变化——意见空间不仅已经诞生，而且开始实施其良好的民主监督功能。作家的公共言说，必然要经受这种道德问责的洗礼。

意见空间的文学挣扎

中国意见空间的形成，有着资讯—娱乐时代的宏大背景。该时代企图把所有的文化都变成具有娱乐属性的消费品。这是文学所面对的温存敌人。它要从消费主义的角度考量文学，并对文学的命运做出严厉的判决。

我们已经看到，20 世纪 90 年代以来，各地文学期刊开始大规模萎缩，除了《收获》这样的孤例，绝大多数杂志都已走向事实性消亡，尽管它们都在苟延残喘，却基本退出了阅读—传播的链索，成为一堆失效的废纸。在互联网提供的交互性模式兴盛之后，单向传播的文学日益衰败，而文学进入公共空间的路线图，需要被彻底修改。

在这样的混乱年代，我们时常会看到下列楚楚动人的场景：基于诗歌边缘化的困境，一些诗人开始以更极端的行为艺术方式，激励民众对诗歌的关注。在上海，有人设立“撒娇诗院”，指望把 80 年代先锋口号“撒娇”，变成消费时代的符码狂欢的对象；在广州，有人在大街上派发诗歌传单；而在北京，有人在“保卫诗歌大会”上公开脱裤裸身，表达被公众冷遇的焦虑，结果被海淀区公安分局拘留审查；有人举办文稿拍卖会，以托儿的方式制造高价收购诗稿的假象；更有人以论斤出售诗稿的方式，逼迫公众对诗歌进行市场估价，由此引发了纸面媒体的惊诧。[①] 这是文学谋求公共化的诸多例

---

① 参见《先锋诗人“论斤卖诗歌”自称是为传播理念》，《华商报》2007 年 7 月 19 日。

证。它们以一些古怪的交互方式，喊出了召回公共性的无限渴望。

在意见空间的时代，无数文本以文学的名义涌现在互联网上，其数量已经在全球占 90%以上。中国是文学类文本的最大生产国，每天以不可思议的速度制造着文化垃圾。这些大数量的口水文本可以公开阅读，完全具备进入公共空间的各种可能性，但事实上它们又彼此践踏和淹没，以致那些真正的杰作，根本没有脱颖而出的机遇，一些文学天才就这样遭到彻底的忽略。这就是我反复谈论过的“广场效应”——当许多人在广场上同时发出叫喊时，每个人都会成为他人的地狱。云南诗人余地的命运，显然就是一种沉重的警示。作为一名优秀的青年诗人，他在互联网平台上奋然书写，企图超越这个喧嚣的时代，却在最后一刻沉沦下去，以自杀方式宣告了永久的挫败。[①] 这是文学公共化努力的一种悲剧，它向我们宣示了文学自身的精神痛楚。如果我们没有力量去改善意见空间的游戏规则，这样的悲剧必将被不断重演。

文学的公共性突围

作家的不当表演和自我丑角化，为意见空间提供了戏剧性元素。但在另一方面，作家的正面介入，也会面临批评家和民众不当围攻的窘状。阎连科的《风雅颂》[②] 就是一个最新的范例。该小说是作家试图以文学样式介入社会批判的范例。它以荒诞的技法，反讽了中国高等院校的黑暗现实。小说摆出强烈的公共干预的姿态，企图修复文学的批判现实主义功能，但却遭到了严厉斥责，他对北大的

① 参见《余地诗选》和随笔集《内心：幽暗的花园——一个心灵的秘密札记》，云南人民出版社 2008 年版。

② 阎连科：《风雅颂》，江苏人民出版社 2008 年版。

“影射”，被认为是对该校名誉的“诋毁”。这是一种引人注目的场面，作家的正义叙事，面临着利益相关者的围剿，而这才是对文学价值本身的诋毁。在意见空间的喧闹广场，文学的公共言说，充满不可预料的风险。这就是文学干预公共生活的昂贵代价。

另一个更具样本意义的例证，来自北村的小说。这位杰出的作家，早在90年代就放弃了先锋小说的纯文本叙事，转而从基本的道德和宗教立场出发，向最简单质朴的书写还原。他的长篇小说《愤怒》[①]，描述一个“罪犯”的心路历程，成为本土批判现实主义的杰作，却在出版后遭到了民众和批评界的冷遇。小说所具备的高度公共性，面对着市场公共尺度的打击。这是文学在公共性方面遭遇挫败的证据。汤因比所描述的精英引导民众的时代，早已随风而逝。

中国民众正在日益丧失对文学的感知力，他们把文学当作类似电视剧一样的低级娱乐产品。这是公共性尺度变化所造成的困境。娱乐性成为衡量一切精神产品的主要尺度。凡是达标的作品，就能够获得公共社会的关注，被大肆购买、阅读、谈论和报道，荣升为公共话题的中心。而那些直面社会黑暗和人生悲苦的杰作，却要接受边缘化的刑罚。

文学公共性的逻辑反题

基于互联网进化和大众对文学的渴望，聪明的书商打造着大批畅销书作家。他们利用文学读者的低幼性，在制造一些消费符码的包装之后，把那些毫无文学价值的作品，推销给不成熟的阅读市场，导致垃圾读物以文学的名义大肆泛滥。出版商甚至在中国作协大楼

---

① 北村：《愤怒》，团结出版社2004年版。

租用会议室，以作协名义召开研讨会，以高额“红包”为诱饵，吸引作协官员、评论家和媒体记者到场，制造主流文学界“拍手叫好”的假象。大众读物在这种伪公共空间里迅速繁殖，向世界提供“文学”具备“公共性”的伪证。

具有讽刺意味的是，中国作协则不得不向那些畅销书作者打开门户，以证明其完成了自我换血更新的程序。但在丧失对作品优劣的判断力之后，作协官员根本无力做出正确的甄别和仲裁，以致某些充分具有“公共性”却又毫无才华的青年作家，成为作协引为自豪的伟大标志。这种可笑的场景，被批评者当作质疑作协体制的有力依据。

消费主义制造的垃圾化效应，迫使我们反思文学过度谋求公共性的立场。在经历了文学被市场遗弃的痛苦之后，我们已经获知，仅仅以销售量、点击率和票房来衡量文学的优劣与否，非但不能拯救文学，反而会更彻底地断送它的前程。文学的公共性，恰恰在于它的非公共性，也即起始于作家最孤独的反思。只有精神孤寂的作家，才有望喊出普世的大音。

当年置身于规训空间的陈寅恪，断然拒绝学术合作，在其风雨飘摇的晚年，全力书写《柳如是别传》①，炮制了一个没有多少公共性可言的研究文献，但正是这种行为本身，却制造出最大的公共价值——为80年代主导空间的中国知识分子，提供了“独立之精神，自由之思想”的卓越榜样。这无疑是深刻的逻辑反论——只有从拒绝公共性的立场出发，坚守文学的孤寂性，才能最终回归到公共空间，为超越话语狂欢的意见空间，进而迈向更高形态的对话空间，营造一座平坦坚实的阶梯。

（原载《江苏社会科学》2008年第6期，题为《意见空间的文学挣扎》）

---

① 参见陈寅恪：《柳如是别传》（全三册），上海古籍出版社1980年版。

中国散文的现代命运

散文的第一种困惑，是它的家族成员究竟有多少？百度百科上的所谓“散文”词条，将散文概念无限放大，甚至政论和历史都被算作散文，达到了殊为可笑的地步。而这正是笨拙的“文艺理论”所坚守的“宏大阵地”。尽管亚里士多德在《修辞学》中指涉了包括演讲在内的各种文体，但不等于使用修辞手法的文体都属于文学。这种古老的逻辑陷阱，误导了大量散文专家，而他们胡乱归类的结果，就是把甲骨文、青铜器铭文、史稿、奏疏、诏书之类，统统算作“散文”。按照这种逻辑，则行政公文及各主流大报的社论（政论），都应当划入散文框架。文学内部文体和文学外部文体，这两种截然不同的事物，从未有过正常的分野。

散文的第二种困惑，在于它在文学中究竟有多少地位？迄今为止，还没有任何一个作家，仅靠散文就能摘取诺贝尔文学奖桂冠。这是文学史上最吊诡的现象之一。尽管事实上，散文有时候比其他文体更为重要，例如加缪的散文成就，早已超出他的小说，而成为世界文学的一座高山，就连萨特都对此“有所忌惮”。但跟诗歌与小说相比，世人眼里的散文，终究只是姿色平常的侍妾，缺乏独立地位，犹如一道蕾丝花边，环绕在小说和诗歌四周，柔顺地衬托着主体的形象。萨特与加缪的冲突，也许可以归结为“长篇小说”和“散文”之间的对抗。

诡异的是，只有在中国，散文才是中学语文课本的主体，仿佛它就是文学的轴心。中文教育对散文的偏爱，几乎到了偏执的地步。正是这种情形引发了我们对散文的第三种困惑：散文真的应当是中文教育的轴心吗？散文被中学语文教科书所长期纠缠，由此推出一些“主流”范式。根据中学语文课本所推出的目录，可以大致描述出一个现代散文的演化路线图：第一代为鲁氏兄弟（鲁迅的杂文和周作人的随笔）；第二代是杨朔、秦牧、刘白羽等人；第三代则以余秋雨为代表。这个“散文演化三部曲”，为中学生的作文写作，指明了一条康庄大道。鲁迅体辛辣，杨朔体甜腻，秋雨体煽情，每一种文体，都是语文老师的最爱。他们以此为样本，孜孜不倦地指导那些毫无鉴识能力的学生，让中文写作变成单一风格的仿写游戏。这是中国语文教育的坚硬规则，它滋养了大批“弱文商”青年。今天，只要观察大学生的汉语现状，我们只能推导出一个“偏狭的”结论：中小学语文教育，是“教育满汉全席”中最失败的一道大菜。

上述这些困惑阻碍了散文的正常发育。主流文学史所热烈推崇的散文作品，大多是无关痛痒和无病呻吟的“无害之作”，它们把散文引向了一个畸形的方向。近几年，一些有信念的中学教师，开始反抗这种趣味，试图引入一些饱含人本主义精神的文献，这从反面揭示了主流散文的无聊特性。

人们面对的第四个困惑，是找出中国现当代散文的最大弊端。这问题的答案是显而易见的，因为大多数散文的撰写者，都以一种热烈的姿态，投身于散文书写的洪流之中，那就是“媚雅”（kitsch）。这个语词曾经被人错译为“媚俗”，用以表达对粪便、垃圾和低俗的蔑视，暗含对高雅的追求之意。但按照米兰·昆德拉的解释，文学中最“媚雅”的，恰恰是那些劣质而又伪装成优雅（“真善美”）的货色，用现下的俚语说，就是“装B”。散文是最容易被人用来“装B”的一种文体，而这正是散文的悲剧性命运，它注定要成为包容一切的绣花枕头，被那些平庸、低劣、恶俗和陈腐的趣味所充填，不幸地沦为徒有其表的“垃圾袋”。

散文的媚雅，不仅表现于媚官、媚权和媚钱，更在于向乡村、田野、民俗、历史记忆和诸子百家献媚，而后者几乎是难以觉察的。被献媚的事物的浩大光芒，遮蔽了献媚者的真实面目，令他们散发出“高雅”和“有文化”的浓烈气味。而这正是媚雅者的书写目标。

媚雅式书写起源于它的某种工具性特征。中国散文家很难实现真正的“纯文学”梦想。散文最初是体制的工具，而后又成为市场的工具。它以“正能量”的赞美姿态出场，向四周团团作揖，仿佛这就是它的使命。那种专门“画黑暗势力的鬼脸”的散文，难以受到当下中学语文老师的鼓励。散文的重量，比鸿毛还轻。这种多重的工具人格，瓦解了作家的独立主体，以致他们无法聚结起强大的心灵力量。但那种内在的精神性（独立意志、诗学信念和终极关怀），却正是文学创造力的核心。

第五种困惑是，散文的出路究竟在什么地方？作家的社会角色，一直是文学所无法规避的难题。从“人类灵魂的工程师”（教育者）、“社会良知的担待者”（引领者）、“传统价值的叛徒”（反叛者），到“汉语创新的手艺人”（实验者），所有这些表情严肃的角色，都是文学家为自己设定的形象。但散文作家的话语方式总是偏于老旧，不是仿效港台三流作家，就是跟本地中学语文课本的主导风格密切呼应。还有人在热烈叫卖木心和胡兰成，似乎那才是散文的巅峰和出路。但立牌位之举，似乎无法改变散文的现状，跟其他作家群体相比，散文更需要青年天才的诞生、崛起和突围。

然而不幸的是，这种散文自我突围的契机，随着互联网时代的降临，正在变得日益稀少。互联网时代的“无铅运动”，导致手—手传阅链的断裂，文本可以自由发表，不再经过任何编辑程序的过滤。这种无铅化/数码化运动，令许多网络文青丧失自我估量的能力。他们沉浸在作家的幻觉里，在互相勉励和叫好中一意孤行，以复制、粘贴和转发的方式，制造互联网上的文学狂欢。毫无疑问，中国人拥有世界上最大数量的网络文学帖子，而且大都以“散文”的形态面世。但它跟文学毫无关系。它不是文学升华的信号，却提供了散文繁荣的盛大幻象。在这样的图景中，我们暂时还看不到散文的真正出路。

忧郁的批评

——关于文学批评的精神分析

首先请允许我来谈论一个文学批评家的死亡，并为这种悲剧表达自己的痛惜，那就是文学批评家余虹的自杀。2007 年 12 月 5 日，这个 50 岁的男人从自家的楼上跃下，离弃了这个混乱的时代。无独有偶的是，早在 1994 年 4 月，我的朋友胡河清，从自家楼上向大地孤独地一跃，了断了自己年仅 34 岁的年轻生命。

从胡河清到余虹，两个死亡事件之间，相隔了 13 个年头，却拥有惊人的相似性：就其身份而言，他们都是博士、学院知识分子和文学批评家；就才能而言，他们是文学研究群体中少数有批评才能的人之一；就其方式而言，他们最终都采用了跳楼——一种义无反顾的弃世方式。这向着死亡的飞跃，就是批评家的最高选择。

在对死者表达哀悼的同时，人们总是在交头接耳地私议他们的死因，试图对其进行精神分析，探求形而下和形而上两种死因。例如，早在 1994 年，就有人组织通灵者对胡河清举行招魂仪式，企图借此寻找那个隐秘的死因。尽管结论有些令人意外，但我们仍然坚信，在事件的背后，存在着某种可以被形而上地讨论的原因。

是的，生者为什么忧郁？为什么跳楼？为什么要弃世而去？谁在阻止我们的进化和诗意地存在？沉闷的学院之墙究竟阻拦了什么？

我们生命的限度、身体的限度、思想的限度，以及话语的限度，究竟被设定在什么地方？这些问题一直在困扰我的思绪。死亡事件还产生了更激烈的问题——是文学批评家死了，还是文学批评死了？抑或是文学自身死了？无论如何，这是来自三个方向的严厉追问。

不妨让我从一个非医学的立场，探讨一下忧郁症的三个基本特征：第一，丧失内在的信念，也就是丧失内在超越的可能性。胡河清生前反复谈论的“无趣”，就是他对存在意义的终极判定，它消解了主体对存在的探究激情；第二，主体的外部对话机制发生严重障碍，或者说，孕生与守护主体的母体早已缺席，而“那个爱我的人”也悄然离去，由此产生了所谓“严重自闭”的症状；第三，主体失去原创的力量，或者说，产生了对自身阐释能力的深刻怀疑。这种怀疑起源于反思，却意外导向了自我戕害的结局。

回到文学批评的话题上来，我注意到它的困局，表现在下列几个方面：

学院批评丧失了内在灵魂，以及内在超越的可能性，继而成为行尸走肉。从对上帝的怀疑，到对文学自身的怀疑都是这种空心化的表征。这其实就是针对核心价值的信任危机。文学之驴的内在形态（叙事的母题、结构和语感等等），以及它所负载的诸多外在价值（爱的伦理和社会正义等等）的箱笼，都随着文学乌托邦的破灭而崩解。

学院批评陷入了自闭的危机。文学和学院严重对立，作家和批评家彼此鄙视和仇恨。在文学话语和批评话语之间，发生严重的语法错位，以致双方无法理解对方的语义。这种断裂迫使批评退守到学院内部，成为自言自语的学术体系，它不仅跟当下的文学经验无关，而且跟当下的中国日常生活经验脱节。更耐人寻味的是，中年批评家正在日益老去，几乎没有留下什么可值颂扬的“价值遗产”，而硕士、博士和博士后的学衔链索，根本无法孕生新一代批评家。学院批评后继无人，晚景凄凉。无论从空间关系还是时间关系上，批评都已变成一座文化孤岛。

与文学垃圾化密切呼应的是，文学批评也大步跃入了垃圾化的命运。学院批评家失去原创力量，依赖于乏味的知识谱系，以及复制、粘贴和抄袭的互联网技巧，从事密集无效的知识生产，由此卷入了规模宏大的垃圾化进程。文本数量急剧增大，无非就是学术垃圾的高产。这就是所谓的“冗余知识”，它们堆积在学院的中心，犹如一座体积庞大的废墟。这种状况抽空了文学批评的自信，把它推入了病态的忧郁空间。

我要把学术探讨简化成最直接的生命表述。上述学院批评的三种弊端，跟忧郁症的三种症状密切同构。这是令人震惊的平行病理现象——文学批评，陷入了精神忧郁综合征的病痛，而我们所面对的，正是那种“忧郁的批评”。余虹之死是一个严厉的警告。我们只有从文学高楼上跳下去这一条出路吗？我们是否要等到文学批评死亡后才进行招魂？

精神病学向我们提供了两种治疗忧郁症的常用途径：药物疗法和光线疗法。基于药物疗法的逻辑，我们今天的自我诊断，可以开出各种“百忧解”式的学术药方，但却不是真正的出路。在文学自身岌岌可危的状态下，西方学派和本土国学，都不能成为自我治疗的良药。我无限期待的、能够战胜忧郁而精神强大的新一代批评家，至今杳无音讯。这百多种的忧郁，又有谁能解除？

只有光线疗法这唯一的道路。但问题恰恰在于，谁是这阳光？而阳光又究竟在什么地方？如果文学书写本身就是阳光，那么当文学家园已经倒塌之后，阳光又何以能够温暖我们的灵魂？而另外一种更加伟大的终极关怀，离文学批评是如此遥远，以致它的温热，根本无法抵达此岸。一个更加深刻的疑虑在于，与胡河清的故事截然不同，余虹没有死于风雨交接的午夜，而是死于阳光灿烂的正午。那么，根据这种意外的经验，那正午的阳光，难道真的能够拯救文学批评的生命？

我不具备后现代式的革命乐观主义精神。虽然那些少数的价值文本（文学作品）在召唤我们，但它们的数量太少，不足以构成我本人的持续的激情。在某种意义上，作为批评的主体，作为十年来只写过三篇纯粹文学批评文章的我，也是文学忧郁症病人之一。我的忧伤，每天都在涌现。我恳求你们，请你们治疗我吧！

（原载《文艺争鸣》2008 年第 1 期）

中国神话的识读革命

在中国成都的旷野，一个人骑着青色牛踽踽独行，手里握着驭牛的杖竿。有个农人看见他，就很惊异。他问：你从哪里来？你到哪里去？那人答道：我从那里来。他用竿指了西方。我到那里去。他用竿又指了指西方。农人看见那人衰老的面庞上有一种圣者的表情，就肃然起敬，问道：你是谁？那人说：我是使徒和运送消息的人，而现在我要回去了。他说：我是最后的人。路要阻断，天与地要隔绝，话语要变乱。我是最后的，你也是最后的。说完，他动身离去。

这个人叫作李耳。

《山海经》：远古超级文明的标签

李耳，或者老聃、李聃和老子，他的西归结束了一个伟大的时代，包含着人类列邦、诸国和万民之间的全部亲密性。我们注意到，在他身后，关隘的门被沉重地闭合了，而后，是秦始皇的宏大墙垣的崛起，东方城堡童话般显现，放射着不可思议的阴郁光辉。这是火焰焚烧竹简和字词所发出的光亮，而在这光亮之后，历史永恒地缄默着，消失在用灰烬和尸体构筑成的黑暗里。字词、语言、帛片、竹简，这些事物的大规模死亡，导致了全部的无知时代的开始。

这是人类地理消息的最沉痛的逃逝。在古代埃及法老的纯金权杖下，在尼布甲尼撒的典雅花园里，在摩亨佐达罗祭司的阔大庙宇中，征服者倾听着信使和学者的报告，发出惊异的笑声。他们从消息里抓住了世界，这就是全部快乐的喷泉。然而征服者的愿望不止于此。他还要垄断它们，也就是像垄断全部珠宝和信念那样，垄断关于世界的消息。这些消息曾经那么丰盛，远远超出了技术和我们的估计。

《山海经》是一个最有力的例证。它表明，早在上古时代，人们已经掌握了关于世界地理和文明格局的基本知识。从这部典籍里，我们可以看到澳大利亚袋鼠“夔”的模糊轮廓，看到非洲大陆上由黑皮肤居民构成的“劳民国”和“枭阳国”，看到“积冰”的北极，被“烛阴”效应所笼罩，沉入永恒的白昼与黑夜；也可以看到美洲大陆上“扶桑国”的灿烂景象，看到“日出之地”的神明、国王及其百姓的身影。然而，使我们惊异的还在于这部古老图书的破碎性：它被肢解成一大堆地理碎片，充满了大量的残损和空缺，看起来就好像是从好几部帛书上撕下的碎片，一些富于耐心的汉代学者仔细加以拼缀的结果。毫无疑问，它们是从独裁者及其仆役的手指缝里侥幸遗落的花瓣，零散地报道了来自世界各地文明的香气。

这是古地理学最辉煌的成就之一，对它的研究迄今为止还停留在原始的训诂阶段。甚至没有人注意到它的被残害性。一方面，它被君王的独裁意志所残害，而另一方面，它又被拼缀者——汉代儒学家所残害，后者在拼图游戏中补缀了汉朝的意识形态，结果使这些前朝碎片的意义变得更加难以识读。还原过程中的这种篡改扩大了已有的灾难。

西方世界能够避免这样一种损失吗？古代希腊尽管没有像《山海经》那样完整宏大的地理知识，但它发展出了荷马的史诗传统，以及希帕库斯（Hipparchus）和托勒密（Ptolemy）的数学传统。荷马描述了奥德赛在北极所看到的长昼和长夜的非凡景象，而后，阿克那西曼首次用比例尺绘制了一幅“世界地图”，希腊处于它的中心，四周是欧洲和西亚，而海洋环绕着这些大陆。希罗多德的历史著作则详尽地描述了地图以外的事物：新的海岸线的标定，冲积平原的成因、温度与风产生的关系，地理格局的对称性，等等。与此同时，柏拉图成了第一个发表地球是圆的论断的大师，他声称这一圆的地球位于宇宙的中心，许多天体环绕它进行圆周运动。这显示了一种令人难忘的神学姿态，它使我们看到了理念世界的高度完美与和谐。

亚里士多德推进了柏拉图的教导，企图用科学主义精神与之和解，并更热衷于谈论世界构成的基质（四大元素）及其观察事实。通过他的范式，他逻辑地推测了赤道的高热和一个南温带的存在。这些知识及其构成知识的神学科学范式，被亚历山大大帝的庞大东征军队携带到了东方，经过巴比伦和波斯波利斯，横穿波斯帝国和阿富汗，一直送抵印度河口。在那个地点，大帝的军队背叛了他，拒绝继续向东方的世界边缘行进。而后，这个马其顿国王黯然神伤地返回了西方（前 324 年），而他的世界地理图册却永恒地留了下来，这些古怪的羊皮，成为嬴政所焚烧的诸多旁说邪道之书中最不可思议的部分。

由于亚历山大远征计划的中止，东方与西方彼此认识的又一个机会被置弃了。此后，我们看到的是同时发生于世界两边的历史地理学的无可挽回的衰败。伟大的、曾经照耀着上古英雄行进道路的光焰持久地黯淡下去，人类回到了黑暗的摸索时代，靠着虚妄的种族自我中心概念和幻象图式去支撑种族的存在的信念。只有少数寺院的阴暗贮藏室里收留了上古智力生活的残剩碎片。

汉魏文化复兴的历史根源

这种黑夜景象曾经使汉代知识分子产生了极度的惊慌、骇怕和痛楚。我们是谁？我们从哪里来？我们到哪里去？这样的追问显然没有被记录在简帛上，却回响于汉代和魏晋人的全部精神生涯之中。而后，在一个民族复兴的新背景里，他们开始了识读由盗墓者提供的先秦文本的文化复兴运动。卷入这场运动的知识分子，既包括以郑玄为代表的儒生集团，也包括像司马迁这样的世袭官吏，既有机智的经院哲学家，也有谨严的语言学家，他们企图通过“注释”来还原先秦典籍的意义，并由此作为跳板，向种族的源头和开端飞跃。

我们看到的无疑是一种被痛苦的信念所支撑的书写活动。它是枯燥、单调、漫长、细致而又富于戏剧性的。就像一种儿童猜谜游戏，你可能耗费全部宝贵的生命，却一无所获；你也可能在困窘贫苦的劳作中发现镶嵌于竹简和帛书之中的真理。这又像是一场字词的博弈：从无序的断简残编中找到线索，重新编订它们，补缀脱讹的字词，揭发它们的语义，并最终重建它们的秩序。

皇帝审视着这些。他的家族及其大臣起初有些狐疑，最后则趋向于支持它，因为一种关于祖先世系的有力描述不仅能满足他的好奇心，而且有助于确立他对于人民的永恒的统治地位。这样，西汉的文化复兴运动很快就由一场民间运动转换成了官方运动。董仲舒与汉武帝刘彻的和解是这种转换的标志。从表面上看它不过是儒学在中国的终极胜利，而它实际上却意味着一个由皇帝和知识分子共同设立的文化识读模式的确立：从公元前 140 年开始，先秦和先秦以前历史的识读被钦定了，它们必须依照（遵守）下列四项基本原则：

（1）坚持把黄帝作为种族和世界的唯一起源；（2）坚持把中国中部作为世界的中心；（3）坚持把神灵当作帝王世系中的真实的历史人物；（4）坚持用阴阳五行学说来描述古代帝王的政治地理格局。

这些法则由于战国时期帝王族谱《帝系》和《五帝德》的发现与整理而得到最后的申明。司马迁，一个因言语闪失而被汉武帝去势的男子，成了第一个运用这些法则写作历史著作的人，而他的《史记》的第一部分《帝王本纪》，则是法则指导下的第一卷纪传体史典。越过仇恨、恐惧与颤抖，他谈去势了的肉体和灵魂，在帝王的辉煌历史中得到了安宁。另一个去势者蔡伦，东汉王朝的宫廷太监，聚精会神地用一堆植物纤维制成了纸张，它们可以用来书写法则和法则化的历史。

在这方面，去势者的功绩是令人嗟叹的。对肉体的手术强化了人在皈依性和赞美性方面的特征。汉朝的皇帝和欧洲教会的红衣主教们都洞悉了这点。红衣主教为唱诗班的歌手们去势，结果不仅保留了他们甜美的歌喉与音色，也强化了他们的赞美愿望和皈依心情。从此，由于书写者和书写技术的双重进步，古代历史的景象重新变得明朗而无可置疑起来。

官方历史学家、灵便的书写工具，加上后来出现的印刷术，这个三位一体的结构是避免上古历史地理湮灭的基础。一部符合法则并包含全部上古世界消息的典籍被修纂出来，然后就刻成木版，印刷成大量的拷贝，然后分贮于各地方政府、寺庙或官吏文士的私人图书馆里，这样它们就获得了统计学上的优势：在历经焰焚、水患、蠹蛀或时间的腐蚀之后，总有其中的一部残留下来，成为未来君主和人民标定其在历史地理坐标系中的位置的指南。

这就是汉以后历史消息具有良好的传承性的原因。汉武帝及其他的儒士臣僚，使他们的继承者懂得，放弃秦始皇的粗暴做法，把处理历史的方法从湮灭转向阐释，这是一种更明智和有效的做法。阐释可以消解字词的固有意义，而赋予它我希望它那样的意义。这难道不是一种更机智的湮灭和焚烧吗？——用君王的历史法则的阴险火焰，去涂抹（修改、编撰和取消）历史本文中的事实与真理。在这个意义上，汉朝正是普遍发生阐释学革命的时代，阐释大师们秉命而生，说出上古世界的秘密消息。而他们的姿态、声音和语句，成为他们之后两千年中所有临摹者的范本。

沿着刘彻和汉儒所设定的训诂方向，历史学家们坚定地爬行着，用多种细节去充填古老传说的粗疏框架。例如，使炎帝参与种族创生的历史中来，并以此来解释种族的南方支派的涌现，而在近代和现代，“中国中心”法则也得到了修正，但人们仍然坚持中国曾经是历史上“最强大”的国家。与此同时，一条新的法则被普遍运用，这就是关于中国文明的纯粹土著性的原则，它要反驳一切中国文明起源或受惠于外部世界的学说，特别是在它的起源问题上，伦理学和自尊意识顽强地支配着那些饱受伤害的心情，它们要为捍卫刘彻法则和虚构的姓氏而战斗。

疑古学派：口吃与真理

在另一方面，我们看到了“疑古学派”在20世纪的崛起，顾颉刚、卫聚贤和谭戒甫的著述，代表了背离法则的反叛倾向，他们对由汉儒确认的上古典籍的可靠性的怀疑以及由此产生的对钦定历史图式的怀疑，充满了非凡的勇气。面对强大的国家意识形态，人们想要说出外部文明对中国文明形成与发展的重大作用，无异于哥白尼或布鲁诺想要向教会说出“太阳中心”的伟大事实。而他们说出了这个，然后在嘲笑和失意中弃世而去，顾颉刚是这方面的例证，而使我们诧异的是，甚至像鲁迅这样的反叛者都参与对顾的讥诮运动中去。在一篇有关禹治水的小说中，他甚至被描绘成一个“鸟头先生”，并带有“口吃”的猥琐毛病。但顾颉刚所受的攻击却使我们获得这样一个印象：这个人口吃，但他却试图说出真理。

从中国古史研究领域的凶险图景中，可以明显看到意识形态对于历史考辨学的僭替，它切断了我们与上古历史事实的联系，并且坚持把一种由古代帝王及其仆役合作伪造的历史强加给我们，此外，它还要消灭一切企图说出真相的个体。正是这样的压力塑造了“口吃者”，他们必须克服内在的惧怕和忧伤，断续、难以连贯和不可阻挡地挤出灵魂的声音。口吃就是话语讲述的困难性，就是语句产生过程的间断性，它一方面导源于存在的紧张、境遇的逼迫和灵魂的颤抖，一方面导源于话语本身的内在障碍，这是发生于话语主体级位上的事故，它与意识形态有关，但不能简单归结为意识形态。话语不仅是一件舌边的用具，而且有它自己的生命和存在方式。它是一个活物。

一个普通的人总是生活于现世话语的国度里，这就是当下使用的语言系统及其意义识读规则，它构成了我们生活的边界。然而我们总是谈各种心情（怀旧心情、好奇心情或学术心情）和制度（教育制度、情感制度与道德制度）推出这个边界。它们有力地推出我们，把我们放逐到古世话语的领地。这是与当下生活无关的世界，也就是与我们的生存苦痛无关的世界，由那些完全不能识读的话语风景所构成，它们——在历史中存有过并已退出历史的价值单位（字词、句子和语法规则）——有力地包围着我们，观察和审视我们，而最终则敌意地缄默着，拒绝向我们出示意义。在某种意义上，历史学家、考古学家和一切进入古世话语世界的人们，都是异乡客和流浪者，过着他所陌生的话语生涯以及注定要从这个价值荒原里找出隐匿的意义。

我所说的正是一种话语识读的过程。它显示了现世话语与古世话语的和解，识读者（我们）充当了这种和解的斡旋人和中介。然而从人本主义的立场出发，我更喜欢这样的表述，即话语识读恰恰是我们与历史和解的基本形态。识读，有时也被称作阐释、翻译或转换，它企图找出两个时间段落（过去与现在）的同构和对应的方面，识读者辛勤地构筑着这样的时间隧道，指望着一个联结两种话语世界的奇迹，逃亡的奇迹和离弃现世皈入古世的奇迹。

不错，与其说和解是一次对我们的在所的扩张，不如说是一次令人忧伤的逃亡，它要求我们查询和找回一切现世生活所匮乏的事物。因此，识读的最初操作对象是文字，它是话语的皮肤和逃亡的门扇。死亡的文字从打开了的墓道深处窥伺我们，并且总是保持着傲慢的沉默。

这是针对逃亡者的最初的拒斥。从这个难点中跃出了那些著名的智力探险者，对他们的事业的缅怀，在今天看来是一种奢侈，而且与我们面临的生存苦难毫无干系。例如，甲骨文的发现和识读的功绩应当归之于几个清代王室成员或贵族（罗振玉 1866—1940，王国维 1877—1927），正是他们从被农民和药商称为“龙骨”的商周兽骨上发现了这种死亡文字，并通过识读辨认出它们的意义。他们从这个地方开始了向古世话语的逃亡，他们的灵魂必须栖息在过去的话语制度中才能得到安息。然而他们却无法处理肉身，也就是无法使肉身追随灵魂的步伐。

这时，我们看到了这两个悲痛的人的分歧。罗振玉激烈要求着肉身的在所的退归，即从政治制度的角度把现世话语变回到古世话语上去。他在日本和中国东北坚定地营造着由被废黜的皇帝主持的小型帝国，这种帝国使他实现了灵魂与肉身的双重逃亡。然而王国维拒绝这样的方式。这个人拥有比罗振玉更痛切的悲伤，因为他了解事物的真相，了解肉身话语和灵魂话语的永恒分裂，了解他的灵魂可以离弃他所痛恨的现世，而他的肉身却必须长久地耽留下去。他的解决方法是死亡，也就是从昆明湖的湖岸向水的深处奋然一跃。

这样的结局已经超出了话语的技术领域，它是话语意识形态所出示的一种令人惊骇的景象。毫无疑问，古世话语并不是识读过程的终端，而是一个类似于打开中国套盒的漫长序列。越过古世话语的纹饰、图案、文字、语词、句子和规则的盒子，一个更内在的意识形态盒子浮现了，以消逝于时间之河中的全部历史的名义，恳求、引诱和命令我们把它打开。

全部的疑虑和苦闷都在这个临界点上积聚着。这也就是关于潘多拉之盒的巨大疑惑：在我打开它之后，它将伤害我吗？从希腊神话中可以获知，由于普罗米修斯把火焰交给了人类，宙斯企图假借潘多拉之手去惩戒人类。这个纯真的女人并不了解真相。她把自己嫁给了普罗米修斯家族的一个成员，并且快乐地打开了那只来自宙斯的阴险的盒子，如同普罗米修斯打开天庭的火焰。然而，潘多拉没有看到任何明亮的事物，恰恰相反，从这个美丽的盒子深处涌现出了人类的全部罪恶、疾病和苦难。

对话语（文本）的潘多拉之盒的恐惧，隐匿在人类的庞大记忆深处，但它总要借助某些富于表现力的个体涌现出来。嬴政可能是这方面的突出例证：极度的古世话语恐惧症和对历史价值的夸张的仇恨。这促使他采用了一个独裁者的惯常方式：通过销毁那些盒子（书籍）和制盒工匠（知识分子）来销毁盒子里可能存在的威胁和灾难。

耐人寻味的是，许多历史上的反叛者都沿用了嬴政的立场，也就是沿用这个人处理古世话语的方式：践踏或丢弃这个盒子，并通过丢弃它而丢弃全部传统价值，借此保持现世话语及其意识形态的进步性和纯粹性。我们可以列举一长串这类毁盒者的名单，其中包括乌托邦作家、造反手册的散发者和左翼恐怖运动的领袖。他们是用怒气点燃愤世嫉俗的火焰。这种伟大的火焰必须靠焚烧一切旧话语系统才能燃烧和明亮起来。一旦旧话语的盒子化成灰烬，火焰就黯然熄灭。更不幸的是，在这之后还是漫长的黑暗。

这是针对反叛者的各种抱怨的根源，无疑也是人类信念受挫的原因。在飞逝的时间黑夜里，只有儒学的烛光永久地闪烁着，向所有昏昧的个体发出道德律令。而儒学在中国历史上所取得的地位，完全取决于汉代儒士的努力。他们洞悉了话语识读的最后秘密。我已经说过，汉儒拒绝推翻古世话语，他们的方式仅仅是阐释，也就是对古世话语的意义按儒学的立场加以描述，在这种描述中，新的和当世的意义大量涌入，并最终取代了那些被认为是其固有语义的事物。

只有完全不懂得话语释读本性的人才会指责汉儒对意义的偷窃和僭替。一切我们所面对的话语或本文都吁请我们对它开放，识读就是自我携带着全部生存（此在）气味和印记进入话语世界，对它进行清洗，然后在它里面居住下来，并且最终转换成它里面的一棵树、一个纹饰、一种记号和一片尘土。或者反过来说，识读要求我们打开话语指向的全部可能性空间，把它们引向主体的世界，也就是引向我的里面，成为我的一个肢体、语言的肢体或肋骨。

我要援引亚当与夏娃的关系来描述这点。夏娃是亚当的话语，她从亚当的里面出来，成为他的客体。识读不仅是亚当对夏娃的亲吻，而且是夏娃重新归回的过程，就在识读的瞬间，这个女人再度成为亚当的肋骨，也就是重新返回亚当的里面，同时，她仍然保持了一个亲吻前的女人的自在性。只有上帝看清了这点，只有上帝意识到亲吻（识读）使夏娃落回到亚当的里面，回到他的热烈的胸膛。

汉儒与他们面对的古世话语的关系就是如此，他们“亲吻”了先秦的话语或文体，使它们落到他们的意识形态格局之中。而在发生了上述变化后，这些话语或文本看起来比修复之前更加光洁、纯粹和没有瑕疵。正是这点使汉儒得到了最充分的信任。

这无疑是一种辉煌的技巧，尽管它被应用于一个令人遗憾的思想领域并导致了中国文化的失败性后果，它依然是令人赞叹的，或者说，正是从它所引发的严重后果中，我们了解到了汉儒的阐释学的有力性。它何等有力，把我们推到了人类的悬崖！在长达两千年的苦闷与挣扎之后，我们终于抵达了悬崖和深渊的边缘。这无疑是文化代价中最高昂的一种：在时间的回旋和延宕中，我们终于掌握了识读古世话语的正确方法，我们将凭借它从悬崖上安全地返回，打开种族文化的新的走廊。

四种话语的识读及其审判

针对古世话语的立场的转换，是向话语体系深部推进的逻辑前提。而后，我们就可以着手描述古世话语识读的更内在的结构。事实上我们已经触摸过了这个问题：什么是古世话语背后的东西？如果我仍然把《山海经》作为例证，那么越过零乱破碎的句子，我们倾听到的就是某种神话话语的遥远钟声，它是闪烁不定的，同时又流露出奇异瑰丽的气质。在时间的旷野上，它永恒地敲响着，使万民的灵魂喜悦和舞蹈。

用隐喻原则构筑成的故事系统——这可能是有关神话话语的更严谨的设定。在这里，我们与神话话语的两个基本元素相遇了：隐喻原则和故事系统。隐喻原则，事实上已经潜伏在现世话语和古世话语之中，尤其已经潜伏在古世话语的象形文字层面上，也就是利用一些字素如“日”与“月”的组合来隐喻事物的“光明”属性。这种原则如此深刻有力，以至它一开始就成为主体的基本存在方式。如果我采用一种更激进的表述，那么人是神的一个隐喻，也就是说，人是在隐喻状态中被神话说出的最精致的话语。人的这种诞生机制，使他的灵魂和肉体都放射着隐喻的光辉。

在神话话语中，隐喻的光辉灿然四射，照亮了字词的晶体，那是一种无限向度的照亮，使晶体获得诸多的价值面。不妨探究一下从《楚辞》和《山海经》中选出的“共工”这个词，它是一个隐喻结核，一块小小的话语晶体，然而它却拥有对着不同方向的价值镜面：在其中的一个面上，它的“所指”呈现为某位怒气冲天的人首蛇身的精怪镜像；在另一个面上，它不过是对地震的轰隆声响的一种模拟；而在第三个面上，它是一条咆哮泛滥的古代大河（共工＝

洪江）……除非这个话语晶体被投放到完整有力的故事序列中，否则，它的“能指”或镜像将是无限的。

对神话话语的识读，是一次想象力的检阅，主体把生命投射到话语镜面，从上面激发出瑰丽的图像。那么，识读者的生命就支配了神话话语最终呈现。也就是说，识读者自身的灵魂光辉决定了神话意义的强弱。这没有什么可奇怪的，识读，无非就是让话语这个隐喻体重新返回到它的“所指”——主体之中，或者说，在识读中，话语发生了对话语者（识读者）的复归。

然而，一个故事序列限定了隐喻的无限可能性。故事把个别隐喻晶体压进了互相缠绕的结构，借此湮灭大量剩余意义，而只留下少数几种（也许仅有一种）可供识读者挑选。故事越是完备，隐喻所能携带的“所指”就越稀少，最终，当故事像我们的日常生活那样繁丰细琐时，“所指”就被完全湮灭，随后是整个神话话语的死亡。

故事的粗疏性可能是神话存在的一个极其重要的条件，我们可以从《吉加美什》《梨俱吠陀》《恩努马—艾列希》《古事记》中看到这点。泥版、纸草和羊皮的书写难度，有力地捍卫了这种粗疏性。然而，所有上述神话话语都拥有一个完备的史诗结构，也就是使叙述拥有极其清晰的时间逻辑线索：从世界和人类的诞生到英雄（神的隐喻）的苦难和最后胜利。

只有《山海经》是一个例外，它可能起源于好几部典籍的碎片，这些碎片绝大部分仅仅是对故事的背景和主体（地点、风景、神人兽的体征描述）的零散记录，而弃失了故事结构。目前还无法探明这是由于编纂者无法找回那些故事，还是进行了有意的剥离。我们仅仅看到这些话语碎片被重新拼缀起来，并且鉴于碎片来源的驳杂性和缺损程度的严重性，它们只能按各自所处的方向（东、西、南、北）进行最简陋的编码。

如果对故事结构的剥离是一个有目的的行动，那么我们就接触到了人类历史上最骇人听闻的话语篡改阴谋。我同意这样一种看法，即《山海经》的成书年代至早不会超过西汉。这样，它就可能与甚嚣尘上的文化复兴运动有密切关系，或者它就是这场运动直接炮制出来的杰作。假如没有对于先秦话语的热烈景仰和识读碎片的巨大勇气，这种拼缀活动是不可能发生的。四百年前编订《诗经》的孔子，向他们提供了有力的默示。

一个弃失了故事或史诗的话语碎片大全意味着什么？这个问题是不难解答的。史诗（故事的极端形态）是人与神的一种和解，而在和解的中心，浮现着英雄的有力身影，这是神话话语中最重要的一种话语。

我此刻正在谈论英雄话语，谈论人为自己设定的最大尺度的可能空间。在这个空间里，人呈现着生命的全部属性：极度的悲痛与欢乐、极度的无畏和敬畏、极度的巨大与细小、极度的挑战与挫败，等等。从英雄话语那里，人探查着他与神之间的那道隐秘的和最后的界限，因为所有这些人类的极端经验都旨在描述或提供一个存在意义的终极轮廓。

可以肯定，对史诗的湮灭，就是对英雄话语的消解，也就是从他的可能空间的边界后退，并遗忘掉一切伟大的经验。正是这种遗忘导致了存在的猥琐性的普遍滋生。那么《山海经》就为汉种族开辟了一条符合儒家教义的道路：从英雄以及神的高度下降，越过人间和世俗的层面，向虫的乐园悠徐行进。而在那个乐园，我们将以受虐的心情领受一切平庸和专制的生活。所有弃失并拒绝英雄话语（史诗）的种族，最终都不能逾越这个命运。

我不想否认，在《山海经》中，仍然保留了少量的故事，它们是关于夸父、女娲（精卫）和黄帝的简短句子。这是两种尖锐对立的事迹：一方面，夸父与女娲显示了英雄的荒谬性、生命意志与它的不可能实现的矛盾，它们要向人提出一种顺世安命的劝谕；而另一方面，黄帝的威严面容从阴郁的生存背景中闪现了，在确立了人的渺小性之后，这个人将代表所有统治者来接管我们的信念和敬畏。

那么，《山海经》与其说是各种它以前的神话的碎片总集，不如说是对神话话语的最严厉的清算。它结束了汉族的神话话语生涯，并且开始了漫长的历史话语的时代。

历史话语是取消了隐喻的故事，由古世话语直接陈述出来。它拒绝隐喻的原因在于它企图彻底消解隐喻所提供的多重识读的可能性。

历史话语是唯一的，它只有一个价值面，正是这种唯一性垄断了识读者的精神。它对于神话话语的取代，表明人的意义在话语中的急剧下降。识读者不再是一个英雄，相反，他仅仅是一个奴隶，在历史话语所给定的单调通道里亦步亦趋。从司马迁开始，历史话语的作者大规模繁殖，撰写着冗长详备的史典，而皇帝和他的家族惊喜地赞助着这样的事业。

这就是事实主义（现实主义、写实主义、新写实主义或新新写实主义）对于浪漫主义的胜利。

浪漫主义，在我的语汇里，是神话话语的一种情感标志，像印第安酋长帽冠上的羽毛，在安第斯山风的推动下发出柔和的语音，它要向我们指示这个人的意义。浪漫主义是特殊的话语，它被用来指明神话话语的存在。在神话话语的边缘，浪漫主义绚丽地生长着和死亡着，借此宣告前者的在与非在。正是浪漫主义的这种意指性为神话话语在汉族文化中的湮灭提供了旁证。

我要在这里对“湮灭”这个词加以解释。湮灭不是指某个古代文本（它拥有一切可以被辨明的物理量）在现代图书馆里的缺席，而是指它不能被识读。而识读是什么？识读就是使那个来自过去岁月的话语介入我的存在，并向我的存在给出影响。识读不仅是智力操作，而且是生命操作，它要求着我的全部聪慧、激情和信念。从这样的立场出发可以观察到，所有那些尘封于图书馆的神话文本（《淮南子》《搜神记》《列仙传》等等）都是已经湮灭了的事物，标点与训诂不能改变这一结局，相反，它将继续制造有关神话话语活着的骗局。

神话话语的大规模湮灭，导致了一个极其严重的后果，即我们不能通过对它的识读打开它里面的盒子，也就是不能打开神学话语的火焰，不能让它照亮灵魂的死荫之地，不能使我们从它的光线里接收到至大的关怀，以致我们被推入迄今为止最深邃的迷津。

神学话语的这种意义可能使许多人感到吃惊，他们根本不了解，它是对人的存在根基的最后陈述。在解答了所有对爱与恨、痛苦与欢乐、白昼与黑夜、过去与未来的追问之后，它要说出存在的最后真相。正是这点使我们恐惧得颤抖。

没有什么比“末日审判”这个词更能说明我们面对神学话语时的景象和气氛。末日，就是在经历了漫长的苦待和探询之后，终于有了一个可用来结束它们的时刻。审判则是在这一时刻中发生的话语事件，它要与我们的存在（信念与方式）相遇，把它掩入最后的和唯一的句子。审判不仅要审定真相，而且要判处它死亡或永生。

全部的恐惧与颤抖都基于此。电光、火雹、硫黄与刀剑，这些来自神话话语的字词协助着我们，切望我们的骇怕以及从骇怕中充满勇气的一跃，来面对隐蔽于神话话语背后的神学话语。怯懦的人指责我们。神学话语的识读难度大致就是这样。

越过灵魂的障碍，神学话语从神话景象中涌现着。这是大洪水漫过头颅时所施行的洗礼，是从昆仑天梯中流露出的与神和解的愿望，是天堂图式所描述的乌托邦信念，是通过一个人被钉死和复活的奇迹而展现的救赎主义教义，或者，是由羿射九日故事所给出的个神取代诸神的革命动机。所有这些话语的识读都在把我们引向神学，也就是引向一个对我们的存在根基给予终极关怀的状态。神学，与其说它是用来探讨我们与神的关系的一种领域，不如说它在寻求人自身获得幸福的最高途径。它从一个崇高的立场向我们呼吁。

从现世话语出发，经过古世话语和神话话语而抵达神学话语，这是一个识读者了解个人和人类存在的全部消息的经典过程。对这一过程的扼要陈述，旨在表明现存识读制度的严重谬误。我已经说过，老子的出走隐喻着一个漫长的话语变乱时代的降临，它隔绝了我们与异邦世界和整个过去的联系，并迫使我们屈从于各种强加的虚假消息，而一种错误的识读加剧了我们的痛楚。汉儒的有力经验和阐释学革命提供了契机，使我们有可能回旋到事物的开端，回旋到我们的起源（时间）和根基（空间），然后，从那里开始文明的新的识读，并向所有渴望着终极关怀的人们陈述我们倾听到的声音。

（原载《戏剧艺术》1995年第2期，题为《神话话语识读》）

文学的终结和蝶化

关于文学自我封闭、萎缩和死亡的话题，已经成为众人激烈争论的焦点。这场遍及全球的争论，映射了文学所面临的生存危机。但文学终结并非危言耸听的预言，而是一种严酷的现实。2007 年诺贝尔文学奖，颁发给了多丽丝·莱辛，这位 88 岁高龄的英国女作家，代表了 20 世纪最后的文学精神。她是一枚被瑞典皇家委员会发现的“化石”，曾在 20 世纪中叶成为女权主义文学的激进代表，但其近 15 年来的作品，却遭到美国耶鲁大学文学教授哈罗德·布鲁姆的激烈抨击，认为它们只具有四流水准，完全不具备原创的能力。耐人寻味的是，在所有诺贝尔奖项中，只有文学奖面临着二流化的指责，而造成这种状况的唯一原因，就是文学自身的全球性衰退。这种现状，应验了 20 世纪 60 年代美国批评家关于“文学衰竭”的预言。

反观中国文学的狼藉现场，我们发现，汉语文学的自闭与衰退，主要基于以下三个方面的原因：第一，80 年代以来活跃的前线作家，大多进入了衰退周期，而新生代作家还没有成熟，断裂变得不可避免。第二，重商主义对文学的影响，市场占有率成为衡量作家成功与否的主要标准，这种普遍的金钱焦虑，严重腐蚀了文学的灵魂和原创力，导致整个文坛垃圾丛生。第三，电影、电视、互联网、游戏等的兴起，压缩了传统文学的生长空间，令真正有才华的作家和有价值的作品，无法获得公众的认可，由此迫使文学走向衰败。

这是我关于文学的基本看法。但我最近才意识到，这种看法其实是粗暴的。文学衰败只有一个主因，那就是文学自身的蜕变。建立在平面印刷和二维阅读上的传统文学，在经历了数千年的兴盛期之后，注定要在21世纪走向衰败。它是新媒体时代所要摧毁的主要对象。新媒体首先摧毁了文学的阅读者，把他们从文学那里推开，进而摧毁了作家的信念，把文学变成一堆无人问津的“废物”。

要说明这种立场转换的根源，就必须重返文学常识的基线。众所周知，中国人的“文学”，是文学、历史和哲学等学科的混合物。在华夏文明体系里，有一种叫作“文人”的社群，以字纸为生，垄断了书写和阅读的权力，据此掌控农业时代的有限资讯（叙事、记忆和知识）。他们在字纸的土壤里成长，犹如种植在帝国花园里的珍稀品种牡丹。这其实就是文、史、哲无法分家的缘故。字纸媒体的力量如此强大，以致它成为“文史哲”的唯一摇篮。华夏文学的分类标准，建立在字纸的单一逻辑之上，它按媒体的严密尺度，清晰地描述了“文人”和“文学”的定义。

古希腊艺术的分类，导源于古老的神话叙事。它的九种艺术（科学），分别是历史、抒情诗、喜剧（以及牧歌、田园诗）、悲剧、歌唱（以及舞蹈）、爱情诗、圣诗（又译作颂歌）、天文和史诗，由九位缪斯女神管理。这一划分的依据，无非就是文体的各种功能——观察（天文）、抒情（音乐、爱情诗、舞蹈）、叙事（史诗）、回忆（历史）、赞美（圣诗）和（悲剧与喜剧）。其中，诗歌就按不同功能被分解成爱情诗、抒情诗、田园诗、圣诗和史诗等五种艺术。这是古希腊分类学的逻辑起点。奇怪的是，希腊缪斯拒绝掌管美术（绘画、雕塑）和建筑，因为它们是模仿的成果，这个谬误后来在亚里士多德《诗学》里才获得矫正。

但古希腊神学还是昭示了媒体的存在。它们以象征物方式附加于女神之体，成为精致的表演性记号，标定着拥有者的身份：历史女神克利俄手执书箱或莎草纸的手稿，史诗女神卡利俄佩手持书板和铁笔，爱情诗女神欧特耳佩手持长笛、田园诗女神塔利亚手持牧杖和头戴常春藤花环，如此等等。这些日常符号揭示了艺术所依附的媒体，但这些视觉符号只是修辞的需要，用以区分那些长相彼此相似的女神。它们并未上升为艺术分类的基本尺度。

启蒙运动以来被西方确认的艺术类型学，改进了这种粗陋的分工，它接纳古希腊的功能标准，同时又引入近代媒体概念。将这两种尺度在同一级位上混用起来，由此构成若干近代分类学概念——文学（诗歌、小说、散文）、美术（绘画、雕塑）、音乐、戏剧、舞蹈等，并被沿用至今，成为全球教科书的基本常识。

这种业已成为常识的划分，合并了那些分行的韵文，把它们统称为诗歌；合并了悲剧和喜剧，把它们统称为戏剧，显示出莱辛以来的近代理性主义的概括力，却隐含着某种新的混乱。它们有时是基于媒体标准的，由此区分了文学（诗歌）、美术和音乐，因为它们运用了不同的感官媒体，但它们有时却是基于功能标准的，由此区分了戏剧和舞蹈。上述两种艺术在身体媒体方面完全一致，但因功能不同（戏剧主持叙事，舞蹈重于抒情）而被分为两类。但此后舞剧的出现，进一步加剧了这场分类的谬误，令舞剧的归属，完全丧失了方向。

在诗歌和歌曲之间、文学、戏剧和电影之间，到处充斥着这种美学迷乱。而这错乱竟然成为一种常识，支配了世人的学术头脑。没有人对此提出疑问，甚至以解构著称的法国符号学派，都未能就此提出任何异议。

我们已经发现，实际上存在着两种文学，一种是基于媒体（口语和书语）的文学，一种是基于功能（抒情和叙事）的文学。但它们被混杂起来之后，就出现了所谓以口语或书语为媒体、以抒情或叙事为功能的复合型文学。这种被混乱的文学观所制造出来的“文学”，就是我们今天誓死捍卫的事物。

按照分类学的科学信念，任何同一级位的分类，只能使用同一种标准。在林耐的生物分类学日趋完善的同时，文科分类却出现了严重的失误。这种古典艺术分类学制造的麻烦，正是我们今天文学生死之争的根源。“文学”，一个自体混乱的杂种，迷惑了历史上无数文学愤青的视野。

毫无疑问，只有放弃功能主义的分类标准，采用单一的媒体标准，才能为文学找到准确的中心和边界。另一种妥协的方式，就是在第一级位上采用身体感官媒体的标准，而在第二级位上，采用其他媒体的标准，由此终结分类逻辑的历史性混乱。根据这样的原则，第一级的缪斯女神应该只有四位：以语言符号为媒介的文学、以乐音符号为媒介的音乐（以上为时间艺术）、以造型符号为媒介的美术、以功能符号为媒介的建筑（以上为空间艺术）。其他艺术种类，如戏剧、舞蹈和游戏，则是上述四位纯种缪斯的混交杂种。把媒体当作轴心的晚期资本主义，倾向于把艺术分为语言艺术、视觉艺术和表演艺术三个大类，这似乎更能描述新媒体大量涌现后的艺术现实，但它仍然无法回答我们面对的深刻困境：一种正在衰败的语言艺术，从哪里获得重生的希望？

让我们回到本土的话题上来。是的，尽管中国文坛充满了垃圾，但文学本身并不是垃圾，恰恰相反，以语言为媒体的文学，是一个伟大的幽灵，飘荡于人类的精神空间，寻找着安身立命的躯壳或寄主（媒体）。在可以追溯的历史框架里，文学幽灵至少两度选择了人的身体作为自己的媒体。第一次，文学利用了人的舌头及其语音，由此诞生了所谓“口头文学”（听觉的文学）；而在第二次，文学握住了人手，由此展开平面书写、印刷及其阅读，并催生了所谓“书面文学”（文字的文学）的问世。这两种文学都向我们提供了大量杰出的文本。在刻写术、纺织术、造纸术和雕版印刷术的支持下，经历两千年左右的打磨，书面文学早已光华四射，支撑着人类的题写梦想。

文学的自我生长，除了幽灵式的简单寄生之外，还有一种更为复杂的方式，那就是与其他艺术及其媒介进行杂交，以构筑新的媒体家园。文学就这样跟音乐杂交出了歌曲（诗歌之一种），跟舞蹈（身体艺术）杂交出了戏剧。它们跟传统文学并存，俨然是它的兄弟，照亮了古代乡村社会的质朴生活。但就叙事和抒情的线性时间本质而言，它们都是文学的变种而已。文学的生命形态，从来就是复杂多样的。它们制造了艺术多样性的幻觉。

西方世界的铁笔（木板）、鹅毛笔（羊皮纸），或者东方的刻刀（竹简）、毛笔（竹纸），这些器物的发明，支持了文学书写的欲望。书写是农业文明的最高运动，它要在缄默的时间中喊出灵魂深处的声音。然而，基于个人作坊式的书面文学，正在迅速老去。越过古典乡村时代的繁华，它的容颜和生命都面临凋谢的结局。千禧年就是一座巨大的界碑，向我们描述了临界点的存在。我们置身于第二代文学的最后时刻。文学已经动身离开这种二维书写的寄主，进入全新的视语文学时代。这是文学幽灵的第三次变形，它要建造新的媒体家园，并从那里获取年轻的生命。但我们却对此视而不见，包括我本人在内。我们完全沉浸在对书本、文字和个人书写的习惯性迷恋之中。我们对文学的剧烈变革置若罔闻。

这场寄主的变迁或重塑，暴露了文学企图获得永生的意图。它起源于电影，也就是起源于语言符号、图像符号和声音符号的多重叙事。爱森斯坦从一开始就向我们指出电影与文学的本质关联，他的杂耍蒙太奇语法，企图重现自然语法的叙事功能。但很少有人相信他的实验及其信念。

现代符号学把这种努力归结为语言和符号的认知混乱。麦茨竭力矫正爱森斯坦的“谬误”，用“电影符号学”代替“电影语言学”。然而，尽管电影叙事急剧扩展了语言符号的领地，但其核心依然是语言符号，甚至它的整个语法结构，都呈现出浓重的语言符号特征——历时性的叙事结构、以隐喻和反讽为主体的修辞系统，以及笼罩观众（读者）的造梦气息。在我看来，语法（符号的结构）的意义高于语词（符号），正是前者捍卫了电影的文学本性。

经过一百多年的修炼，在那些包括影视在内的新媒体的躯壳中，新媒体文学已经卓成大树。电影《魔戒》无疑是新媒体文学的杰作，它超越文学原著的水准，成为惊心动魄的影像史诗，它不仅再现了荷马史诗和圣经时代的集体创作特征，而且在宏大叙事时空里，构筑了复杂的精神符号体系，热切追问人类的核心价值，不仅如此，它比荷马史诗具有更强烈的体验性力量。越过超宽银幕和多声道音响系统，我们惊讶地看到，濒临死亡的传统文学幽灵，在这种多维媒体的躯壳里获得了重生。

进入新媒体寄主的文学，维系着旧文学的灵巧的叙事特征，却拥有更优良的视听品质。它直接触摸身体，以营造全面而精细的感官王国。还有一个例子是当下流行的网络游戏。小说在那里演进成一种可以密切互动的数码艺术，从而把它变成历史上最具吸引力的符号活动。新媒体文学还化身为手机短信，以简洁幽默的字词，抨击严酷的社会现实，显示了话语反讽的意识形态力量。新媒体文学甚至借用商业资源，把那个最强大的敌人，转变成养育自身的摇篮。文学正在像蝴蝶一样蜕变，它丢弃了古老的躯壳，却利用新媒体，以影视、游戏和短信的方式重返文化现场。

诗歌的命运也是如此。书面诗歌也许会消亡，但歌曲却正在各种时尚风格的名义下大肆流行，成为大众文化的主体。它们是诗歌的古老的杂交变种。更重要的是，即便各种诗歌形态都已消亡，但支撑诗歌的灵魂——诗意，却是长存不朽的。宫崎骏的卡通片系列，向我们提供了这方面的有力证据。在那些梦幻图像里，诗意在蓬勃生长，完全超越了传统诗歌的狭隘框架。

让我们回过来谈论诺贝尔文学奖的前景。这类奖项的道路正在越走越窄。20世纪文学老人正在相继谢世，新一代作家软弱无力，根本无法因应新媒体的挑战。文学授奖对象变得日益稀少。这是书面文学的原创性危机，也是各种文学奖的权力危机。在我看来，唯一的解决方案，就是重新评估文学的自我转型，并把那些生气勃勃的新媒体文学，纳入文学奖项的搜索范围，并在保留书面文学“遗产”的前提下，加入文学的新媒体类型，如“影像文学”“游戏文学”“手机文学”等等。在新科技的帮助下，文学甚至可能在三维影像里取得更年轻的容貌。所有这些新兴事物将不断汇入文学家族，构成“大文学”或“广义文学”的全新谱系。文学，应当是上述各种样式的总和。

文学已经“蝶化”，进化为瑰丽的“新物种”，而我们却在继续悲悼它的“旧茧”，为它的“死亡”而感伤地哭泣。这是启蒙时代引发的认知错乱，而我们没有必要继续在这条旧河里饮水。文学理论家应当修正所有的美学偏见，为进入新媒体的文学做出全新的定义，否则，我们就只能跟旧文学一起走向自闭和衰败的结局。

（原载《文艺争鸣》2008 年第 1 期）

如何逃离“批评家陷阱”

20世纪晚期，在美国硅谷的引领下，西方资本主义完成了从器物/实体资本主义的工业社会向符号/数码资本主义的后工业社会的转型。这是一种惊心动魄的科技魔法，它溶解了古老实体经济的基石。与此同时，中国也在21世纪完成向消费社会的初级转型，一个庞大的文化消费市场开始涌现。销量巨大的消费读物《文化苦旅》，以“文化口红”的名义，推开了通往市场的简陋门扇。

数年之后，以身体娱乐为核心的大众文化，开始席卷整个中国，它的文学标志是卫慧的《上海宝贝》、木子美博客日记和“下半身诗派”的兴起，而其关键词是“宝贝”两字。这个暧昧的语词，像一束染色的玫瑰，被扔进中国文化的牛圈。在饱受半个世纪的压抑之后，身体的激情不可阻挡地迸发出来，照亮整个消费市场的昏暗夜空。

都市小资、文艺小清新、文化驴友、白领粉丝、中产阶级少妇、浑身贴满“国学”标签的儒商等等，这些刻奇群体，都汇入了大众符号消费的行列，构成这个时代最诡异的市场画面。所有这些演变都在敦促知识分子转型，把视野从精英文化转向大众文化。最早发生的突变，是哈佛大学在80年代开设麦当娜的研究课程，它引起全球知识界的哗然。10年以后，中国高校也出现了关于金庸武侠小说的研究课程。知识分子表情清高的脸庞，缓慢地转向了艺人、电视主持人和类型小说家。

文化批评的使命，是对大众文化的文本进行理性解读，揭示隐藏其背后的真实语义。但大多数文化批评，更倾向于坚持社会批判精神，它根植于法兰克福学派，后者以反抗资本主义工业社会的文化精神著称。而在20世纪90年代以后，基于波德里亚等人的努力，文化批评又延伸为对后工业社会的质疑。它站立在大众消费市场的对岸，坚守疏隔、静观和解构的立场。就其本质而言，文化批评跟靠点赞谋生的媒体完全不同，它是大众文化的严厉对手。在狂欢的娱乐派对上，批评家就是那个郁郁寡欢的落单之客。

不妨观看一下中国文化批评的历史路线图。在20世纪的尽头，出现了文化批评的模糊身影。它试图响应正在崛起的大众文化消费市场。第一本具有文化批评特征的图书，是1999年出版的《十作家批判书》，鉴于作者大多是文学批评家，所以它不可避免地带有浓烈的文学批评色彩。而这正是文化批评家的初级来源。该书的个别作者，此后转向文化批评领域，成为中国第一代文化批评论者。

2005年是中国娱乐元年，它对于中国大众文化具有重大意义。这一年贡献了两个重要的大众文化偶像（或“呕像”）——宇春妹妹和芙蓉姐姐，这两位年轻女士，以完全不同的方式（电视和互联网），跃入消费者的视野，宣告以娱乐为核心的大众文化消费市场的诞生。而就在同一年，同济大学文化批评研究所成立，成为中国文化批评崛起的学院标记。这两个事件犹如两个界桩，划出新旧两个时代的分野。我编撰的《流氓的盛宴》（专著），以及《21世纪中国文化地图》（与人合编）和教材《文化批评》（主编），都是文化批评档案库里的早期文献，向世人展示出粗浅幼稚的面容。

“文化批评家”应运滋生，成员数量在不断递增。以方法论为标准，可以将其分为四种类型：使用文学传统方式的“文学帮”、使用时评方式的“时评帮”、使用后现代理论的“学院帮”，以及混合以上三种手法的“杂学帮”，等等。大众文化及文化批评的兴起，对作协、文联和高校中文系构成严重挑战，逼迫其改弦易辙。为了顺应潮流，文学研讨组织者开始将大众文化纳入会议主题，而一些中文系也开始着手修改教学体系，开设大众文化研究课程。尽管它至今尚未进入教育部学科目录，却已是中文、哲学、艺术和文化产业等系科的学术方向之一。

但这场 2.0 版的学界自我更新，似乎并未带来真的福音。文化批评的最大敌人，是“批评家陷阱”，它编撰了一个激烈冲突的权力戏剧，并制造出一系列角色幻觉：第一，这种微观权力可以无限放大，令你成为至高无上的审判者；第二，你是刀锋犀利、浑身杀气的刀客，而不是做理性分析的阐释者；第三，你需要越过文本，直接针对文本的制造者，揭发他的道德瑕疵，并使用激烈的攻击性语词，由此获得批评力度与深度；第四，这场戏剧的结局，是你在想象中判决对手“死刑”，而这场审判经过媒体放大，将形成公共性的话语狂欢。包括我本人在内的大多数批评家，都曾掉入过这样的角色陷阱。

就其本性而言，文化批评具有难以避免的语言暴力（无论轻度还是重度），绝大多数被批评的个体或机构，都会成为批评家的终身敌人。在写过批评谢晋和余秋雨的文字之后，我成了这些人及其“粉丝”的敌人，而在批评世博中国馆建筑之后，我成了本城某机构的公敌。但也有完全相反的情形，15 年前，我曾在某研讨会上批评麦家的小说《解密》写得不够好，但麦家没有对我的苛责记恨，反而表现出极大的宽容与理解，在我的记忆中，这是罕见的例证，它取决于被批评者的雅量，也取决于批评者的善意动机。批评家和作者之间，因心灵默契而达成了内在的和解。

为了逃离“批评家陷阱”，批评家有必要制定个人写作游戏规则，确立作为核心的理性和公正的精神，消除内在的仇恨和外在的戾气，而批评对象应限定于文本而非人物身上，并掌握更严密的逻辑推导法、更丰富的分析工具和更娴熟的言说技巧。在理性的公共平台上，批评家需要的不是“投枪”与“匕首”，而是“银针”和“手术刀”。这是批评家自我探查的底线。失言和失度在所难免，但只要保持良好的自我矫正能力，最终就能摆脱这种陷阱，令文化批评成为看守人类普遍价值的正面力量。

一个令人尴尬的事实是，中国文化批评在总体上是不够理想的：它在方法论上没有找到自己的独立路径，也未能跟娱乐界形成互相叫板和切磋的对话格局，互联网上的“群众批评家”风起云涌，构成“大众批评”的喧嚣潮流。而在这样的口水批评中，职业批评家的声音日益微弱。他们最终沉没在“骂客”和“哄客”的洪流之中，杳无踪影。批评家的策略，是放大音量，用更具杀气的姿态卷入战团，以期让世界能听见其高声放出的“狠话”，而最后的结局只有一种，那就是更深地掉进“批评家陷阱”，再次失去“被众生仰望”的机会。

导致这种格局的另一原因，就是学院派文化研究跟现实严重脱节，而实战派的方法和理论亦严重落伍。批评的基本要素，比如立场的理性与公正、文本分析的深度、语词表述的精准度等等，这些年来未能获得普遍发育，反而变得更加稀缺和笨拙起来。此外，“80后”一代拒绝成为职业批评者，以致无法形成良性的“行业”人才输血机制。这与其说是一种多重的挫败，不如说是一种基因性病兆。文化批评发育不良，甚至已经开始早衰，而跟大众文化市场的畸形繁荣，形成某种具有讽刺性的对比。这是文化批评的反常暮色，但中国却仍在耐心地期待它的曙光。

第二辑　近景叙事

死亡的寓言

在死亡序列的两端

从 1989 年 3 月 26 日海子的卧轨自杀开始，经过骆一禾的革命性病故，戈麦的焚诗自沉，直至顾城的杀妻自缢，诗歌死亡的多米诺骨牌已经砰然发动。当我着手收编有关顾城的文本时，诗人自杀的消息还在不断地传来——那些无名的、苦难的和脆弱的生命，正在或者将要加入这黑色的死亡游戏！

在中国文学史上，还没有任何一个时代像今天这样发生着如此密集而又理由各异的自我屠杀。人们神色忧郁地从一个追悼会奔赴另一个追悼会，仿佛奔赴着诗歌的末日。但诗歌依然古怪地活着：死亡解救了默默无闻的诗歌，使它突然被公众惊骇的目光所照亮，从而以悲痛的容貌引出了一种希望。

然而，越过死亡的现场，我们究竟能够探查到些什么呢？天才的海子和崇高的骆一禾，这两个人的身影停栖于诗歌的最深处，也就是停栖于从诗学跃向终极实在的那个灿烂边界，正是在这个意义上他们成为殉诗者。在穷尽言说的可能性之后，他们选择了英雄式的沉默。这沉默仿佛是有关精神复兴的紧张聚集，以使历史能够返回到对人类（种族）命运的极度关怀之中。这就使死亡话语成为最热烈和最惊心动魄的诗篇。

毫无疑问，戈麦是海子和骆一禾所构筑的死亡链索中比较不引人注目的一环。他一方面缺乏海子式的巨大天赋，一方面却拥有同样令人心碎的贫困和对于生存意义的痛切眷注，因找不到人性的出路而选择了死亡。在河流吞噬掉年轻面容的瞬间，他说出了针对实存世界的严厉宣判，正如海子曾经做过的那样，他要通过死亡粉碎“灵魂爬行”的“罪恶深重的时刻”。

这样一种诗意的、本体的和形而上的死亡话语，超越了人们用哀怜和回忆所勾勒出的意义轮廓，也就是超出了诗人自身的命运，超出了诗歌和私人情感经验的限度。如同我们在浪漫主义时代所目击到的那样，每个诗人的死亡都是一次信念本文的正义题写，它充满悲悯，却拒绝一切来自道德群众的阐释。

而在死亡序列的另外一头，我们看到的是杀妻者顾城的阴沉容貌，代表着与此全然不同的言说、立场。死亡并未发生在信念革命的现场，而是发生在仇恨聚集的午夜。为了阻止一个女人对他的叛离，他竟然实施了双重的死亡：谋杀和自缢。这是一个走投无路的灵魂的最后放纵，它打断海子以来死亡话语的诗意、正义性和无限的悯爱，使之下降到个人病态经验的层面。顾城说：这个人有罪，因此我判处她和我一起死！

这样的死亡同诗歌和信仰没有任何干系，它充其量不过是一个普通人（木匠、猪倌、养鸡专业户）对其家庭事务所作出的过激反应。顾城在这个限度里怨气冲天地行动，向世俗伦理和律法发出公然的挑战。这最终在国际范围内激怒了道德群众，使他们能够在同一层面上实现与死者的对话：宣读他的罪行，然后，越过那自缢的肉身，把灵魂再次绞死在道德的常青树上。

哀怜是另外一种我们可以预见到的立场。聆听过死亡的噩耗之后，一些环绕其诗歌和事迹的感伤回忆涌现了，它们企图把顾城送回诗歌的王国，绕开道德尺度，用审美话语对他进行纯粹的估量，这就使顾城最终成了生命悲剧中不幸的主角，诗歌是他的台词，利斧是他的道具，而童话则是他在其间失神和疯狂的布景。所有这些残缺不全的元素引诱了人，使人望见那从邪恶的死亡中迸发出来的美丽。

道德主义和审美主义的话语就这样言说着死亡，在顾城平息了全部怒气的前额印盖上几条最后的定义。与此同时，有人从一个更为独特的角度告诫我们：当灵魂已经安息的时候，请不要再去打扰它。

至此，我已就亡灵所点燃的言说火焰，作出了扼要的陈述。没有什么比顾城之死更能激发出人们的探询和纠纷，也没有什么比这死亡更加缺乏深度阐释的必要。但是，如果越过死亡，也就是越过1993年10月8日，回到死者生前的诗歌题写的岁月，我能够听取什么秘密而严重的消息吗?

儿童话语及其家园语象

几乎所有的研究者都声称，顾城是我们时代最纯粹的童话诗人。我要从这个结论开始我的追问和探查。童话，也即儿童话语，如果它构成了顾城写作乃至生活的全部依据，那么它就是与死亡联系在一起并且使之获得重量的最紧要的事物。长期以来，顾城孜孜不倦地开辟着世界的童话面貌，也就是用儿童话语去题写心灵的风景，以获取一个存在的幻象。

越过童年的困顿道路，盲目的旅程被匆匆打开了，“任性的孩子”把“幻影和梦”“放在狭长的贝壳里”，开始他的言说生涯。就像所有的“朦胧”诗人那样，在最初的时刻，顾城所能感知到的唯一景象正是存在的黑暗。祖国的苦难、人民沉痛的脸庞、荒芜破碎的家园以及国家播音员震耳欲聋的声音，所有这些黑暗元素动员着他，逼迫他向虚构的光明飞跃。

然而我们可以看到，在儿童话语的世界中漂泊，是顾城要永久吟咏的母题，“我到哪里去啊？宇宙是这样的无边”，在带着全部的创痛和破裂反叛黑夜之后，他流亡在了他自己的话语国度，为了搜寻和指认那个儿童话语的内在核心——家园。在这样的话语流亡中，家园的诸多语象依稀浮现。从树林、岛屿、草垛和纸叠的花园，家聚集着它破碎而恍惚的构件，以便最终稳定在一个可能真正进入和居住的语词上：

房子是木头做的/用光托住黑暗。(《海的图案》)

那棵深色的漆树/开着绿花/我没有种它/附近盖着小木板房。(《应世》)

你的手是一个很小的房屋/你说过/我要去那居住。(《静静的落马者》)

多少年了/我始终/在你呼吸的山谷中生活/我造了自己的房子。(《季节·保存黄昏和早晨》)

我们走累了/你说/看不见那幢空房子……我们坐一下吧/这里有一个土坎。(《那是冬天的黄土路》)

新房在暗红的梦中。(《午夜》)

红贝壳是她住所的屋顶/她关上了木门/就再不出来。(《叠影》)

我说/还有那个海湾/那个尖帽子小屋/那个你。(《分别的海》)

我多么希望/一个门口/早晨/阳光照在草上/我们站着/扶着自己的门扇/门很低/但太阳是明亮的。(《门前》)

哎/王国哎/我的王国。(《小春天的谣曲》)
……

所有这些诗意的言说和题写都指涉了一所奇异的房屋，它是整个儿童话语的中心语象，汇合着天堂和大地的全部光明、最高的爱和永不背弃他的誓约，而且它竟然如此具体与逼真，像一个亲切的玩具那样可以伸手触及。它是那一切玩具之上的玩具，放射着令人心碎的魔法光辉，向顾城发出经久不息的召唤。

拥有一所木屋，也就是拥有灵魂所要寄寓的不朽家园，其中叠映着母亲的庄严幻象，这幻象是如此隐秘和难以名状，超出了儿童话语所能表达的量度，它是家园内部的家园，巨大而又无限，在所有行走的语象里面，在一切拥有子宫形体和恋子心情的事物之中，在全部的蜡笔、玻璃糖纸、瓷瓶、浆果、橘子、灯盏、书本、树叶、石阶、栅栏、马匹、麦地、尘土和金色火焰的深处。木屋，是顾城对母亲幻象所作出的最迫近的一种描述。

正是这无限爱意的光辉制止了顾城，使漂泊的儿童停栖在他自己题写的话语家园里，四周是那些细小美妙的语词玩具，散乱在诗意言说的现场，使家园获得一种真正的儿童气质和秩序。

树与斧：生命玩具和死亡玩具

我要在此援引的不是所有被顾城抚摸过的那些玩具语象，而是它们中与家园内在地纠缠起来的部分：树与斧，这是生命玩具和死亡玩具的一次最纯粹的组合，它们分布在顾城的儿童话语的大量文本之中，闪耀着天真而又阴险的光辉。

她住在闪亮的杉木林里……迟钝的铁斧在深处敲击。

(《叠影》)

美丽的！美丽的！站着忧郁的杉木/红黏土中有沙子，可以擦亮凶器/河岸上有铁斧，色彩无比细微……它们知道我将到来……我已经到来，又一次举起铁斧。(《逝者》)

那棵深色的漆树/开着绿花……我的小斧子在哪。(《应世》)

那个爱她的人正在砍一棵杨树。(《硬币中的女王》)

……

杉条、漆树和杨树，代表着所有的花朵、草叶、植物和沉默寡言的生命，它们是构筑木屋家园的经验材料，必须在利斧下悄然死去，以完成最后的献祭。经过死亡玩具的严厉追问，生命玩具的意义突然从原初的质朴中迸发出来，或者说，利斧的暴力照亮了生命之树。

这无非就是一种对抗性语象的互相释义而已，而导致这场对抗的是某种我称之为砍伐游戏的运动，它使利斧在树身上发出震耳欲聋的叫喊。如果我没有弄错，那么这游戏中已经隐含着言说者内在的暴力渴望。他自身就是那犀利的斧子，夹带着灵魂的全部动乱和风暴，敲击着无辜的树木。儿童话语掩蔽了这一切，使它看起来不像一场屠杀，倒像铁器对木器的一次天真无邪的访问。

正是在树木悲怆地倒下的地方，他开始了建造家园的事业，也正是在砍伐游戏结束的地点，我们深切地触及了死亡。诗歌，似乎就是日常经验世界的话语练习，在语词魔法的操纵下，顾城按照诗歌蓝本构筑着他的生活，这导致了一个令人震惊的后果：他在经验世界中的命运，不过是其话语世界的一个逼真的倒影而已。

让我们再度回忆一下顾城的生命履历吧。这个人从漂泊和流亡中开始寻找家园的事业，并且在激流岛的树林边获得一座木屋，谢烨则充当着那个母亲幻象的现世化身，她负载起了一个家园的全部意义，而顾城居住在她里面。一切都在按照儿童话语的样式精确地进行。唯一的例外是谢烨的反抗——她竟然要弃他而去！家园的信念就这样完全崩溃了，使他沉浸在仇恨的火焰之中，并且从反面进入了那场终结的砍伐游戏：用一把我们早已熟识的死亡玩具拆卸了那个坏的家园，然后把自己悬吊在生命玩具上，从我称之为生命之树的地点，向尘世的梦想作最后的眺望。

死亡就这样追上了顾城和他的妻子，把他们拖入命运预先设定的结局。坟墓取代了家园，坐落在童话世界的中心，仿佛大声嘲笑着这些难以为继的谎言。诗歌是一场骗局，正是它引发了所有那些令人心碎的毁灭。

在顾城和谢烨的墓碑上将镌刻这样的诗铭：

我不认识命运
却为它日夜工作

（收入朱大可：《话语的闪电——文坛独行侠的“降龙十三篇”》，华龄出版社 2003 年版）

都市的老鼠

档案一：

1. 陈洁，女，中国作家协会上海分会专业作家。作品：《大河》《牌坊》等，曾被世人指望，后来又逐渐变得毫无指望。

2. 孙甘露，男，曾任邮局电报投递员。作品：《访问梦境》《信使之函》等。语体玄奥。不安于本职工作，严重脱离人民大众。

3. 格非，男，本名刘勇，某大学中文系教师。作品：《褐色鸟群》，还有《大鸟》等。是哗众取宠的新派故事创作员，宜下放乡村讲师团予以改造。

4. 杰丁，女，本名丁丽英，某大学会计系学生，作品《阴性时间》（退稿）、《情天孽海》（退稿）、《帷幕》（退稿）。不务正业。无经济头脑。

一个由钢铁、人肉和简易工房构筑的圣城后来变得臭气熏天。一个伟大、光荣、正确的事物后来变得卑怯并充满谬误。一个洋溢着新文明活力的宇宙后来成为超级废墟和种族溃烂的标记。这是人对我所寄居的城市的一般看法。它的没落同它的繁荣一样迅不可及。

为这样的城邦及其文学效力是悲怆的。

我们都无法逃遁，这就是为什么我充满涂改户籍的愿望最终又无法实施的原因。在这座喧嚣冷寂的圣城，唯一能做的就是——追忆过去岁月里的繁华，追忆“兴业里”的知识分子血气生生拟制革命纲领；追忆青洪帮的好汉们血雨腥风豪气冲天，以及亭子间的灿烂灯火。而现代文学光亮如洗，那些辉煌的姓氏曾经叱咤风云。我又想到，我的父辈曾在这样幸福的岁月里晒骨头、嗑瓜子儿、擤鼻涕、品读美文、进入仙家之境，等等，除了回忆和激动，我无所事事。

我的回忆起初散漫，以后逐渐集中于“租界”。这不是一个地域的名称，而是一个有力的概念，它同侵略和殖民主义无关。相反，租界以武力从一个恐惧自由的民族那里索取了自由，然后用这种自由租用了渴望自由的文人，租界是中立化的摇篮。它勉励所有的孩子好好学习，天天向上，写出更多的作品，以便向全人类（而不是个别民族）致敬。租界为一切个体开放它的机遇和幸福，这样它就特别地成了老鼠的乐园和避难所。

庇护老鼠，接纳一切受到种族文化驱逐和敌视的思想流亡者，上海及其租界的使命曾经严峻而又崇高。但它并未辜负历史所寄予的企望。在1921年至1949年近三十年间，上海养育并产生了大批杰出的作家及其作品，取代北平成为文化的都邑。它的强大足以把狄克这样的悍猫驱赶到了长安以北。老鼠们的庆典，正基于它对一种严酷制度的迫害的小型胜利。

现在我要谈论的是另一类型的事物，市民主义的软性夹子。在其他夹子陈旧和功能衰退之后，它依然警觉地守候着每一个思想者，肢解他们的灵魂，销蚀文人的创造活力，把他们挤压成低劣的庸人。这事实上是比政治谋杀更为有效的屠戮。市民主义的夹子温情脉脉，摧毁一切抵抗的意志，引诱作家自投罗网和自取灭亡。

市民主义诞生于衰退的心灵和人格。这些心灵或人格，丧失了存在的激情和勇气，浑噩麻木地在世，为货币和一切被货币定义过的物品奋斗终身。市民主义就是工具信仰，它只相信现实主义，相信过眼烟云和咫尺利益；市民主义藐视永恒和伟大的事物，嘲笑一切物外的想象，并抛弃了情感的热烈性和真诚性。市民主义就是存在的实用性，它号召人毫无保留地放逐精神以及所有与物性无关的东西。

市民就是物人。或者说，市民就是用物自我定义的人种。他的全部心智都遭到物的蚀害和替换，在一场针对贫困的疲惫的战争中，市民最终丢失了他们作为人的全部尊严和本质。市民，起初可能是一些居住在土筑之城（“城”的字面意义是指由土筑成）的人士。此后，他们的居所应该按金木水火土的五行规则转换。因此，城市之“城”，大约可以记作“铖”（由金筑成）、“械”（由木筑成）、“減”（由水筑成）和“烕”（由火筑成）等等，而市民之“民”，可分别叫作金人氏、木人氏、水人氏、火人氏、土人氏等。中国的市民因长期耽留在“城”里，便永为土人，永远散发着乡村和泥土的古老气味。在严格的意义上，“城”就是一片硕大无比的田野，人口是它的庄稼，马路是它的阡陌。它的唯一乐趣是对“铖”的想象，即指望于一个用黄金铺砌厕所的乌托邦世界。

土人是物人的最低级状态，它意味着一种光荣的贫困，物的极度匮乏和对物极渴望。这两者间的强大冲突还意味着对乡村社会的不可分离的亲密关系，意味着市民同村民主义的坚固同盟。那么最终，市民主义将既坚持村民干涉他人私密的习俗，又保留近代某些城市的冷漠和敌意。中国市民主义正是这两类文化弊端的恶毒的混合物。它在双方的压力下变态，成为藏垢纳污的精神容器。

我承认存在着两种市民。小市民丑陋，大市民优雅；小市民纯朴，大市民虚伪；小市民是十足的土偶，而大市民则是上过西洋釉彩的陶俑；小市民粗俗易近，大市民骄傲自满；小市民俗行恶语，大市民五讲四美；小市民无耻，大市民害羞。从一个市民比较学的角度，我能够发现各城市间的差异。例如，杭州以小市民著称，上海街头则以出产更多的大市民及其优雅风姿著称。而在最终的意义上，他们都必然被还原到土的元素，并在精神唾沫的洗礼中显露脆弱的原形。

我也承认，市民有过值得自豪的时代。他们一度是《诗经》的撰稿者；他们唱出了哀怨动人的古诗十九首；他们滋养了白居易及其市民主义文学的最初经典《琵琶行》；他们也哺育了关汉卿、冯梦龙、施耐庵和徐文长。正是这些杰出的市民作家创制出古典文学最动人的文本。甚至连西门庆与潘金莲的通奸，也是一种社会开放和市民富于活力的标记。

真正的不幸在于：上述业绩正被风雨无情地剥蚀，像瘫痪在远古壁画上的英雄传说，接受着来自不肖子孙的谦卑的敬意。所有的价值都仅在于，市民主义就其创造力而言已完全萎缩，但它将继续是某种阴沉黑暗的扼杀性力量，它在自我颂扬的同时，否决或吞噬着一切异己的事物，并自始至终维系着一种令人恐惧的气质。

与市民主义的强大形成尖锐对比的，是城市知识分子人格的极度衰弱。对于他们来说，写作就是改善生活现状的主要方式，就是用廉价的字句交换猪肉和住宅，购买一份来自市民的敬畏，就是企图与他的环境和解，向他所处的世界求爱。鉴于文学就其本质而言是一项反市民主义的清苦的事业，它便最终打击了作家摇摇欲坠的信念，他们被一种可能出现的贫困前景吓得目瞪口呆，仓皇地从后门撤走。通常的情况是，夹子尚未启动过，人已经作古。

这种与物人非常近似的品质，决定了某些作家（包括批评家）的基本面貌。市民作家，热爱物质生活，热爱市民（也就是热爱他的基础），他们的形而上沉思总是被肉体的痛苦所打断，而肉体的痛苦又总是被猪肉和住宅的获得所打断。这些作家是一些轻易就能唤起幸福感的好人。他们懂得幸福的来之不易，懂得珍惜那些鄙吝的赏赐。在这样的时刻，他们就终止写作游戏，或者，继续从事这项浅薄而快乐的事业。

这就注定了文学的颓废；注定了文学是商业主义活动的附庸；注定了文学最终要向企业家去求助，为那数量有限的货币而载歌载舞。上海文学领导中国文学走向实惠，并为“新时期”文学开辟了崭新的前景。在泛滥于整个国家的仿效运动中，我们满意地目睹着上海文坛的卓越贡献。

市民作家们所发动的这场革命的全部经济成果，都是建立在下列事实的基础之上的。诗歌，经过了历时数年的城市化运动，已经销声匿迹，诗人四下溃散，所剩无几；小说，平庸而亲切，并且正因为其平庸而愈发亲切。小说家急剧增加，并增加着历史上空前数量的阅读垃圾；而批评，一、二流的名声，三、四流的文章，五、六流的人格。一个滑稽的现象是：一方面是二、三流批评家的机能衰退，一方面却是七、八流批评者的机能亢进，他们以激烈的调子和低劣的文本敲打前者的户门，发出恫吓之声，企图跻身于批评家的庞大队列。这构成了寂寥文坛的热闹景观。

正因为此，从上述主流文化中游离出的某些不合时宜的人，是很合时宜的。陈洁、孙甘露、格非和杰丁，这四个人的某种共同气质打动了我们，并对他们的处境感到忧伤。他们就是我所谈论的老鼠。他们的抵抗必败无疑，但正是这种结局激发了我们的询问。

我不知道他们为什么要以那样的方式写作，保持一种孤芳自赏和红颜薄命的态度，与主流文化格格不入。尽管有时也会向外作短促的试探，但基本上自我抑闭，致力于自身的秘密天地，并从那里获得一种纯粹的精神性乐趣。这样做有什么必要？

后来我们才懂得，他们是一些敌视者，必须对境遇保持强烈的疑虑和恐惧，才能维系与市民阶层的距离。这取决于使仇恨的能量始终处在一个较高的水准，而它又取决于使小说家对市民主义的黑暗本性的洞悉。杰丁私下声称，市民与市民（或人与人），就是谋杀与被谋杀的关系。这的确显示了一种质朴的觉悟。

谋杀情结以及环绕该情结运行的各种谋杀故事，构成了那些反主流小说的核心。杰丁的《情天孽海》想象了一场殉情的谋杀，《帷幕》则企图叙述出某种被谋杀者对于受害的内在企盼。格非的新政治小说进一步涉及谋杀的形而上意义。《迷舟》是一次家园（故乡和慈母）对游子的凶杀，《大年》是母亲和某个被认作父亲的男人对儿子的行刺，它们都向我暗示了杀子风俗的严厉性。

也许只有陈洁，坚持以道德主义的方式处理人际谋杀事件。这是一种软性的杀戮，刺客系平凡而亲切的市民，他们携带道德习俗参与公共生活，向违禁者出示死刑判决书（《大河》）；另一方面，贞女牌坊高耸入云，永远不会圮塌，构成了道德专制主义的阴郁标记，它表明了传统法则的伟大胜利——这时它是黑色的纪念碑，同时也象征着反叛者的死亡——这时它就是壮丽的绞架与墓碑（《牌坊》）。这篇写于1986年的诔词以一种孤傲凄怨的调子，抗议了市民（种族）伦理中最阴暗的部分。

但在更多的情况下，我们注意到这种抗议和敌意的隐匿性，正如格非和杰丁。陈洁在其世俗生活方面是一个虚假的妥协者，当她内心坚守着对市民主义的厌恶时，她却必须维持着外表上的和解姿态，警醒于来自外部世界的叵测目光。拒绝成为猎手的猎物。而对于自我内在价值的执拗迷恋，又同时使她心力交瘁，永恒地疲惫与困倦着。

无疑，格非的农民化的精神处世和杰丁的假模式，是他们活得更为轻松的原因。他们是真正的双重人格者，既热爱市民主义又失望于它们，既取宠于市民又时而拉开戏剧性的间距，既为市民生活牵肠挂肚，又不断打击它的弊病。那么，他们就既保持着成功的公共关系，又拥有批判这种关系的奇怪权利。这使他们的世界充满了暧昧的色彩，并因这种暧昧而神秘。

只有一种途径可以消灭人格的分裂，那就是做梦。永不停顿地从一个梦境转入另一个梦境。或者，在与市民的无休止的斡旋过程中，临时插入做梦的操作片断。这都是指认非市民主义作家的明显记号。一个真诚的做梦者坚信现存世界的虚拟性质，做梦帮助他从伪善的事物里逃遁，投奔真值的宇宙。

做梦的意义就这样被确定了，但我们暂且还无法确定做梦者所采取的姿势的功能。躺，可以是诱导入梦的通用方式，这正是陈洁惯用的状态。她把存在的全部重量委托给了床。躺就是对床的信赖，就是对世俗压力的物理性解脱。在躺这一事件发生后，她开始变得适意慵懒起来，梦境接踵而至，交织着瑰丽之象和凶险之遇。在梦里，躺转换成了死亡的仪式。巨大的秃鹫肢解与瓜分了她的肉体，使她获得解脱的快感。可以肯定，没有什么比摆脱世俗肉体和市民事务更令人满意了。

格非是一个坐者。他与凳子的结盟，同陈洁与床的关系是非常相似的。他的类梦小说（《没有人看见草生长》和《褐色鸟群》），从一个坐姿开始，然后在另一个坐姿上结束。有个叫作“棋”的女人，梦幻中的固定影像总是飘然而至，邀请他对坐，滋养他的坐性。而“棋”这一名字已经陷喻了一种静坐游戏的永恒展开。坐的静止性使坐者获得了与时间对抗的权能。坐是一次紧张的企望。一把武士刀和它的武士主人给我们以这方面的启迪。武士的躯体大面积接触着地面，同时又保持着头颅的正直，这显示了存在的安详性和尊严性两个方面的意义。武士静观世界的进展和变幻，在他的坐姿里蕴蓄着行动攻击的无限可能。但格非的坐姿里没有杀气。他在谋杀时通常站着（这指他的新政治小说，如《迷舟》和《大年》），而当他坐时，他就是佛陀式的和平主义者，孤寂、平静，恬淡地赏玩着存在的模型，像一个彻悟的僧侣。褐色鸟群在他头上阴郁地盘旋，暗示了时间的轮回、梦的无限延宕。

那么，接着我们该把站的姿态分配给谁呢？我们想把它交给杰丁是合适的。杰丁，在躺的时候不常做梦；在坐的时候便打算闲聊，疯疯癫癫，令人发笑；唯独在站的时候有了梦意，眼神也晃，说出女巫的呓语。站是一个脆弱的姿势。站着做梦，须冒被轻易打断和推翻的危险。这样，杰丁的小说就开始写得比较简短，抑或充满了间歇性与破碎性。在《帷幕》里，一个奇怪的侦探长久地行立于某幅画作面前，企图从简单的色块里辨认出凶杀的迹象。这同画家一样，永远疲惫地站立在画布前，向观众描述他梦中的经验，站抵抗了宇宙的引力和秩序系统。站是一次轻微的谋反。正是这种特性把它同凶杀、冲突、征服和阶级斗争联系在一起。

孙甘露是一个真正的信使，他的职业注定他以走的姿势在世。这就是说，对信函意象和递信情态的沉溺，最终决定了他必须通过走和“访问”的途径抵达梦境。走就是向语符世界的逃亡。尽管走之中布满了不可逆料的危难与惊骇，他仍然坚持以一个信使的身份进入小说，全然不顾信函的密封性和缄默性，不顾受信者的缺席。因为他就是消息和意义本身。他的步履和叩门声决定了孤苦的期待者的命运。

这就是信使的价值。信使是一份特殊的函件，信使在走动中展开他的寓言，把消息强加给每一个谛听之人。信使必然是聒噪者，他们永远饶舌，喋喋不休地说着相似的命题。不幸的是孙甘露格外自信于他的语言，于是他成为一个聒噪者就是不可避免的。他与其说是个做梦者，不如说是个释梦者。正是他的理性注解使梦变得冗长，如同邮差的工作路线。尽管他的梦和语言比任何人都更加优美纯净，我们仍然难以接受他疾走号叫的大嘴。

“我很想找一个人聊聊，即使是跟一个死去的人说几句不相干的废话。”孙甘露说道。

而我们所能做的仅仅是从一个形而上的角度了解聒噪的理由。所有的聒噪都隐含着对沉默和孤独的惧怕。如果信使给他人带来好消息，那么谁将为信使带来福音？这个问题的答案是显而易见的：聒噪，基本上就是信使的自我交谈和自我验证。正是在自我倾听里他获得了必要的和杜撰的幸福。

于是梦的破裂和辍止便无可回避。走，运载着，同时也颠覆着梦幻。在走的过程里人逐渐醒来，重新发现了现世的丑恶和毫无意义。这个醒的事件通常发生于小说之外，但陈洁却执意地把它变成小说的结局——那个在旅行中做过天葬之梦的女人复归到她的客房与被窝之中：“明天要回去了。她忍不住地打了个哈欠。回去结婚。”这个终局意味着做梦者将被残酷地推回到市民主义的怀抱，并再度同它和解与结缘。

诚然，我们不能指望一个反市民主义者永远藏身于杜撰的真实，正如我们不指望小说家都闭上聒噪之嘴一样。另有一种方式帮助人逃遁，那就是游戏。一个从事游戏的作者将获得真正的轻松，因为游戏的基本规则就是提供快乐。游戏只有输赢而没有噩梦；同时，游戏的按钮可以在任何时刻按动，打开、暂停、延长，乃至终止。

在梦无法企及的地带，游戏者茁壮成长。

游戏者是苦楚的人。只有这样，他们才能保持对细小快乐的敏感。但这并不构成识别市民与非市民的标记：市民也从常附带着一种物性特征，麻将是这方面的卓越样板。麻将，质地坚硬、手感光滑，融之如金、闻之如玉、视之如象牙，在形态上隐喻着物性宇宙的重要品质，并足以诱激游戏者对珍宝的全部遐想；麻将的规则通俗易懂，而麻将游戏的变化却多端不测，令人乐而不疲；最后，麻将中暗藏着大量可以计钱赌博的密码（“百搭”“花”“自摸”“七对子”等），这使它成为博取实利的优异工具。

用对麻将游戏的热衷程度去衡量一个作者的市民化深度，是恰如其分的。我们确信这些作者大都不能抗拒这种游戏的魅力。相反，他们经常吆三喝四乃至通宵达旦，据我所知，格非就是这样一个人物。他在牌桌上的激情可与情场媲美。他甚至把这种赌博提升到了语言的世界，结果其小说便有了一种高级麻将的韵味。在《迷舟》里，旅长萧、萧母、萧的勤务兵和他情人杏的丈夫三顺（杏是一宗隐秘的赌注），四个人的生命赌局缓缓推动运转，并以萧的“出冲”（死亡）和勤务兵的胜利告终。另一部麻将小说是《大年》，地主丁伯高、教书先生萧兼地下党员唐济尧、无产者豹子和他的母亲，四人的博弈很惊险地展开，赌注是丁的二姨太玫。在丁和豹子被相继谋杀之后，唐赢得了玫，带着她溜之大吉。

这是真的。用麻将游戏的规则制作小说，在作者可能仅是一次无意识的行动，但它却带来了一个重大的后果：小说功能的改造。让军官和马伕、地主和雇工参与到生命的赌博中来；让战争扮演骰子，让秀丽窈窕的女人充当赌注；让该赢的输掉、该输的赢掉，这正是对世俗麻将游戏的代偿。无疑，格非是现世牌桌上的赢家，并且在语码游戏中继续赢得了新的价值。

杰丁不玩麻将。她干着一种更简单的钓鱼的勾当。我们要再度提及她的《帷幕》：画家是阴险的钓者，画是他的钓具；侦探则是机警的鱼。但小说开始时所造成的印象恰好相反：侦探是钓者，他嗅到了大鱼（画家）的气味。事实上双方是都钓者，只有在最后分出输赢的瞬间里，其中的输者才突变成钩上的猎物。这是一种双人的博弈。由于涉世未深，杰丁还无法编制更狡猾的程序，但她的心理分析仍然显示了一种洞悉的才能。

孙甘露的游戏没有机诈的成分。他在故事（包括整体象征）的层面上保持着形而上的严肃性，但在繁复意象的建构中成了一个搭积木的孩子，为游戏的进展而快活地聒噪，漂亮的字词像子弹一样轰击着读者的胸膛，将其逼入没有出口的通道。我们不知能否走出他的迷阵。我们没有这个把握。我们对所有的迷宫都充满畏惧。但《访问梦境》中的一架白色的玄想之梯使我们宽慰。当我们的意念向上行走时，一切都已了然。这点稍等一下再加以讨论。

那么，在四个人之中，只有陈洁洁身自好地拒绝了游戏，只有这个女人很慵懒地躺在游戏之外，用忧伤的目光注视着游戏的进程。这使陈洁看上去颇少“先锋”或“现代”的色彩。游戏是嬉皮士和雅皮士的标签，与这个标签分离，就是与一种无本质的存在方式分离，坚守着生活的真实性。游戏是骗局，它制造着存在的假象，用心欺骗我们的知性。游戏向脆弱的人格致意，帮助他们逃避存在的困境。如果一个小说家仅仅沉湎于这样的活动，那么他只能使人轻蔑。

小说是关于我们生存的境遇的寓言，小说是一种迷离恍惚的镜像，描述着存在的苍凉轮廓。这是两个方面的功能。女人的小说是她纤敏的镜子，而男人的小说则是他的拳套。当陈洁醉生梦死于非常私人化的凄婉经验时，孙甘露则在从事艰难的形而上批判。他的小说是一组绝望主义的罕有文献。我尤其喜欢《仿佛》，尤其不喜欢

《信使之函》(因为它的聒噪)。《仿佛》的主人公阿芒企图摆脱祖父的阴影,躲入《米酒之乡》的书本的宇宙。当他游历到这本书的尽头时,他便回到了他的出发点——一所他曾寄寓多年的平淡无奇的楼房。祖父的亡灵向他亲切地召唤,他的结局是沉入大地,像他的家族和祖先一样成为不朽的和毫无意义的“穴居人”。这正是一个中国套盒式的探寻进程;不断打开盒子和发现其中更小的盒子(希望),这样直至最后的盒子,而那里面是一个绝对的空无。

这种绝望的气氛、这种关于种族死亡的激烈寓言,掩蔽在大量的隐喻和代码之后。孙甘露审慎地把他的祖国纪事转换成了一些闪烁其义的语录。那些丰收神家族、橙子林、剪纸院落、镜子商店、睡意广场、耳语城、僧侣集市、鸵鸟钱庄和天使营地,像古代诗篇中的典故一样坐落在小说的每一个角隅,足以吓退低智商的挑衅者。

这是一种非常文本的绝望。他提供的世界细节与现世生活相去遥远。它们来自语言本身,来自历史图书博物馆所拥有的全部字词的文献,以及一个制造字词的孤零零的头脑。就是凭借这种语言的超然性,他走遍了整个世界。

知识分子的颓废是孙甘露谴责的最初对象:为追逐一枚铜钱或一头发情的驴子而放弃了信念的诗人,或者那些怀古伤春的六指僧侣都是速朽和丑恶的阶层,但他们却成为占有历史的贵族。与此同时,他稍带地指斥了一下“耳语城”市民的卑琐和无耻。这都是为他访问种族的经历提供了证词。在所谓橙子林里,象征种族母体的丰收神翩然而至,引导他走过种族的各个领域,像但丁游历地狱一样瞻仰了历史亡灵的黑暗居所。他们占有着最好的空间,而把活人挤到了世界之外。丰收神颓然老矣,暗示着这个种族的最后岁月的到来。这样的抨击在《仿佛》里达到了高峰,那个自称父亲的养鸽人很像是上帝的化身,他的鸽子代表了虚妄的幸福,他们都来自被叫作“天使营地”的伪劣天堂,为引诱人的堕落而游荡于世间。它表明了拯救神话的最后破灭。那么,在遍涉了知识分子、市民、种族和人类之后,孙甘露便以他自己的方式完成了末日的审判。

我们已经注意到孙甘露反神曲小说的迷宫情调。“从一个墓园走向另一个墓园”，这句话企图告诉我们什么是迷宫中央的事物。以坟场为内核构筑起来的文化迷宫是令人惊惧的，孙甘露一方面流露着他对这种迷宫的厌怕，一方面又显示了强烈的好奇和迷恋。他不仅进入一种迷宫，而且制造一种迷宫，这种矛盾无可消弭。这不仅因为他曾受益于博尔赫斯的训诫，也因为他的东方化的感知方式。他的迷宫意象是一些无限复杂的花园（代表空间），它们拥有季节（代表时间），却缺乏变化的节律。漏壶干涸，指标永远停顿在肃杀的秋天。这很像《红楼梦》和《金瓶梅》里的封闭型宇宙，它们的存在充满了迷人的和不可思议的死亡气质。从这样美丽而颓废的空间里是不能诞生未来的。

我们要询问：什么是迷宫意象的所指？或者我们这样询问：什么是迷宫这一隐喻背后的精神本体？

一棵树、一座村庄、一道山脉、一个神秘的过客，都不是迷宫，真正的迷宫是非感官的。它可能是一种图腾、一个民族、一类文化和一部历史。从根本的意义上说，迷宫就是中间价值体系，就是一切国家伦理所颂扬与捍卫的意识形态。

人以三种方式处置着它与迷宫的关系。第一，待在它的里面，如同待在母体之中，以回避与迷宫的直接冲突；第二，以粗暴的方式将其砸烂或焚毁，使我们永远失去在所和冲突的对象；第三，征服所有岔道和死巷，在走出迷宫的一刻里改变我与迷宫的关系：不是我在迷宫之中，而是让迷宫变成我的器官与产业，以及我的全部神性和力量的证据。

这样，掌握走出迷宫的方式和规则就是全部事件的关键。让我们重新回到前面的论题，再度观察一下那架白色的舷梯。在孙甘露看来，它是一个精神骗局，正是它把人们从坚硬的物质大地送上了中间价值的虚伪高度。但在我们看来，舷梯的问题不是它提供了进入三度空间的契机，而在于它过于短小，以至我们无法借此超越迷宫的顶部。走出迷宫的秘密规则就是向上行走，它意味着我们应当越过舷梯的长度，真正升入终极价值的自由天空。

文学正是在这里遇到它的大限的。我们不想在此过多地指责上海作家的精神疲软。这已经没有必要。我们只想说，我们的这几位朋友已尽力而为。他们与强大的市民主义的抗争充满了英雄主义的色彩，这就够了。对于这些踽踽独行的背影，我们没有任何理由掩饰内在的同情或敬意。如果这篇文章不能成为有限的声援，那么它至少是一个见证。它将表明：他们曾经战斗过。他们尚未投降和成为价值的叛徒。

就是这样。

（收入朱大可：《先知》，东方出版社2013年版）

慵懒的自由
——宋琳其人其诗

关于这个人的生存境遇

用惯常的眼光看，我和宋琳的交情非同寻常，因为我是看着他长大的。这句话的意思是说，我是看着他从一个乡村学生变成出色诗人的，所以我被人家死死认定为一个研究宋琳的权威。然而遗憾的是，我没有为宋琳单独写过任何评论。原因之一是宋琳的诗我未能完全读懂，原因之二是宋琳的名字极像女人，在道德主义社会里，我不打算为此冒太大的风险，比如让读者以为我在向一个姑娘暗送秋波。

这个姓名学的问题不妨留待日后再做讨论。但就对宋琳本人，我的确无法拿出有关他个人隐私的详尽材料，作为破译其作品的起点。宋琳是个保密能力极好的葫芦，他很少对我谈及他的过去，以及他现在的情感生活。他挽着一个女孩走来，说，这是他的女朋友，就像他拿出一叠诗说这是他的作品一样。他拿出的只是作品，而对别人省略了那些内在的过程。

当然总有一些零碎的细节泄露出来，或者，总有一些非隐私性的事实被我掌握。我知道他是个孤儿，知道他最初生于城市，而后便在中国福建省北部的乡村长大，青春期有过一些荒唐的举动，感情脆弱，但总的来说是个“生活严肃”的人。

少年的经历使他对乡村保持了天然的爱好。这种情感甚至扩大到他砍柴时拉在山坡上的粪便。他为那个螺旋状盘绕的有序形式所惊讶，欣赏了半天，用手指轻拨了一下居于螺旋体中心的尖翘物。然后带着取名的幸福姗姗而去。

对排泄物的这种无聊情趣是非常东方化的，他暗示了一个乡村少年对城市以外的自然生命的热爱，并且多少带有一点禅宗的风度。但后来事情有了某种突变：他选择成为一个城市移民，也就是说，他以上大学的方式反叛了乡村。这意味着城市必须接纳一个新的乡村逃亡者。很多年之后，当宋琳开始激烈攻击城市时，他假装不记得当初背井离乡的原因。这种健忘症我曾在许多移民诗人那里见识过。

答案是显而易见的。城市，这个用无机物堆积起来的空间，为那些卑微的生命提供了一项新的身份；或者说，城市是一种机遇、一种生命可能性、一个功利性愿望的庞大对象，它不仅提供各物，而且提供能够安抚肉体的所有触手。城市是一个功利性民主的营地。

正是这种特征诱惑了宋琳及其同乡。这个过程我不想赘述。而结果是，他在进入城市的瞬间，便在无边无际的陌生人群里消失了、没有了。他的价值还原到零度。他成了一个真正的空无，独自面对惨灰色的狭窄的天空。我那阵子正跟他一个班级，只记得他用长满冻疮的手很腼腆地拿着“树上的鸟儿在唱歌”之类的小诗，到处征求人的意见。此外便无太深的印象。

后来宋琳突然落成了一个诗人。这个事情肯定在我的意料之外。而更使我意外的是，他一开始就以一个城市的身份参与到当代诗歌运动中去。他显示了对城市的狂热崇拜，甚至打算“请南方的椰林来这里居住”，让北方的“雪橇滑来”，“给城市的孩子载来鹅毛雪和森林公主”。他还企图对人隐匿过去的乡村履历：“我不愿告诉谁/山谷里还有一座坟墓/静静地瞒着我的过去/那时，我是一个流浪歌手”（《音乐山谷》）。

以后，每次谈起那个时期的诗歌，宋琳都露出厌恶的表情。他可能已经发现城市是个骗局。城市奸污了他的想象力，而他却向城市奉献纯情。这种不公正使之痛心疾首。他的计划是用诗向城市复仇，揭露城市的丑陋与卑微。这使他成了一个坚定的反城市主义者。

我不知道这个变化究竟是如何发生的。有一阵子，他喜欢用非常暧昧和模棱两可的调子谈论城市，“我在遥远的地方听见它低吼/吓唬我又召唤我”，这时他觉得自己很像是“一只毛色好看的恋母幼狮”（《旧时地》），仍然迷恋着城市的某些魅力。

随后他就开始抱怨城市，抱怨它为他安排的生存境遇。“作为一个城市公民……我将带上饥饿的胃出去/排在任何一个屁股后面平静地等待/睾丸里枯竭的河流/抓住一天中可能出现的一切波纹”（《站在窗前一分钟》）。但他抓住的却只是“梦想城堡/遥远的沙器/圆柱浮现着嘴唇的形象/灰色的、迟钝的飞鸟的形象”（《故事》），它们只是一些虚空和没有价值的幻想。

更严重的是，他感到“脑后的开关被一只不怀好意的手按动”，或者，“有另外一个东西/在房屋的背后行走/更多的跟踪者的脸，像关闭器官的石头/抛在路旁/显出难言的孤单/我就从那里摸索进来/抱着受伤的膝盖”（《向深处的逃亡》）。

上述可怖的情形一直延续到“第七个冬天”，他“继续流浪”，看见“建筑物纷纷向天空奔逃/留下一只空钵/和我/朋友们像成群的沙袋被运往郊区/在秘密/作坊的黄昏/酿造美酒”（《在上海的第七个冬天》）。这时，即 1987 年的严冬，性情温和的宋琳终于愤怒得掉泪了。他悲恸地回忆起了对自己的忠告——“你要冷静下来、小心看守鞋钉/它会从下面把你钉死”（《给青年人的忠告》），但这种彻底的省悟来得为时太晚，他已被钉死于这座巨大的石棺而不可逃脱。

这种历史的引述可以无休无止。现在我想换一种方式来讨论宋琳的生存空间，即找寻一个在他诗中出现过的境遇意象。我相信鱼和河在宋琳的意象屏幕上是出现最频繁的。扭曲与肮脏的河是古老自然的残剩物，它从家乡流来，成为一条连接母体的脐带，或者它本身就是母体的象征，是城市中仅存的温柔之床。作为一个孤儿，宋琳显然拥有异乎常人的恋母情结。他经常被母亲葬礼的记忆所沉重地压迫，“其实那夜并没有来临/棺材也没有被月亮照得苍白”。他记得“哭泣像欢笑种在脸上/它能把守灵人聚集到温暖的屋里”，他多么渴望“掉脱母亲严厉的手/重新蜷缩在她的腹中”，于是他在想象中“记住了”“任何人也无法回忆的出生”（《回忆母亲的葬礼》）。在以后的生命旅程中，他将不断寻找那个慈爱的母体的代替品。这场漫长的求觅运动以后有了一个动人的结果：他像“一尾活泼的鱼”和“天真的族类”，“咬着船的臂部穿越十大海峡抵达这座城市”（《垂钓》）。

但城市的河又是一种伪自然形态，一个无比阴险的陷阱，使宋琳遭受“垂钓”。而那个恶毒的垂钓者正是宋琳自己。他的“畸零”与“病态”的自我，“在更深的意念里”，垂钓着自己。那条来自乡村的莽撞的鱼同捕鱼者一样，都是他内在分裂人格的不同侧面，显示着对城市既依恋又敌视的生存态度。

城市体验的矛盾性，无疑是城市土生子所没有的，它导源于乡村生活与城市生活的文化反差。宋琳像一根在两极中振荡的孤独的弦，唱出了存在的激情。它比那种盲目崇拜自然的市民型诗人更接近上帝，或者毋宁说，更接近作为本体的两难困境。

这可以从两个方面获得证据：中国乡村的贫瘠状态和中国城市的异化状态。由于贫瘠，宋琳渴望逃亡，但他并未因此找到乐园，他所访问的那座都市是各种文明垃圾的混合物，它既充斥着封建道德和专制主义的腐败气息，又染有来自欧洲的破烂不堪的殖民主义文化的病毒。但这座用垃圾堆出的圣城却挤满了打错算盘的朝觐者，大学是他们的帐篷，诗是他们的午餐。他们交出自由，然后去占有一个闭抑的囚室。

小市民的无力性给我和宋琳都留下极深刻的印象。市民精神以安于现状的懒惰为特征，他们的唯一乐趣是把囚室布置得完美。以便安置几个微渺灵魂和猥琐愿望。这同农民的单纯与健康形成有力的对照。现在农民一旦同它的土地和根系分离，将显示更大的自由度和生命活力，这已经在那些农民商人那里得到证实，尽管他们面色黝黑，指甲肮脏，额头上印刻着永恒的风霜。

关于这个人的生存策略

具有讽刺意味的是，宋琳一直被人当作“城市诗派”的代表之一。这个责任难道应当由我来承担吗？不，我很早以前就已声明，我将断然拒绝把他和另一些人“赶入器宇轩昂的‘城市’的囚笼，钉上‘以金属亮度辐射’文坛的学派标牌”（《焦灼的一代和城市梦》）。因此，造成这种误解的全部原因只能归咎于宋琳自己，正是他拒绝从城市出走，并坚持在一大堆城市意象的尘埃里哭泣。

从形而上的角度看，宋琳是个无耻的睡眠者，他在空荡的座椅和庭院、在咖啡馆的玻璃后面、在临近午后的臭气熏天的床上、在耳朵与眼睛之间浑然睡去。他劝诫所有的读者：“我们不要动”，“我们需要休息”。当然，他劝告的首先是他自己。这是一种非常真实的景象，因为我每次去华东师大宿舍找他，都发现他躺在一堆柔软的棉絮里，用沾满眼屎的惺忪面孔，对准来客歉疚地微笑。

睡眠是一种存在主义的懒惰。睡眠时拒绝行动，是对未来的恐惧，或者，同时对自身境遇的一种厌倦和报复。宋琳是一个异乎寻常的智者，他明晰地洞察了行动的后果，即所有的行动都没有意义，他不能改变境遇，他只能接受这种境遇。于是他像大部分都市艺术家那样，表现出对反叛的冷漠。

我和宋琳曾认真探讨出走和游历的可能性，探讨过陶渊明对策的现实参照价值。结果发现他老兄比我们都富有，至少，他拥有八九间草屋和几十亩可以租赁出去的土地；此外，他也没有户籍和档案之累。李白的情形更好，背囊里满是巴掌大的银“腚”。一想到我们两袖清风、家徒四壁，便都怵然无言。

既然如此，宋琳的拒绝行动可能就是最好的行动。他像奥勃洛摩夫那样对世界没有意义。不，首先是世界对他没有意义，而后才是他对世界没有意义。同时，他对自己也没有意义。这点同西西弗斯十分相似。西西弗斯是勤奋的行动者，尽管他知道推石上山的结果一定是石头再度滚落，但他仍然以坚定的勇气进行。他同宋琳是勇者与智者的差别，而他们都被送进了同一个失败的结局。

但我确信这种懒惰仅限于肉体的领域。当肉体软瘫于功利的层面而变得僵硬时，精神却试图自由地升华。肉体的无力性反激了对伟大的心灵解放的渴望。他内在地行动着，用想象力描述另一个自我和另一个世界。这就是说，睡眠把精神引向了做梦。

躺是一种奇迹的等待：“我在睡眠中伸出去的手/把一个意念紧抓不放”（《向深处的逃亡》），但变故总是从他床边绕了过去。做梦则制造了奇迹。写诗是一种梦的操作，他把球打给了由自己杜撰的世界，聆听某个幸福的响应，并最终占有这项虚妄的奇迹。他把自己和诗都变成了一种文化病态现象。

宋琳对那些海明威笔下的人物怀有深深的敌意。他们头脑简单，四肢强壮，保持古老的血性。这种敌意显然是由恐惧造成的。诗人怀着叵测的嫉妒，害怕别人比他们生活得更好。几乎所有的艺术家都企图制造精神的阳具，指望用这种方式摧毁一切肉体的世界。这种策略的一个直接后果是，诗人总是把自己变成彪悍的男人，而把世界幻化为一个温存的女人，最后，他就用奸污的方法去占有它。在此意义上，所有的诗人都是罪孽深重的歹徒。

关于这个人的游戏操作

我所接触过的诗人之中，宋琳杰出的玄学品质令我感到惊讶，我因而有机会了解藏匿于他头脑中的抽象意图。他一度迷信于“还原到表象的真实”的艺术信条，并试图把再现客体世界作为诗歌操作的基本目标。但后来他对我说，这个想法有非常可笑的一面。他意识到所有的符号或词都是反语义和反实在的。诗就是用想象力再造事物间的一切关系。当然，诗与常规语言无关，却又大量运用常规语言的基本元素，把他们投放到一个新的结构。诗人使用语言去反对语言，有谁能摆脱这一悖论?

在语言的问题上，宋琳仍然缺乏反叛的勇气。他宁可先屈从这个坚硬的事实，然后再设法加以调停。他是个出色的调停者。他的语言精致，句子经过审慎的推敲而不动声色，显示了一种客观主义的风度。其实他暗中还是做了大量手脚，他的那些庄严肃穆的咒语，使大部分读者茫然回顾、不知所云。尽管如此，他仍然把他的诗予以打印和发表，因为他相信存在着智慧读者与非智慧读者的差异，自然，他的诗仅为智慧读者而存在。

另一方面，宋琳对沟通充满疑虑，他断言创造者和欣赏者之间有一种不可消除的天然距离。因此诗歌的目的仅限于自娱，它受简单的快乐原则的支配。写诗是语言游戏，语词的塑造和编织能够带来至高无上的形式快感。诗歌是虚假的，但诗歌操作是真实的，它赋予操作者以存在的意义。因此，诗不是通信工具，不存在第三个聆听者。只有语言才是唯一的游戏对象。这导致了一个极端主义的结论：真正的诗没有读者，唯一的读者是游戏者自己。

我们看到，宋琳陷入了又一个自相矛盾的尴尬处境：他既想拒绝读者，又无法真正远离读者。这难道不是先锋派艺术家所面临的共同难题吗？

毫无疑问，有必要来研究一下这样的读者：他们不能理解我，永远在我之外，却又试图抓住我的声音，借以进入我个人的经验世界。那么这些冒失的家伙应当如何定义？他们在诗歌的游戏中扮演了什么角色？

游戏不是对功利性进行超越的形而上活动，恰恰相反，游戏是宇宙最初始的本体。正是游戏产生了上帝与魔鬼，而后从上帝的游戏中又派生了亚当和夏娃。儿童是一种本体性动物，因此儿童的主要操作类型就是游戏。游戏不能产生粮食，所有的游戏都不直接指向结果。它的重要性在于它的过程。当我们把诗歌看作游戏时，我们就还原到这个伟大的本体。

作为诗人的宋琳玩的就是一种单人游戏。他独自搭建语词的积木，构筑意象的房舍，他面对的只是他手头的那些零碎的玩具，他调教和征服它们，赋予它们以新的形式或价值。这是发生于第一层面上的封闭型游戏，它严厉拒绝一切他人的介入。

第二层面上的游戏则是开放性的，有一些欣赏者参与到游戏中来，他们扮演的正是“欣赏者”的角色。他们欣赏着宋琳在第一层面上的游戏，出示各种赞美和指责。宋琳则尽力使他对语词积木的征服趋于完美，他靠这个重建同欣赏者的联系。这种互相参与的前提是，欣赏者必须理解第一层面游戏的规则，他们应当具备识别宋琳的操作是否合乎规则的能力。

于是游戏规则的意义就变得重大起来。一个卓越的诗人就是一个优秀的规则设计者，他既利用原有的规则，又破坏那些规则。他用意象的鞭子抽打读者垂死的想象中枢，使它们从麻木中苏醒，在新的规则中获得灵魂的自由。

然而，有一项游戏规则是不能违背的，那就是严禁游戏者对自己所从事的活动性质进行揭露；严禁游戏者用“游戏者”进行自我指称。我们必须学会在游戏中忘掉这是一场游戏。批评家的使命就是向所有违反这项规则的诗人提出警告。而当我们在游戏中目无所视，心无所知时，我们就真正进入了游戏的完美境界。

的确，看着宋琳“在镜中痛苦翻身的景象”，我觉得我们都很严肃。

（原载《当代作家评论》1988 年第 3 期，题为《懒慵的自由——宋琳及其诗论》）

张爱玲的华袍及其虱子

张爱玲的小说叙事制造了文学史的奇迹——她比其他同时代作家拥有更大数量的粉丝。这是作家和读者共同造魅的后果。在这场文化造魅运动中，张爱玲既是被造魅的对象，也是最重要的造魅者。这种双重身份塑造了她的暧昧面目。

几乎所有的内地读者，都把张爱玲当作中国小资的祖师奶奶。张所表述的1940年代的上海趣味，是张粉最痴迷的气息。她的自恋、敏感、时尚、优雅、纤细、尖刻、算计、世故和练达，成了沦陷区女人的象征，进而演变为小资美学的最高典范。那些“兀自燃烧的句子”，诸如“生命是一袭华美的袍，爬满了蚤子”等等，令张粉们心旌摇荡。瑰丽的“张语”如天籁之雨，降临在她们头上，仿佛是一场盛大的文学洗礼。

张爱玲遗留的摩登影像，加剧了张爱玲成为小资偶像的命运。她生前的口红、眼影、粉盒、假发，被精心拍摄并四下流传；而她早期的旗袍和发型，风姿绰约，更符合小资的历史想象。“超级的宽身大袖，水红绸子，用特别宽的黑缎镶边，右襟下有一朵舒卷的云头——也许是如意”，老眼昏花的作家柯灵，对此发出语义暧昧的赞叹。更多的青年小资，也汇入高声赞美的队列。在娱乐资本主义时代，没有任何一个女作家比张爱玲更符合视觉优雅的尺度。

张爱玲的自恋，是遭到小资热爱的第三原因。一个孤芳自赏的女人，犹如古希腊神话中的纳喀索斯，狂热地爱上自己的水中倒影，并且因得不到这倒影而憔悴至死。她的早期小说就是这样一种照镜叙事，其间每个人物都含有她自身的代码。而这正是她备受宠爱的原因。张爱玲是照亮一切小资的镜子，她们在她的面容里窥见了自身的影子。而她与胡兰成的爱情，则更是浪漫派小资的样板，让她们从一个被拒绝的失意女人身上获得慰藉。

正如其小说《流言》所暗示的那样，张爱玲就是市井流言的轴心，受困于世人对隐私的狂热爱好。她甚至就是所有都市流言的总体性象征。她的早期小说，仿佛是一种经过美学包装的流言，叙说着那些微妙琐碎的人情世故。不仅如此，她本人的身世和履历，更是流言飞旋的焦点。在其自传体小说《小团圆》问世之后，她的私生活再度被各种流言和猜测所环绕，迅速演化为 21 世纪的人肉盛宴。张爱玲本人的“裸体”出演，满足了市民的窥私渴望。她是自我献身的文化烈士。

这就是“张爱玲魅力”的四种根源，大致可以成为读者热恋张爱玲的逻辑依据。张谢世之后，她的读者变得更加狂热，在每一场与张爱玲有关的狂欢（如电影《色戒》的公映）中粉墨登场，扮演她的守望者，继续为她的身体和文字造魅。没有任何一个作家拥有如此坚贞的粉丝群众。张的拥戴者，早已跟张的骨肉融为一体。

但沦陷区的张爱玲，并非她本人的全部表征，而只是其人生多面体的某个侧影而已。张的一生，至少分为三个时期，沦陷区的小资期、反乌托邦期和人格分裂期，但她却遭到粉丝团的严重误解，以为她们所触摸到的单一的沦陷区肢体，就是张爱玲的全部躯体。

在我看来，这还不是文化误读中最荒谬的部分。小资张迷们拒绝面对的严厉现实，是张爱玲的自我背叛——从华美的袍子里，找出成群结队的虱子。1952 年以后，张爱玲跃出都市小资的限定，甚至抛弃《小艾》式的歌德主义实验，投身于更为深刻的乡村经验之中，去书写独立批判的文本，由此打开政治祛魅的艰难道路。

美国时期的张爱玲，陷入了人格分裂的严重状态。她的《红楼梦魇》毫无才情，写得枯燥乏味，令人难以卒读，暴露出她对于人性和人情的极度淡漠；而与此同时，她依然在奋笔书写《小团圆》，被青春期的创伤记忆所纠缠。这正是张爱玲晚期的精神特点。但这破裂始于她的童年，并在孤岛时期就已初露端倪：一方面精于世故，一方面不谙世事；一方面冷漠寡情，一方面婉转多姿；一方面看淡男女之事，一方面却被恋父情结所困而难以自拔。

异乡人与外部世界的疏离，在晚年变得日益严重。那个“沿墙疾走的苍白女子”，成为典型的幽闭症患者。她畏惧跟所有陌生人对视、交谈和来往。《小团圆》是其接通记忆家园的唯一走廊。她穿越时光，在旧岁月里跟自己告别，并宣判他人一起死亡。

张爱玲在其去世前一年，出乎意料地公开了自己的玉照，成为一次充满隐喻的宣示：她容颜衰老，毫无表情地瞪着镜头，手里拿着刊登某国领袖去世消息的中文报纸。这死亡象征着政治造魅运动的历史性终结；而在试图传递自己仍然健在的信息之际，张爱玲没有笑意，却露出苍老冷漠的容颜。这超出常规的举止，就是自我祛魅的信号。这帧意味深长的照片，同时揭出政治祛魅和自我祛魅的两种事实。

《小团圆》跟此影像有密切的呼应。它是超越常识的写作，也是《秧歌》祛魅叙事的延续：华袍捉虱运动，从国族的层面转向了自我。面对造魅运动的强大潮流，张爱玲向自身发出了“致命的”一击。她成了一个冷眼捉虱的“他者”，以自我解剖的方式，把依附在灵魂和肉身上的各种暗昧虱子，逐一展示给那些热爱窥私的观众。张爱玲讲述美国堕胎的故事，回忆自己用抽水马桶冲走四个月婴尸，笔触节制，语气超然，仿佛在转述一个跟本人毫不相干的事件，显示出惊世骇俗的一面。她借此嘲笑自身，也嘲笑那些造魅群众，但这不是所谓“自虐”的需要，而是基于一种内省的勇气。她从这审判中获得了自我解构的尊严。

张爱玲卒于 1995 年，又在 2009 年版的《小团圆》里第二次死去。那些被其文字所滋养的群虱，继续在造魅并吸取她的遗血。这正是张爱玲所痛恨的场景。缄默的亡灵是不幸的，在两度谢世之后，她还要被迫面对这喧闹可笑的众生。

文化口红和甜蜜的行旅

——论余秋雨现象

文人和大众的新和解运动

品读余秋雨的历史散文，蔚成了近年来中国的时髦风气。如果我没有弄错，在革除了深度和力度的所谓“后文化时代”，这是继汪国真之后在散文和历史交界处所发生的一个重要事件。显然，历史和文学正在制造出一些新的产品：历史利用文学获得“美丽外观”，而文学利用历史获得了“精神深度”。由此带来的文化狂喜，可以从该书的发行量上得到证实。

为了更好地说明问题，不妨让我们先回忆一下汪国真的诗歌（以下简称“汪诗”）。

海子死了，汪国真“诞生”了，这是 1989 年 6 月以后中国文学所发生的最富戏剧性的变化。海子一举带走了农业时代的诗歌真理，并为“汪诗”的涌现开辟出血的道路。“不合时宜”的“旧式”精神使徒，最终让位给了一个肤浅的诗坛流行歌手。这正是“历史的必然”。“海诗”不过是少数校园理想主义者的圣经，而“汪诗”才是热爱生活的广大女学生的起居事典。在中国成为全球最大市场之后，诗歌条码化的潮流势不可挡。

越过那些抨击者的痛心疾首的呐喊，“汪诗”在市场上茁壮发育，后者表达了“后文化时代”的“拉罐文学”的主要特征：第一，高度通俗（彻底放弃原创性并对精英思想作简陋拷贝）；第二，用过即扔（彻底放弃经典性写作）。更为重要的是，在经历了海子式的“生命中不能承受之重”后，人们只需一种非常轻盈的“哲思小语”，像粉色的口红一样，涂抹在苍白失血的精神之唇上，以滋润营养不良的文化面颜。

这样一种“生命能够承受之轻”的诗歌口红，在一个高速消费的市场化图景中，无疑是非常和谐的物象。没有任何一种力量能够阻止它的涌现和受宠。在90年代上半期，“汪诗”的情形大致就是如此。而在90年代末的今天，“汪诗”甚至和王朔、苏童及王小波（后者情形或许有些不同）一起，发展为网络消费的主要对象。在那些文化网站和网上文化超市的货架上，这些物件早已经融入了日用品的行列（对此我只是有一点点惊讶而已）。

余秋雨的散文（以下简称“余文”）与之有非常类似的经历。一个富于戏剧性的例证是，据说在上海的一次“扫黄行动”中，警方从某妓女的手袋里查出了三件物品：口红、避孕套和《文化苦旅》。这个传闻在海内外文人圈子中流传甚广，并且在一次文化研讨会上成为一个尖锐的话题（可以参见台湾《中国时报》和新加坡《联合早报》当时的专题报道）。“余文”因而受到了人们的攻击，似乎其作品一旦成为性工作者的读物，就变得十分可疑起来。

这无疑是一个完全错误的理念。在我看来，即使这一“捕风捉影”的传闻属实，它也决不能成为“媚俗”之类的“道德化批评”的借口。相反，它的重要意义被包含在它的隐喻性之中：在那个女人的个人视界里，《文化苦旅》就是她的“文化口红”和“文化避孕套”。它们是一组互相隐喻的同义语词，具有完全相同的日用品功能，被收藏在一个“意识形态的手袋”里。“余文”正是这样一种文化消费品，但却比“汪诗”更加“耐用”，因为它不仅是用以点缀生活的“文化口红”，而且还是“文化避孕套”，审慎规避着那些道德“病毒”。

“后文化时代”的特征是：精英不再引领大众，而是大众支配“精英”。这种结构倒置的后果就是精英的全面湮灭：这个曾经散发着思想香气的阶层，已经被大众与全球一体化市场与资讯洪流所吞没。只有少数人继续浮在水面。他们是市场的先锋，犀利地洞悉大众趣味的转移和文化的市场走向，并且利用这点对大众进行“反操纵”。他们通常受雇于国际（或区域）资本，借其专业特长为世界大亨效力，同时也利用国际资本实现其个人的文化野心。

我要援引电影《泰坦尼克号》导演詹姆斯·卡梅隆与国际传媒大亨梅铎的关系来表明这点。一个老套的好莱坞言情故事，在近似疯狂的高额制作之后，产生了巨大的商业回响。另一个例子是中国画家陈逸飞和美国犹太大亨哈默的关系。它们证明“精英”的信念早已过时。这个世界需要的绝不再是创造思想的精英，而是追踪公众趣味与理念的猎狗。他们不再向民众提供“思想”，他们仅仅发现和供应市场所需的“模式”。

改变精英命运的另一个动力是资讯的全球化。就在最近的两三年内，由于OCR技术（即对扫描的图像文件可以进行自由编辑）的发明，网络文字输入的困难已经消散，平面图书资源的利用变得轻而易举，网络杂志、文化专题网页以及个人网页大规模涌现，网络文字总量在迅速增加，并为个人文化及区域文化的全球化传播开辟了阔大道路。

个人电脑对于外部消息的筛选标准与消息的来源（是否出自精英）完全无关，它吁请着所有满足欲望的“小道新闻”。由于数码网络的全球化，任何一个无聊的私密事件都有可能在一瞬间成为国际通报。美国独立检察官斯塔尔是利用这一资讯网络的先锋，尽管未能改变克林顿的政治命运，但他却纠正了国际数码网络的附庸地位。“数码文化”已经实现了其对“后现代主义”的全面推翻。

市场及资讯的全球化和全球的市场与资讯化，这个双向和双重的过程，彻底改变了中国文化的命运。老式艺术家正在走向衰亡，而新的文化制造工业已经发育完备：专栏撰稿人和网络作家取代了正统作家，传媒记者取代了职业批评家，行画手取代了画家，摇滚歌手取代了歌唱家，制片人取代了导演，如此等等，总之，“文化白领”取代了“知识分子”。在“取媚”大众和营造“票房纪录”方面，后者才是真正的主宰。

“媚俗”曾经是一个非常刺耳的术语，用来描述艺术家的“从众主义”立场，并且注定要遭到道德化的抨击。但在市场垄断一切的时代，“媚俗”已不再是一种罪恶，而是一种基本的文化策略，用以从大众的口袋里找回金钱和尊严。

“媚俗”的合理性正是这样被确认的，它吁请着中国知识阶层的妥协和蜕变。他们在进行文化的包装和推销方面，显示了某种天生的丽质：一方面反叛传统意识形态，一方面向群众大肆“献媚”。市场原则被严肃地建立了起来。

这是80年代艺术家走向市场化的先锋。而在他们背后，成千上万的文化推销员或传销员在90年代期间茁壮成长。这一蜕变，受到了出版界、影视界和演艺界“资本势力”的有力支持。而其结果是，中国文化领域出现了一个诸如“独立制片人”“自由撰稿人”的“文化中产阶级”圈子，除了隶属于大众和金钱之外，他们获得了空前的“自由”和“独立”。

对此我没有什么异议。恰恰相反，正是市场交换策略避免了文化的最后崩溃。或者说，它维系了文化和大众的基本关系。经历了几千年的不屈不挠的战争之后，在一个“后资本主义”的世界性背景中，“文人”向大众趣味和资本势力妥协与合作的时刻终于降临。

在这个剧烈变化的时代，余秋雨作出的努力是令人赞赏的。在文化（历史）的市场推销方面，他获得了令人惊异的成功。在我的记忆里，“余文”首先在上海的《收获》杂志连载，而后，在经过了市场的反复测试之后，才在出版社结集出版。而后是一个消费者的盛大晚宴。余文被不断连续地出版、转载、报道，成为中国各大城市的主要畅销图书，它甚至出现在几乎所有的中文网站或杂志上，与鲁迅和林语堂的作品一道成为现代散文的经典之作。一时间，大有不读余文羞谈文学之风。

在这期间，我们也能够听到一些愤愤不平的声音，似乎这种成功本身成为余的一个罪证：“他媚俗，因而他有罪。”愤怒的十字架竖立起来了，痛苦的战士手执锤子和铁钉，要在文学和史学的领域审判“余文”，吁请它的退出。余对此深感不平，1998年，他在新加坡的《联合早报》上连续发表短文，以一个权威人士的身份进行话语自卫，对“批评”的“轻蔑”和“痛心”跃然纸上。

这是一种好莱坞式的戏剧性景象：一方面作家在重构与大众的文本蜜月，一方面批评家在不停顿地控诉这种努力。在这场诉讼中显然只有一个裁决者，那就是大众。这个价值陪审团将运用市场原则，对这个作家的“生死”（用港台流行的术语说，就是“走红”还是“过气”）作出终极判决，而这一判决的结果已不言而喻。事实上，已故的中国领导人毛泽东早已对此作出了非凡的预言。

煽情主义的话语策略

为了在阅读者那里引起必要的市场价值回响，选择恰当的话语策略，已经成为后资本主义时代言说者的一项基本技巧。这种策略包括：（1）确立具备市场价值的话语姿态（这个过程是内在的）；（2）寻找大众关注的文化（历史情结）母题；（3）寻找大众热爱的故事（事件与人物）模式；（4）采纳高度煽情的叙述方式；等等。

几乎没有任何当代畅销作品能够逾越这个市场策略框架。

在《文化苦旅》中，我们可以透彻地看到书写者所采用的话语策略。基本母题是经过历史鉴定而永垂不朽的，那就是一种浸透着知识分子的“忧患意识”的传统“爱国主义”（也即“民族主义”，这正是该书发行时面临的一种流行思潮），而后在这一母题的引导下进入深度操作的层面（这点我将在后面作进一步阐释）。

第一篇《道士塔》是一个奠定民族主义基调的重要篇章，它确立了整部书的话语（价值）姿态：这个道士以他的无知和贪婪出卖了中华文化的瑰宝“敦煌石窟艺术”珍品。这种道德化的母题和“故事”完全符合大众的“民族主义”走向。不仅如此，书写者还使用了一些煽情主义话语记号来强化这种戏剧性的效果：

> 这是一个巨大的民族悲剧。王道士只是这出悲剧中错步上前的小丑。一位年轻诗人写道，那天傍晚，当冒险家斯坦因装满箱子的一队牛车正要启程，他回头看了一眼西天凄艳的晚霞，那里，一个古老民族的伤口正在滴血。……
>
> （在王道士用石灰粉刷壁画和按一个农民的趣味“修改”雕塑之后）今天我走进这几个洞窟，对着惨白的墙壁、惨白的怪象，脑中也是一片惨白。我几乎不会言动，眼前直晃动着那些刷把和铁锤。“住手!”我在心底痛苦地呼喊，只见王道士转过脸来，满眼困惑不解。是啊，他在整理他的宅院，闲人何必喧哗？我甚至想向他跪下（朱按：“跪下”这个词用得耐人寻味），低声求他：“请等一等，等一等……”但是等什么呢？我脑中依然一片惨白。
>
> 偌大的中国，竟存不下几卷经文！比之于被官员大量糟践的情景，我有时甚至想狠心说一句：宁肯存放在伦敦博物馆里！这句话终究说得不太舒心。被我拦住的车队，究竟应该驶向哪里？这里也难，那里也难，我只能让它停驻在沙漠里，然后大哭一场。我好恨！……

“伤口”“滴血”“下跪”“恳求”乃至“哭泣”，所有这些意象或独白都展示了一种露骨的煽情技巧。尽管它从文学技巧上看相当笨拙，但在中国的读者市场却是双重有效的，它既点燃了读者的历史怒气，又使之产生了对作品乃至书写者的无限钟爱。这样的例子在“余文”中俯拾皆是。

审视“余文”的基本母题，从往事怀旧（对家乡、童年、老师、故人的缅怀）、历史、文人和王朝（官吏）的恩怨关系，到百姓耳熟能详的民间传说、著名的风物掌故、地理，均已包含煽情的内在语法。文人的怀古幽怨、现实感伤、古典雅趣和爱国胸怀，最终都汇入了大众的价值关怀的博大江河。迷离的历史在这里被现实化和通俗化了，或者说，封闭的历史在新的诠释下重新向大众开放。经过情感包装的技术处理，最终成为图书市场的畅销商品。

这种情形在台湾和香港已经有过相似的先例。除了柏杨撰写的中国通史，还有一些古代典籍的现代诠释版，以及各种通俗的古代思想的“简体字版”或“漫画版”等等。但是，在许多人看来，这种市场化的策略还不够彻底，因为它们仍然存在着某种阅读障碍。一个纯粹理性的历史文本，无论怎样利用现代大众话语，均难以彻底解决这一问题。

只有“余文”和少数几种文本击碎了这最后的壁垒。只有它成功地利用历史随笔与情感化的叙述方式，引发了大众的阅读回响。尽管人们并未从这些历史诠释中获得新的概念，但封存在历史中的传统价值和现代生活的断裂，获得了某种修复；旧式文人的理想、趣味和面容遭到了大众之手的亲切抚摸；而最终，所有这些破碎的历史掌故的花瓣，均温柔地漂浮在民族主义的池沼之中，编织成了“汪诗”式的诗意图景。那么，在一个所谓“建构大中华文化圈”的思潮中，“余文”受到中国台湾、新加坡（中国香港有所例外）乃至世界各地华人知识分子读者的响应和鼓掌，便是十分自然的事情。

即便如此，据余秋雨在《文化苦旅》的后记中记载，仍然有出版商认为余文尚不够“通俗”和“轻松”，“很难成为在每个旅游点兜售的小册子”，故决定作“大幅度删改”，幸而得到了及时拯救。我不认为这个“插曲”可以用来证实余文的不够“通俗”，相反，它是只是一次市场消费定位方面的技术分歧而已：究竟是把它当作实用旅游指南，还是当作普遍适用的日常精神生活导引。毫无疑问，后者能够更好地在市场运作中实现“余文”的文化价值。我也不同意作者在这篇后记中之所言，此书的出版只是“一种侥幸”，恰恰相反，它充分表达了文化消费市场的热切愿望。

在苦难和甜蜜之间行走

但是，在给予“余文”的市场化以必要的赞扬之后，我还是要对其作出适度的批评，即它在市场化的包装上存在着“媚俗”过火的问题。它太过矫情。无论是《文化苦旅》还是《山居笔记》，均未摆脱这一情感和言说的双重矫饰。

再以“王道士”一文作为例子。由于爱“宝”心切，书写者竟打算给道士“下跪”，而为了敦煌经卷的一次亏本的“出口贸易”，书写者想为此“大哭一场”。用如此的“过激”言说来进行煽情，尽管不免有做作之感，却颇能显示“余文”的风格。

这种过度的煽情话语，在《苏东坡突围》中得到了进一步的延续：

> 贫瘠而愚昧的国土上，绳子捆扎着一个世界级的伟大诗人，一步步行进。苏东坡在示众，整个民族在丢脸。

这是动辄上升到“民族高度”进行煽情的范例。苏轼遭到告发和逮捕，这首先与“贫瘠”和“愚昧”无关（他无非是险恶的官僚政治斗争的牺牲品而已），其次与“民族”大义无关。试问：“余文”

的“民族”究竟是一个什么样的概念？是宋代的汉民族，还是今天所说的中华民族？苏的被捕究竟丢了谁的脸面？谁又在“民族”之外进行了文化或道德注视？或者说，民族的“脸面”又是怎样一种价值尺度？然而，毫无疑问的是，正是这一陈述所包含的道德力量，点燃了人们对“差官”以及昏君的仇恨。同时，旧式文人的尊严，在这个叙述和阅读的时刻里获得了短暂的实现：

> 小人牵着大师，大师牵着历史。小人顺手把绳索重重一抖，于是大师和历史全都成了罪孽的化身。

这是动辄上升到“历史高度”的另一个例子。必须注意“余文”使用的“小人”概念。它是一个非常道德化的传统语词，其煽情级数在汉语文史上与“君子”和“良知”（后者是“余文”的另一个基本术语）完全一致。

如果“形而上”是“余文”所“特有”的煽情技巧之一，那么另外一种技巧更是屡见不鲜：

> 我是个文化人，我生命的主干属于文化，我活在世上的一项重要使命是接受文化和传递文化，因此，当我偶尔一个人默默省察自己的生命价值的时候，总会禁不住在心底轻轻呼喊：我的老师！我的学生！我就是你们！
>
> ——《千年庭院》

> 她们作为海南女性的目光，给森然的中国现代史带来了几多水汽，几多温馨。
>
> ……猎物回头了，明眸皓齿，嫣然一笑。
>
> 嫣然一笑，天涯便成家乡。
>
> 嫣然一笑，女性的笑，家园的笑，海南的笑，问号便成句号。
>
> ——《天涯故事》

这些例子除了能够继续证明余文的煽情主义的话语姿态以外，还表达了一种过于软化的话语立场：似乎一旦煽情，就非得令整个言说变得甜蜜起来。这“嫣然一笑”，损害了一个被书写者早已设定了的“苦楚”的情感基调。行旅奔波的肉身苦痛，遭到精神欢娱和文化亲情的腐蚀。在我看来，这是比煽情本身更为致命的弱点，它削弱了“余文”进行“人文主义沉思”的力度，并且大步退行到了“汪诗”的级位。软体哲学在文学中又一次获得了意外的胜利。

《天涯故事》是处理历史中个人苦难的一个范例。被放逐的悲痛最终被转换成了一幕喜剧：荒蛮的流放地竟被描述成“温柔宁静”的“家园”，苦难消融在“女性”的“嫣然一笑”之中。这正是我长期以来一直关注的所谓“亚细亚痛苦的消解模式”的又一证据。作者赞赏地看到，被贬谪海南的苏东坡一方面“衣食住行都遇到严重困难”，“忧伤常常爬上心头”，而另一方面却迅速把精神苦难转换成了“压抑不住的喜悦”。它令苏氏的“苦旅”最终变成了一次经典性的“蜜行”（这点我将在后面作进一步的阐释）。

在我看来，除了受控于传统的痛苦处理模式外，余的另一个矛盾在于，他一方面沉浸在老式的知识分子的忧患情感之中，一方面则试图向大众或市场寻求最大限度的认可，这两者最终发生了统一。没有任何一种统一比这一种看起来更为古怪。重要的是，民族话语弥合了两者的历史性破裂，并且赋予“余文”以某个甜蜜的笑貌。面对严酷的市场化景象，甜蜜话语就是人所能获得的最好的安慰。

民族的自我献媚主义

民族主义（有人更喜欢使用“民粹主义”这个词），一个从世界各地涌现的世纪末话语同盟，现已成为美国主义以外最重要的精神事件。越过所谓“后资本主义”或“后冷战”时代的资讯风景，耶路撒冷出生的哥伦比亚大学教授萨义德，以巴勒斯坦精神战士和伊斯兰民族主义先知的面貌奋然崛起，他的代表之作《东方主义》，已经成为包括极端民族主义者在内的整个新民族主义运动的最高指南。

此外，在拉丁和日耳曼语系范围，后现代主义、新马克思主义、新左派的批评家也展开了针对美国主义以及西方文化霸权的攻击；这种来自欧美内部的精神反省策动了亚细亚、非洲和南美洲的民族主义的全面复兴。

民族主义的兴起，是20世纪晚期全球意识形态的一个重大变化：权力的多极化和文化的多元化正在分解人类的版图；而另一方面，全球资本和经济的一体化，则企图重组被分裂了的世界。这就是我所指称的“福格森景象”，它呈现为两个层面的互相逆反的强大脉动。全人类都为之受到震撼。

但福格森景象并未如人们所期待的那样把世界引上繁荣的道路，恰恰相反，权力及文化的多极化，导致民族主义的走火入魔，伊斯兰恐怖主义和亚洲军事极权主义风起云涌；另一方面，市场的全球化导致严重的亚洲金融危机。而后者又反促了市场民族主义的崛起。结果，人类的运动都趋于同一个方向：民族主义对世界实施了有力占领。

中国的民族主义思潮不仅是对这一环球思潮的简单响应。经济复兴和中产阶级的形成、民间资本的迅速增长，制造了一个所谓“大中华”和“二十一世纪巨人”的壮丽图景。西方的左翼政客和学者也加入了这一合唱，后者正是中国90年代民族主义思潮的一个热烈基调。在西方“妖魔化”中国的同时，中国知识分子也已经“妖魔化”了西方。这场互相抹黑的运动为后冷战时代提供了新的新闻素材。

我并不想在此否认民族主义对于发展中国家的激励意义。我只想探究由此产生的民族话语在90年代中国所产生的反响。我们已经发现，任何样式的民族话语，总是建立在民族情感的基础之上，以道德话语和国家话语的面目涌现，并在宗教的界面上完成其终极追问的作业。而除了张承志和北村，绝大多数中国作家并未企及这一目标。他们仅仅驻扎在“民族—国家—人民”的三位一体的结构中，去题写“道德—情感—历史”的“中间价值”文本。“余文”（有时候还应当包括贾平凹和张炜等的文字）正是这方面的一个范例。在散文或随笔的情感（情操）性言说中，历史话语和道德话语受到了编码，从而形成一个亚古典的民族主义文本。

是的，如果我没有弄错，民族历史和民族地理，是“余文”所有母题之上的首席母题。在“苦楚”行旅的地理路线中，时间语法悄然展开，令读者倾听到了历史之爱的细弱回声。这回声缭绕着以往的保守而忠诚的气息。

这种民族主义气息在“余文”的那些海外之旅中获得了最直接的言说。在“漂泊者”和“华语情结”里，旅行者的异乡际遇成为民族自恋的一次证明过程。作者在新加坡观看华人组织的一场台湾相声剧演出，然后再去吃宵夜，这些细小的生活细节引发的竟是最赤裸的民族豪情：

> 理直气壮地用华语叫菜，今天晚上，这座城市的笑声属于中国人。
>
> ——《华语情结》

利用对海外华人的言说的转述，去点燃“民族自恋”的激情，推进了民族之爱的燃烧，使之成为“余文”的一个基本话语标记，像固执的烙印那样，悄然遍及所有的言说过程。

让我们再次回到《道士塔》——这个被放在“苦旅”之首的重要文本，它是用来打开全书密码的“话语钥匙”。我们已经注意到其中话语立场的某种古怪。敦煌的全部“宝藏”受到了“外国人”的“掠夺”，令作者深感大耻大辱。但正如作者所承认的那样，那些“外国人”“都是富有实干精神的学者”，而王道士却只是一个“太卑微、太渺小、太愚昧”的文化破坏者。根据这一简单的逻辑，斯坦因等人应当是拯救敦煌艺术的英雄。但他们却仍然是一些被钉在道德耻辱柱上的“外国”罪人，这取决于一个“极基本的前提”，那就是：“什么都成，就是不能这么悄悄地运走祖先给我们的遗赠。”

尽管作者不得不承认，“比之于被官员大量糟践的情景，我有时甚至想狠心说一句：宁肯存放在伦敦博物馆里”。但面对这种“两难”，作者最终仍倒向了狭隘民族主义的道德情感之中：“我好恨”一语，犹如一个浅薄的道白，言说着民族忧患的无限哀痛。

必须注意“外国人”这个词在“余文”中的重要价值，它是一个语义的简单界限，分野着两个截然对立的价值体系：中国与外国、中国人和外国人，如此等等。这一划分传统起始于明末清初汉族文人及前朝遗臣，而后便成为清朝政府抵抗西方文明的基本术语，并且被此后的历届民族主义政府所沿用。我不想在这里详细回顾这一历史，我只想表明，在一个“文化开放”的时代，继续以如此幼稚的二元划分去维系一种狭隘的民族主义言说，只能令作者再度陷入历史话语的逻辑矛盾之中。

众所周知，印度是敦煌文化的主要策源地。敦煌艺术与其说是汉华文明（中原文明）的一个变异结果，不如说是印度佛教文明的一个北亚支流。就其艺术造型风格和宗教话语起源而言，它都是一个彻头彻尾的“外国进口货”。更何况唐代前后的敦煌，曾隶属过不同的民族和国家，其民族和地理属性在当时就已相当“可疑”。“余文”在言说敦煌艺术的归属时，有意规避这些基本历史常识，其结果只能对阅读者及其自身产生严重的话语误导。

另一方面，任何稍有常识或头脑的人都会看出，如果没有斯坦因等“外国人”的冒死拯救（无论其动机如何），这些经卷、写本、绘画和唐塑都将不复存在，而“敦煌艺术”只能是一个停留在历史深处的空洞名词。

毫无疑问，我们面对着两个完全不同的“语法规则”：第一个规则是只要敦煌艺术得以保存，无论它属于哪个国家（民族）。第二个规则却是只要它属于（存在于）中国，无论它是完物还是一堆灰烬。耐人寻味的是，“余文”最终屈从了后者。这是传统中国知识分子的一个最简单而直接的选择。它再次显示了狭隘民族主义语法的有力性：面对民族的“羞辱”，一切“学术”（理性）规则都将丧失功能。

毫无疑问，中国的艺术品无论被哪个博物馆收藏，它的创造者永远是中国人，迄今为止，我没有看到和听说过任何西方的博物馆，在展出中国文物时胆敢声称这是他们本民族的杰作。无论它在“资产所有权”方面经历了多少次转换，它的“名誉著作权”均属于中国。显然，“资产所有权”是一个法律问题，与“文化”无关，“文化”所关注的仅仅是“署名”问题。但奇怪的是，长期以来，中国的许多教科书却始终混淆这两个概念，并借此进行反西方的民族主义煽动。

“余文”里所沿用的上述民族主义理念，究竟是作者的真实立场，还是只是一种用以取悦读者的话语策略？这个问题是我关注的要点之一。如果是前者，那么它是意识形态问题，如果后者，那么它是言说问题。而在我看来，它事实上是一个双效的话语按摩器：一方面慰抚大众的灵魂，一方面慰抚传统知识分子的“人格”和“良知”的自我面庞。这种双重的话语功能是“余文”获得市场推广成效的原因。

“人格”的道德梦呓

由于“余文”里到处分布着的“人格”语词，迫使我们不得不对这些构筑着民族主义圣殿的话语基石进行必要的审视。我已经说过，“余文”的煽情功能正是在道德话语的层面上得以实现的。“余文”中通常出现的是两类语词：描述性语词和界定性语词。前者如“邪恶”、“高贵”（注意不是“高尚”）、“叹息”和“流泪”，后者如“人格”“学问”“民族”“小人”“文化良知”等等。这个语词谱系颇能显示“余文”的道德基调。

《山居笔记》中的《历史的暗角》一文，是这方面的一个范例。

这篇谈论“小人”的文章，是随笔和学术论文的混合物，或者说，是一篇在形式上完全失控和失败的散文，但在用道德话语代替历史话语方面，却显示了某种耐人寻味的特点。把历史人物分为“君子”和“小人”两类，借此对中国政治制度进行界定，这种道德语法的干涉是对历史纯粹性的最大瓦解，但它却营造出散文生长的美学气氛：在某种意义上，文学才是道德力量的坚实容器。

由于道德话语的大肆介入，历史的真实面目变得可疑起来。只要查一下清史就会发现，就连作者竭力赞扬的康熙，其执政手段同样布满“小人”和“暴君”的印迹，他所实行的“文字狱”，成为清代最臭名昭著的劣行。幻想政治的“君子之治”，不过是传统中国知识分子的一厢情愿。在政治史的读解中引入“小人”概念，企图借此阐释历史，或者借古讽今，抨击周遭人事，只能引发双重标准下的价值混乱。这最终导致了“余文”在历史学范畴内的挫败。

而越过“小人”的不道德的面容，那些有关“人格结构”和“文化良知”的道德语辞，在更为深切的层面操纵着言说的进行。

“人格结构”是一个非常古老的“理学”概念，它与心理学中的所谓“个性”毫无干系，而是直指历史人物的所谓道德主体，并试图借此对历史景象进行全面阐释。而“文化良知”则是“人格结构”中最动人的一极，它显然指陈着传统知识分子进行自我内省和外在批判的力量。毫无疑问，在“余文”中，“文化”只是作者的某种变通的用语，它不过是“政治”一词的某个意义更为暧昧的代词。“文化良知”，或者说得更确切些是“政治良知”，成为作者对苏轼（《苏东坡突围》）、朱熹（《千年庭院》）、黄宗羲（《乡关何处》）、阮籍和嵇康（《遥远的绝响》）进行历史鉴定的基本尺度，并由此派生出了“高贵”“可爱”之类的道德评语。

而在所谓的政治或文化人格之外是某种“商业人格”（《抱愧山西》）。如果说传统道德信念在政治和文化领域还有一点意义的话，那么它在商业领域便显得更加软弱无力。作者盛赞晚清时期山西商人的“信义”和“道义”，并把这一由山西商人“海内最富”的景象的消失，归咎于从太平天国到民国初年的系列战乱。在作者看来，山西商人的“商业信用”就是他孜孜不倦地寻找的传统“道义”。但是，“道义”永远不是支持商业运作的主要动力，甚至连次要动力都不是。“信用”只是整个“道义”体系中最边缘和最细小的部分，它进入商业领域之后，便转换成游戏规则的一部分。它与“道义”毫无干系，它只是一项“规则”而已。

这个例子也许能够表明道德话语在“余文”中被滥用的情形。这种滥用有时会产生言说的逻辑紊乱。《西湖梦》就是其中的一个例子。作者一方面企图赞美宋代名妓苏小小比茶花女“活得更为潇洒”，一方面又要急忙表白“妓女生涯”的“不值得赞颂”。这正是传统文人所固有的矛盾立场。但在另一方面，此类道德尺度的出现，却为历史进入文学开辟了昏暗的道路。正是这种对“小人”的怒气和对“高贵”的迷恋，点燃了人的道德情感，并把历史的理性回顾转换成了抒情式言说。如果没有这种道德中介，历史的言说或许会变得异常困难。

道德话语在“余文”中的重要地位，取决于作者的“忧患意识”，也就是取决于作者的传统知识分子的基本话语立场。对此我没有什么太大的异议。我只想表明，由于这种“忧患意识”的导引，历史阐释出现了被损害的迹象。

根据人们对这种话语立场的基本了解，它就是中国传统知识分子和知识官僚的国家哲学，也就是熔铸着国家主义、民族主义和民生主义三项基本语法的“人格结构”。这个结构不仅奠定了一个面容忧戚的旧式文人形象，而且为“余文”的所有言说描绘了坚硬的价值边线。作者在这个限度内写作，令大部分历史阐释丧失了“重写”的契机。在我看来，“余文”中的“历史”仍然保持着原来的面貌，它的改变只发生在言说方式的层面上：历史尸骸被浸泡在了柔软的情感甜汁之中。

“余文”对苏轼和嵇康事迹的详尽回顾最能说明这点。我们可以透彻地看到，这两个人是如何因“小人”的攻击而落难或被杀的。

这些在历史上被谈论了无数次的陈旧观点经过文学包装之后，现在又一次落回到了人们的视野。这是历史因忧患文人的道德阐释而遭到程式化和图解化的一个新例。

作为中国传统文化的化身，苏轼总是扮演了一个受到国家冤屈却保持了对国家的忠诚、同时又擅长把政治痛苦（“忧患意识”）转换为文化欢娱的多重角色。但他实际上不过是一个政治官僚和文化流氓的完美的混合体。他的魅力在于在每一个角色上都得体与适度：作为高层文官，他忠于国家（皇帝）却不失潇洒，而作为流氓文人，他放达江湖却不失体统。他罕见地兼具了中国文人“理想人格”的各个主要侧面。这是一个由盛唐开始走向败落的种族提供出的一个生命策略样本，它照亮了文人（文官）处理个人仕途危机的前景。

是的，长期以来，有关苏轼的传说大大鼓舞了历代文人，尽管苏本人在文学成就上甚至不如同时代的陆游和辛弃疾，却成为人们保持与国家及其国家文化关系的卓越的“文化”榜样。“余文”并未试图改变这点。恰恰相反，它以固有的激情投入到了对苏轼的道德风范的集体赞美行列。正是这一立场引发了我的关切。

我注意到一个关键性的事实：如果说《文化苦旅》是一次以“王道士”为话语基调的“民族主义”言说，那么《山居笔记》就是以“一个王朝的背影”为基调的“国家主义”文本，它意在表达作者在文人与国家关系上的微妙立场。

与旧王朝的秘密和约

作为《山居笔记》中的话语核心，《一个王朝的背影》被投放在全书之首。这是作者在有意暗示它的引领作用。这篇“散文”试图向读者表达这样一种看法，即尽管满族的康熙皇帝曾经以大兴“文字狱”而“臭名昭著”，但他“竟然比明代历朝皇帝更热爱和精通汉族传统文化”。由于这个缘故，作者惊喜地发现，就连中国当时“最有抵触的汉族知识分子也开始与康熙和解了”。这一戏剧性的“和解”，以与清廷“不共戴天”的李颙和黄宗羲的“软化”作为历史标记。曾以武装抗清闻名的黄氏，居然因康熙的“礼仪有加”而改派儿子助皇帝修撰《明史》。

耐人寻味的不是黄宗羲的这种立场的转换，而是作者在陈述了这个故事之后的评判。作者写道：“这不是变节，也不是妥协，而是一种文化生态意义上的开始认同。”作者反诘道：“既然康熙对汉文化认同得那么诚恳，汉族文人为什么就完全不能与他认同呢?”

必须注意这个从民族主义向国家主义的话语飞跃。在“文化”的互相“认同”之后，国家主义便径直取代了民族主义，成为全部言说的重心所在。不仅如此，这篇文章还要为传统知识分子与国家的历史性“和解”进行悉心辩护。在这种“和解”进程的反面，是王国维的“凄怨灵魂”。在清帝国绝灭之后，这个前清的文化义士在前皇室领地颐和园投水自尽，向旧帝国的家园作了最后的“回归”。

晚清文人的问题在于：他一方面以自己的生命与清王朝作了“融合”，一方面却与新的国家（中华民国）产生了极度的文化失调。这种失调是如此深刻，以致唯有以个体（而非国家）的自我湮灭予以解决。

王国维的“文化”毁灭，是个体文人与国家关系破裂的一个著名例证。在“余文”中，他的死亡就是警示，象征着旧文人与新兴国家的“对抗”和“疏离”所导致的悲剧性结局。王死时据说身无分文，他是靠着从同事处借来的五元购买了“门券”，才得以走入自杀地点。

王国维的这一故事与诗人海子之死有某种相似之处：在海子于山海关卧轨自杀后，人们从他的胃袋里发现的只有两瓣腐烂的橘子。根据医学推断，他至少有两天颗米未进。而另一个相似之处是，这两个人都显示了与国家文化的严重失调。

但是，在海子与王国维之间仍然存在着一道不可逾越的鸿沟，那就是王的皈依和海子的离弃：王对于国家及其中间价值的破碎信念，以及海子对于终极价值的赴死追问。这是发生在不同层面上的精神事件。在死亡的现场，我们可以目击到王国维所选择的那个最后的家园：柔软温存的湖水。水体话语在这里再次现身，代表湮灭的国家母体，向绝望者作窒息性一抱。王在这个精心选择的地点实现了他的道德回归。他是旧体制的最后一个弃儿。

正如人们早已经无数次做过的那样，“余文”埋怨了这个人的不识时务：未能及时同新国家及其文化建立新的“和解”。但在1927年，王没有任何理由向一个四分五裂、充满战乱的国家以及他完全不能理解的文化屈服。它们完全不符合王的内在理想。王痛不欲生地看见了这绝望的景象。他只是要终止这一景象而已。在国家主义的话语范围内，王的抗议没有任何可质疑的地方。相反，如果王的选择有什么问题，那么它同时也是作者的问题。

耐人寻味的是，尽管国家只是个人生活的某个母题而非全部，文人也并非一定要生活在国家的怀抱里才能得到灵魂的慰藉，但传统文人与国家的双边关系，却是中国历史的一个永恒焦点。招安与反叛、皈依与逃亡、忠诚与背弃、和解与对抗、亲密与疏隔，所有这些对立的正题和反题汇聚成了所谓的“国家话语”的核心，显然，国家就是这话语的基本主语，而文人（文官）则是一个宾语，它们吁请着文人的热切关怀（陈述）。

我们可以看到，王国维的“反题”（他本人对“民国”的肉体性离弃）受到了“余文”的“正题”（清初文人与康熙的精神性和解）的反诘。这是国家话语内部的一次自相缠绕，或者说，是主语和宾语之间的一次奇怪的互噬。如果王和新的政治及文化体制重建了蜜月，那么是否意味着王的“进步”呢？答案完全相反。在1949年，如果王还活着，他必须再次作出类似的选择。而只要国家及其“文化”在不断更替，王的这种选择将永无尽头。同时，在国家话语的变迁进程中，王必须永不停息地“自我改造”，其中任何一次失误，都将令其成为一个“被历史遗弃的罪人”。

这就是一个文人的孤寂“背影”所流露的全部悲剧性语义。令人惊讶的是，在探讨文人与国家的关系时，王国维不幸再次成为一个反面例子，被用以验证不能“顺应潮流”的悲情下场。国家话语的这种专断性，令我留下了深刻的印象。

值得注意的是与王国维、梁启超和赵元任同为“清华四巨头”的陈寅恪的动向。作为受到新政府“倍加关照”的一代名士，他在政治革命的洪流中选择了“顺应”而不是自杀或逃亡，但他为王所写的墓志铭却暴露了内在的心迹：“先生（指王国维）……独立之精神，自由之思想，历千万祀，与天壤而同久，共三光而永光。”在陈其后的生涯中，王就是陈的最高楷模。为了保持文人的气节（所谓“知识分子的独立人格”），陈竟以数十年时间和百万字的篇幅，写作关于明末江淮名妓“柳如是”的传记，赞美一个忠于前朝（汉明王朝）及蔑视现政府（清廷）的“依门小妇”。

陈晚年双眼失明。在肉体的无限黑暗之中，柳如是的幻象成为他生命中唯一的光亮。他依靠口述完成了这“鸿篇巨制”。这是进行话语抗战的一个罕见个案。按照“余文”的逻辑，它就是“不合作”的另一个反面例证。显然，陈所犯下的错误与王完全一致。他们间的唯一差别就是抵抗的不同级位：王选择了肉身而陈选择了话语。

让我们再次回到黄宗羲的个案上来。即使这个人实现了与清廷的有限和解，他仍然没有真正介入新的文化创造。他派遣儿子修撰明史，显然有更为深远的谋虑。对于黄来说，在历经了无数次的无效反抗之后，还有什么比这更好的缅怀故国的方式？

任何一个明眼人都会发现，汉族文人参与编修明史，名为遵旨（合作），实为掌控历史话语（阐释）权，并利用这个时机让汉人王朝在历史文本中获得永生。另一方面，康熙提供的丰厚的国家资源（高额俸禄、研究经费和由皇室收藏或征集的大量图书资料），也委实令一些穷困潦倒的文人怦然心动。

擅长权术的康熙显然懂得这点。他洞察了汉族文人的这种双重心理，以“情”与“利”两种手段引诱他们修史，利用这种“话语合作”来获得历史经验，并塑造一个宽容大度的明君形象，为清王朝的未来社稷开辟道路。在这场演剧中，根本没有什么“诚恳”的“君民之爱”或“满汉友谊”，有的只是掩饰种族仇恨的虚情假意。

康熙与汉族文人的互相利用，是中国历史上统治者与文人关系的一个范例，它表明了政治话语在其题写过程中所能达到的矫饰程度。而令人奇怪的是，自民国以来，许多学者都异口同声地颂扬这一由康熙皇帝精心策划的文化奇迹，并且流露出重沐这一浩大皇恩的渴望。这构成了中国文人的一个极度脆弱的理想。无论怎样进行反思，文人似乎都难以摆脱国家话语的强大的支配力量。

家园情结和母亲情结

在中间价值体系的范围内，家园话语是民族话语和国家话语的最亲密的兄弟，家园从事物的另一个侧面暗示了人的皈依渴望和恋母情结。不妨回顾一下中国民间文学在历史中的漫长行迹，几乎所有的古典作品都指涉了家园母题。一个最明显的例子是《水浒传》：一群流氓被人从某个地洞（黑暗家园的一种代码）里释放出来，经过一场人间恶斗，最终又返回到了皇帝或国家（新家园的某个代码）的亲密怀抱。这种“家园—出走—返回家园”的“福达模式”（弗洛伊德用语），正是民间文学的话语根基。

在“余文”中，我们可以透彻地看到这一模式所拥有的力量。《乡关何处》是一篇纯粹的怀乡之作，它充满了一个“游子”对故土的无限依恋。其中的一些片段颇有值得回味之处。在余的所有随笔中，这些来自乡村的回忆和故事是最具魅力的，它们的价值远在其历史随笔之上。那些洋溢着家园之爱的抒情式记忆，一洗往昔的文人矫饰，显露了真切的本性。尽管那些急切地搜寻名人同乡的举动有些稚拙，但它对于白米饭和黑色梅干菜的描述，以及对于湖底大量细碎瓷片的叙述，均产生了动人的言说效果。

然而在另一方面，《乡关何处》仍然无法回避传统散文所固有的那些问题：沉浸于个人经验的乡愁离恨之中。只有《流放者的土地》和《天涯故事》企图向历史作奋然一跃，但其最终还是落入了"福达模式"的陈旧的言说框架。书名的变化便已充满了象征意味：苦楚的"行旅"（《文化苦旅》）最终无可避免地转换成了温甜的"山居"（《文化苦旅》续集《山居笔记》）。这是由流走状态返归到家园的一个微妙暗示。

《天涯故事》，一篇关于中国古代主要政治流放地海南岛的随笔，显然是用来陈述家园话语的代表性文本：一个"荒蛮偏僻"的南方孤岛、流放者受罚的悲剧性地点，经过著名文官李光（宋高宗时的副宰相）、胡铨（枢密院编修官）和苏轼的先后"过访"，一洗其瘴气袭人的恶名，成为"柔丽平和"之家。

我不想在这里谈论对于海南岛的评价，这不是本文的使命。我只想指出一个耐人寻味的话语事实，即"流放地"的语义的戏剧性转换。这一向"家园"或"母亲"的转换，引发了一系列的语义转换：放逐变作了回家，"天涯便成家乡"，流役犯成了归家的孩子，刑役转为旅游，痛苦化作了"喜悦"，中原的严酷政治气候成了南国的"天真未凿的自然生态"。

我已经说过，这是利用话语进行多重消解的一个新的个案。在亚细亚的历史进程中，这种消解是屡见不鲜的。它同时也是中国文化中最富魅力与争议的部分。仅以众所周知的梁山伯和祝英台故事为例，悲剧已经被推进到了死亡的地步，但这一高潮仍然要屈从于"化蝶"的喜剧性终结。《天涯故事》并没有例外，它首先作出了对历史正义的消解，同时消解了放逐和流亡的形而上意义；它还消解生命个体的深切痛苦，并实施了对悲剧话语的消解。作为亚细亚历史上最常见的话语手术，它最终在“嫣然一笑”中切除了人和苦难的基本联系。

流亡者踉跄的脚步终止在亚细亚式的轻盈幸福面前。在作者看来，苏轼之流之所以遭到流放，完全是由于其“反常的思维模式和奋斗方式”。而令人庆幸的是，家园（母亲）拥抱了浪子，软化并溶解了一切痛苦、愤怒以及激越的反抗。家园也彻底改造了流氓（流亡者）或正义战士，把他们变成“平静而实在的普通人”。

耐人寻味的是，在整个软化与消解过程中，导致痛苦的外在根源并未消除，或者说，流氓继续面对着一个不公正、黑暗和充满腐败的国家体制，而唯一被清除的只是流亡者自身的沉痛意志。流氓说：不必对万里流放生涯过于在意吧，这小溪边上自有呼风唤雨的土著民风（苏轼：“莫作天涯万里意，溪边自有舞雩风”）。这是家园语象带给一个失意文官的最好礼物。他的反抗性消解在南方岛屿的迷梦之中。

我要在这里转述“余文”中所津津乐道地援引的那则海南民间故事：一只被猎手追到悬崖上的母鹿，在濒临绝境之际，竟然化为美女，与年轻的猎手成婚。在我看来，这正是历史上中国文人经历的一个戏剧性隐喻：被他们的政治猎手逼到绝境，而后迅速从一个流氓（逃鹿）转变成一个令人喜爱的角色（美女），并最终完成了向国家的献身。作者声称，鹿在悬崖上回首时“镇住”猎手的眼神，甚至比海明威《乞力马扎罗山的雪》中的那头冻僵的高山猎豹更加“庄严”。

这是一种完全不着边际的比较和评估。在西方视界中，海明威的猎豹是一个纯粹的死亡象征。在极度寒冷而高峻的地带，没有任何生物存在，但猎豹仍在孤独地攀登和行走着，寻找着人类所无法理解的事物，直至寂寂无名地死去。它没有规避死亡，没有化为美女，没有成婚，更没有升华为传奇和神话。这头海明威式的豹子也许冻结在一个庄严的表情上，但它与文化的庄严性没有什么干系，它只是没有对苦难与死亡进行任何消解而已。

在我看来，这正是海明威本人的一个冰冷的隐喻。在海氏的生命尽头，他遭到了他自己的严厉追击。他在家里用一支猎枪击碎了他的头颅。他是他自己的最后的猎物和杀手。必须注意这里的某种摇撼人心的东西：海明威并没有向自己回首以及顾影自怜地一笑。他义无反顾地赴向了死亡。他的家园就是他的墓地。

有关他死亡回忆中的另一个细节是，当海明威在楼下客厅擦拭他的猎枪并向自己瞄准时，他的妻子——一个“女人”正在楼上。这个女人没有成为神话中的“母亲”或慈爱的象征，也没有成为最后的营救者。她只是一个事后的目击者，在一声尖锐的惊叫中结束了对死亡的追认。这显然是海明威最动人的一篇“小说”，其中完全没有人们所期待的那些事物。

我并不想在这里分析海明威的死因，也无意在此贬低中国民间话语的价值。关键不是民间话语的外在面貌，而是阐释者为它制造了一个怎样的语境和构筑了什么语义。在《天涯故事》里，我只能看到它所呈现的闹剧式的转变：猎物从逃亡者向皈依者一跃，并以婚姻的方式继续扮演猎物的角色。唯一改变的是死亡。预订的死刑被临时取消了，猎物变成了女人。而女人是不能杀死的，因为在海南（或者更确切地说是“余文”的世界里），女人成了最伟大的主宰。

母亲话语在“余文”中扮演着异常重要的角色。从黄道婆、冼夫人、宋氏三姐妹到满含“水汽”与“温馨”的黎族丽人，这些“女性”构成了这个非凡家园的核心。家园话语最终与母体话语建立了同盟。它们是一对同义语象，响应着人对于终止流氓生涯的热切呼吁。加上出现在《老屋窗口》和《西湖梦》里的那些女人，柔软的意象海绵般充填着“文化大散文”的思想缝隙。

加入到这个联盟中来的还有水体话语。在《夜雨诗意》中，雨是流氓的大敌，“使无数旅行者顿生反悔，半途而归”。作者惊喜地发现，雨塑造了英雄和流氓生涯的反面：

有多少乌云密布的雨夜，悄悄地改变了中国历史的步伐。

> 将军舒眉了，谋士自悔了，君王息怒了，英豪冷静了，侠客止步了，战鼓停息了，骏马回槽了，刀刃入鞘了，奏章中断了，敕令收回了，船楫下锚了（此句似有语病，楫桨非锚，何以下之？——朱按）酒气消退了，狂欢消解了，呼吸匀停了，心律平缓了。

这就是“余文”所孜孜不倦探求的东方式的“诗意”。雨水消解了所有的怒意、杀气、豪情、狂欢、进取心、出走计划和正义诉求。雨把人拉回到了无为和闭抑的状态。但作者却刻意回避了雨水的另外一种形态：暴戾、凶猛、杀人无算。正是雨水所制造的洪水，构成了人类话语记忆中最惨痛的经验。

毫无疑问，家园—母亲—水体的联合话语在这里所扮演的特殊角色是颇不寻常的，作为大市场原则所制造的产品，它显示了中国当代文化在走向软化、平面化和轻快化方面所企及的程度。这种软性话语起始于邓丽君的一声娇媚浅唱，而后渐次转换为文人的婉转长吟。这是话语大步后退的结果。但由于这种后退，中国文化体系中的阴柔话语再次主宰了市场，并把当代散文进一步推向积弱状态。

不妨让我们看一下鲁迅的《野草》和《天涯故事》之间的悬殊差异。同样是关于行旅的言说，同样指涉了逃亡、绝地、死亡以及存在的意义，但前者所拥有的苦痛和绝望是罕见的，它的凄丽追问逼近了人的生存的最后底线。而在另一个端点，“余文”却呈现出一个轻快、轻忽、轻松和轻贱的“四轻”面貌，这是“生命中不能承受之重”和“生命中不能承受之轻”的一次极不协调的对峙。散文和散文之间的距离与价值竟是如此遥远。

当代散文的细小命运

与诗歌相比，中国散文在其历史进程中始终扮演了一个可悲的角色，散文是诗歌与小说的话语残渣，堆积在文学史的边缘，成为每个时代主流话语的底衬。在唐宋年间，它是诗词花瓣以外的枝叶，而在明清和近代，它是宫廷诗歌和民间小说的附庸。只有在民国的动乱时代，散文获得了翻身的契机。政权更替、军阀混战、农民暴动和白话文的诞生，推动了政治话语的繁荣。

散文首先呈现出政治檄文的激越面貌，而后才在文人的亭子间（四合院）里发育为温柔敦厚或温软香浓的小品。胡适之、林语堂和周作人（最后才是张爱玲）渐次开拓了散文进军书案和卧室的道路，晚间灯下的亲切“娓语”（林语堂语）成为散文主流。只有少数作家坚持了尖锐的写作姿态。鲁迅无疑是这方面的代表，他的《野草》不仅是其毕生最杰出的作品，而且也是现代散文最具魅力的文本。由于这个人的存在，“娓语”和“锐语”发生了长达大半个世纪的对峙。

鲁迅的早期“锐语”（以《野草》为范本），一方面保持了犀利、批判和愤怒的言说风格，一方面深蕴着生命幻象、爱语、对瑰丽事物的迷恋，以及在一个宗教缺席的语境中探求终极真理的渴望。越过黑暗的坟场，“过客”的绝地追问，超出了他自己的彷徨目光，成为回荡于20世纪早期的最凄厉的叫喊。

然而，20年以后，鲁迅竟变成了一个冷酷的话语杀手，“横眉冷对”着他所蔑视的世界，沉浸于世俗的诸多仇恨（党争、门派之争及私生活之争）之中。他的后期杂文（通常被认为是“散文”的一种）成为中国文化史上“仇恨话语”的极端代表，混合着反讽、刻毒的隐喻和尖酸的嘲笑。在中国历史上，还没有任何人能够像鲁迅那样，对“千夫”进行广泛而有效的话语杀戮，并在其身后制造了无数个“冤狱”。在一个“仇恨入心要发芽”的革命年代，鲁迅是话语战争中最伟大的“旗手”和“主将”。

而在鲁迅坚毅冷峻的面颜的背面，“娓语”的亲切温和的面貌并未消失。80年代后期，林语堂和周作人开始从书本中逐渐复活。这也就是“娓语”大规模复活的一个信号。作为鲁迅的兄弟，周作人提供了一种截然不同的话语经验。

稍后，一种由《新民晚报》等媒体推出的晚报语体悄然涌现，其中包括了所谓的“小女人散文”“夜壶箱小品”“厨房文学”以及各种“午夜耳语”和“豆腐干絮语”。这些南方式的话语“宵夜”，与北方（北京）式的胡同俚语（以小说和电视连续剧为主要样式）风格截然不同，却共同标志着文人与市民的和解运动揭开了序幕。在这场运动中，出版商获得了空前的利润，而散文本身的收获更是空前绝后：在中国文学史上，散文首次同小说一起成为话语时尚和主流。

然而，以小日子、小情趣、小思想和小笔触为基本特征的“小散文”，尽管获得城市市民的热烈鼓掌，其局限却是不言而喻的。对于充满着阔大意象的中国文化而言，它也许只能是某种日用文化缀品，或者说，它充其量只是家庭里的一个细小的摆件，汇入了由日历、草纸、钟表、硬币、钥匙环、打火机以及茶具聚集成的日常风景。

这就为所谓“大散文”诞生提供了一个有力的理由：散文需要长“大”，需要更为“大气”的构架和运作。正是基于这一文化策略，上海的“东方出版中心”（原中国大百科全书出版社上海分社和知识出版社）推出了“文化大散文系列”，这是出版商以敏锐目光介入宏观话语建构的一个范例。而令人失望的是，作为这套丛书的首选之作，《文化苦旅》的商业价值却远在其“文化”价值之上。尽管“余文”具备了某些“大”的要素——悠远的历史、博大的地理，以及苦楚行走的文人豪情，但这些外在的话语时空，并未解决散文的内在的话语力度问题，恰恰相反，它使这些问题变得更加尖锐。

但是，只要变换批评的视角就不难发现，“余文”所具有的优点是不言而喻的。在我看来，历史散文正是作者最为脆弱的部分，作者的才识和言说技巧难以支撑这一宏大的话语框架，但在另一方面，“余文”中的某些乡情散文或游踪散文，如《信客》《酒公墓》《庙宇》之类，却仍然流露着某种魅力：迷人的乡村故事行走在质朴言说的松软小路上，散发着没有矫饰的清淡气味。这是“余文”中最有价值的部分，它把“余文”还原到了“小散文”的级位。而后者才是“余文”所应是和应在的位置。事实上，公众在读码方面比评论家们更为正确：他们从未误解过“余文”的话语本性。

在我看来，余秋雨进入历史和政治话语领域是一个错误。他旅行于一个他完全不能驾驭的领域，并陷入了阔大的迷津。我们已经看到，“余文”所依据的所有政治、道德文化和历史“线索”（即人们通常所说的）都是相当可疑的，他们构成了迷津中最阴险的圈套，令急欲摆脱困境的苦旅者更深地迷失。而这才是最令人痛楚的话语事件。在一个精英已经崩溃的时代，任何企图扮演精英并渴望受到人民喝彩的行动，都已面临难以破解的困境。

而更令人担忧的是，“余文”所依托的那些陈旧的话语体制，正在这个大变革的时代里缓慢地崩溃。我痛切地看到，所有出现在这些怀旧书页中的言说都是一种挽歌，哀悼着所有正在随风而逝的政治、道德和文化传统。“余文”并未让历史向我们开放并成为我们生活的有效部分，恰恰相反，它显示了一个旧式文人的普通特征：屈从于陈旧的历史阐释和历史语法，同时又沉醉在一些细小的话语改造之中。而这样的文本无法成为新散文的方向。

散文应当从这思想的迷津中彻底解放出来。散文应当终止这种紧张的文化漫行，返回到伫立、安坐或躺的舒适状态。在一个高速运转的超级资讯时代，散文完全没有必要成为思想者的承重文本。“四轻”应当成为散文的常态，而“娓语”才是当代散文的主流。对此我不应有任何异议。在一个不需要“原创性”的时代，散文作家应当放弃进行精英话语推销的使命，他们的工作现在已经变得非常轻松和简单：只需进行各种小型话语复制（“克隆”），从历史和当下生活中拷贝一些感觉和话语碎片，然后把它们拼贴到“散文”文本里，借此维系住一个与公众充分和解的状态。流行散文的真正面貌就是如此。

（收入朱大可：《先知》，东方出版社 2013 年版，题为《甜蜜的行旅》）

诗歌麻将的N种玩法

中国现当代诗歌的恍惚道路，充满着不可思议的戏剧性，汪国真的自我鉴定，是对这种戏剧性的一个精彩注解。

反叛朦胧诗，这个响亮的声音也许并没有太多的振聋发聩的因素。在“今天派”之后，反叛者风起云涌，“打倒”和“Pass”北岛的浪潮令人心惊。相形之下，汪国真的“反叛”倒是显示了温情脉脉的特点。

问题并不在于是否进行了“反叛”，而是这个人究竟“反叛”了什么。我要再次援引汪本人的言辞来表明这点。汪声称：朦胧诗是对“假、大、空”的反叛，而他则在“清晰、自然、真诚、富于韵体和哲理”等诸多方面反叛了朦胧诗。说得更直截了当些，就是汪的“明白诗”反叛了一种据说读来很“朦胧”的诗歌风格。

> 天将晓/同学醒来早/打拳做操练长跑/锻炼身体好。(《学校的一天》)

这首发表在《中国青年报》上的打油诗，与其说“反叛”了什么，不如说是对某种诗歌传统的亲切拥抱。只要打开诗歌史就可以轻易地看到，歌谣、打油诗、口语体、枪杆诗、锄头诗和黑板诗等等，构成了中国现当代诗歌运动的宏大主流。这些我们记忆犹新的群众诗歌，正是汪诗的美学和意识形态的逻辑起点。

让我们再回顾一下“朦胧诗”的实际情景。当《今天》杂志在民间四下流传时，多少人能够背诵如流，多少人为之激动不已，几欲晕厥！而其中少数一度被人认为十分难辨的作品，今天，一个普通的中学生就能向你作出最详尽的阐释。“朦胧诗”的这顶“朦胧”桂冠，来自它的低智商敌手的某种嘲笑，但这恰好构成一个实体与名称的奇妙的艺术反讽。

那么，在简单地界定了诗歌的若干历史形态之后，我们就能够对诸如“反叛了什么”之类的问题作出回答。在我看来，汪诗对朦胧诗的反叛，并不在于它的外在语言的清晰性，而在于某种更本质的层面，也就是在于精神立场和情感姿态的彻底改造。

内在的悲痛、难以言喻的黑暗性，以及对于种族未来的人文主义信念，是朦胧诗在诸多缺陷以外向种族提供的最深刻的灵魂财富，汪诗反叛的只能是这个。无病呻吟、自艾自怜，或支颐作哲思状，或含笑作潇洒科，所有这些精神姿势都旨在：（1）消解痛苦（而不是把生命痛苦转换成批判的美学）；（2）用游戏精神去从事诗歌麻将游戏。

作为诗歌麻将的专家，汪国真显示了高度熟练的技巧。他的近三分之一的诗作是填字游戏，其规则是：a. 每诗四段，每段三至四行；b. 每段前两句自我重复；c. 第三、四句的句式和语义不变，但允许作平行语象的变换（如“大海”变“高山”，“浪花”变“树叶”）。

如此拙劣的诗歌填字游戏，居然引起全国范围内的“轰动效应”，这正显示了群众参与麻将游戏的非凡热情——在塑料麻将玩腻了之后，我们何不玩一玩诗歌麻将，玩一玩更优雅的“东风”和“西风”、“春天”与“冬天”的话语风景，以及玩一玩“｜”（宿）与“零”（洞）的哲思与短语？

在诗歌游戏者的皮肤下面，戏性人格的发育和壮大是无可避免的。作为游戏的一个属性，“戏”表达了用优美的诗歌话语去修饰空洞灵魂的一种不屈努力。当人们用印刷好了的现成的贺卡和美辞互致问候时，或者，当人们握住话筒投入优美的MTV画面和电子伴奏音乐里时，人有效地实现了生存境遇的自我欺骗。

迷幻话语、迷幻景象、迷幻音响，所有这些迷幻物构成了公众快乐的源泉。我必须承认它的确具有某种医治心灵疼痛和社会疾苦的效用，但正如所有致幻剂那样，汪国真诗歌不能消解痛苦的根源，恰恰相反，它只能消解我们对于痛苦的感受性。

在痛苦的感受性消解（心灵麻痹）的前提下，汪国真及其诗歌呈现了一种他自称为“潇洒”的状态，那就是把游戏人格推进到一个令人羡慕的高度。这个今天被汪和广大公众所推崇的生存术语，导源于另一个叫作“洒脱”的词，而后一个词则出典于南宋的掌故：一位高僧向他的弟子讲述了关于鸡的故事，那只鸡因抢食而落于水中，引起众鸡的讪笑，该鸡不服，努力登岸，耸身一摇，洒脱了羞辱之水，而后心情愉快地离去。

我不想对这个故事本身作过多评介，我只想表明，在“潇洒”的词根里，隐含着一种卑微人格处理其精神事务的传统技巧。由于“潇洒”，它的主体（潇洒者）调整了羽毛或皮肤的形态，这无非就是用一种故作轻松、优雅的存在姿态来遮盖内心的紧张。

这种“潇洒”的伪饰性已经成为当代流行文化的标记。为了取悦公众，汪国真进而把诗歌变成了艳丽的口红，并通过诗集、作品集、配乐诗歌朗读磁带、歌曲磁带、诗卡、字帖、贺卡、明信片和电视台节目，对大众传播媒介进行全面占领，以便把自己塑造成一个世界级的公共明星。《年轻的风采》（人民日报出版社）是这方面的典范，它不仅收录了汪的诗歌和“哲思凝语”，记者的捧场文章，而且还收录了一些所谓的“读者来信”，并无耻地通过他们的广告嘴巴，把汪诗擢升到普希金和泰戈尔的高度。

这正是作者和读者间互抹口红的实例。由于热爱和理解，“群众”成了“诗人”的知己；更由于真诚和晓畅，“诗人”成了“群众”的情侣。口红，就是通过话语的伪饰性包装，使商品获得一个虚假的质量。这里难道还有什么“真诚性”可言？

令人惊诧的是，就连汪国真本人也因口红效应而丧失了自我估价和反省的能力，在写下了大量平庸的句子之后，他竟然要“为中国人争回第一块诺贝尔文学奖章”。这就像一对热恋情侣中的一个对另一个说，我要为你摘下天上的月亮。它们间的唯一区别在于后者包含着某种情感真实（不是事实真实），而前者是彻头彻尾的价值谎语。

所谓价值谎语，不仅应当包括一切用以混淆事物的真伪优劣的话语集合，还包括那些用以取代终极真理的经验常识系统。“我们并不陌生/我们早已熟悉/年轻的心/总是相通的/甚至不需要言语”，“倘若才华得不到承认/与其诅咒/不如坚忍/在坚忍中积蓄力量/默默耕耘”……这些来自各种名人语录的耳熟能详的句子，不过是真理在辗转抄袭之后的拷贝的代用品，它的作用不是传播真理，而是企图取代真理，以及取代人们对真理的高贵性和唯一性的感受。

使我感到沉痛的事实，正是上述公众的真理感受性的全面退化和价值谎语的大量丛生。正义、真实性（真相）、伟尚、仁慈和美感，所有这些尺度的现时态度瓦解，使汪国真及其诗歌读者陷入价值谵妄的狂乱状态。在这个意义上，汪与其说是这个时代的受益者，不如说是这一时代最不幸的受害者。

更加不幸的是，鉴于汪国真有关琼瑶和席慕蓉的宣言，海峡两岸暨香港手纸文学争夺图书市场的序幕已经拉开。它表明这种战争将延续一个时期，然后由王国真或黄国真加以取代，借此保持诗歌在媚俗层面上的自我循环和连续性，并从天真读者那里最大限度地榨取商业利润。而与此同时，那些真正优秀的诗人，却在贫困、无名和病痛中不屈地探求着诗歌的真理。这种尖锐的景象对比，构成了文学史的新的荒谬段落。

（原载《上海文论》1991年第4期，题为《口红与真理》）

我坐在加缪先生的山顶上

我坐在加缪先生的山顶上，俯瞰着一个希腊男人的困顿工作。他推石上山的运动产生了某种震撼人心的后果，那就是“以最悲怆的面貌引出了希望”。这是发生在1980年代后期的话语事件。面对一个法国思想家的字词，我陷入了对《西西弗神话》永无休止的阅读之中。这本小册子式的思想随笔，被三联书店以简陋的方式出版，白色封面和红色边框，中间印有版画风格的日月与云朵。在它的寒酸外形和内在力量之间，出现了一种戏剧性的尖锐对比。加缪的风快速掠过了我的眼睛，在心中留下了最深切的痕迹。

正如当年马原、北村、苏童、孙甘露和格非等先锋作家们迷恋博尔赫斯小说一样，我曾经如此沉醉于存在主义者加缪的思想与文字。他就荒谬状态所提出的疗法，是解脱苦痛的唯一道路。这是除了童年阅读以外的最大收获。这个人的思想和文字双重地击中了我的灵魂，使我沦为他的信徒。加缪的著述不仅是思想修辞和语词练习，而且是生存迷津的独断式指南，它企近了我们的生存真相。这真是一个令人缅怀的时刻，我们在阅读加缪中滋育着自身的信念，向着我们尚未企及的空间飞跃。

在1980年代的人文瓶颈里，汉语思想在紧张地寻找着出路。越过那些喧闹的黄昏，加缪的星光照亮了我的迷惘。在对命运的反抗中获得了尊严，而有尊严的生活才是幸福的。在神性缺席的状态下，“荒谬的人知道，他是自己生活的主人。在这微妙的时刻，人回归到自己的生活之中”。西西弗正是上述意义中的英雄，他在命运的限度内不屈地反抗着，并据此赢得加缪的大声赞美。这赞美始终悬挂在我自己的空间里，像一张指点迷津的庞大地图。

正是从加缪而非其他任何人那里，我们开始了汉语批评的语言实验。尽管此后我触摸了蒂利希、巴特、福柯、德里达和本雅明的文本，但没有一个思想家曾经产生过如此巨大的回响，它终结了苏联文艺批评学的光荣历史。它几乎是无法模拟的。它只是一种启示性文本，不倦地导引着我的精神向度，令思想获得话语的深度。正是加缪让我懂得，真正的文学如同古老的神话，它们不是嬉戏与盲目的产物，而是人间的面貌、经历和悲剧，其中隐含着难解的智慧和义无反顾的激情。很少有人像加缪那样喊出对人的最高关切：他不仅要在那些粉碎人的事物面前赞扬人，而且还要实践那种有关“荒谬”的伟大真理。

杜小真女士的译文传递了内在的话语力度。这是原创型的翻译家，正如博尔赫斯的译者和马尔克斯的译者那样。他们不仅是转译者和复制者，也是卓越的原创者，在不同文明体系之间建构着细小的通道，对复兴之中的汉语施加影响。在人类的语言被变乱了之后，这样的话语奇迹像树叶一样飘落在荒芜的大地上。正如加缪本人所说，“在这突然重又沉默的世界中，大地升起千万个美妙细小的声音”。在那个年代，汉语在话语的质感、弹性和张力上都变得耐人寻味起来。

但 1990 年代以来，由于市场资本主义和政治管制的双重塑造，那些声音大都已消失殆尽。与此同时，群众化的网络话语稀释了 80 年代的成果，把美酒蜕变成可乐之类的碳酸化合物。这场汉语退行运动，启动了中国文学衰败的程序。对于 90 年代后的本土作家而言，茫茫黑夜似乎就是它的唯一出路。

加缪倒在埃菲尔铁塔之下。据说他事先被沉重的阳光所击倒，继而被疾驰而过的汽车碾过。他的鲜血融入了巴黎的岁月，凝成西西弗身边的岩石。正如加缪形容西西弗时所说，“他超出了他自己的命运。他比他搬动的石头还要坚硬”。他似乎永远地陨落在山脚（铁塔竟然成为“山”的一种转喻）下，却又被我这样的阅读者不停地移向山顶。我奋力推动着他留给我们的那些发黄的字词，沉重而又轻盈，其上依然带着地中海阳光的温热。我突然意识到，基于我与话语之石的秘密契约，也基于汉语的这种严重溃退，我成了无数西西弗中的一个。

（收入朱大可：《守望者的文化月历：1999～2004》，花城出版社 2005 年版）

加缪：中国文化的局外人

——荒谬美学在汉语世界的历史踪迹

加缪在中国的精神之旅

阿尔贝·加缪（1913—1960）的中国之旅始于20世纪80年代。1980年，上海译文出版社首次出版汉语本《鼠疫》（外国文艺丛书），由顾方济等人翻译，他的另一部小说杰作《局外人》，则在第二年现身于袁可嘉等人编译的《外国现代派作品选》（上海文艺出版社），就此引发西方现代文学的启蒙浪潮。身染“鼠疫”的“局外人”的荒谬表情，与对未来充满“新启蒙”幻想的中国知识分子格格不入，但人们仍然宽容地接纳了加缪，把他视为垄断资本主义时代的伟大哲人和批评家。他对于资本主义社会的文化批判，不仅成为社会主义学者自我陶醉的文学依据，也为荒诞主义美学渗透中国文学，开辟了微妙的感性道路。

然而，加缪最重要的思想著述《西西弗的神话》却姗姗来迟，直到1986年才由杜小真译出，并于1987年由三联书店以“新知文库”丛书的形式出版。这个甘阳主编的小型文库，计有10种小册子，32开本，只有787毫米×96毫米大小，模样简陋而又寒碜，其中包括弗洛姆的《弗洛伊德的使命》，但大多数文本如今都已遭到遗忘，唯有《西西弗的神话》闪烁着微弱而持久的光泽，成为中国先锋派小说家竞相模仿的话语范本。

加缪的另外两种思想文献《反与正》和《反叛者》，被收集在一本叫作《置身于苦难与阳光之间——加缪散文集》的文集里，由上海三联书店以“猫头鹰文库”的名义出版，加上先前出版的《西西弗的神话》，加缪的重要思想文献，已完成了在中国境内的早期开发。

《置身于苦难与阳光之间——加缪散文集》，是加缪译介活动的一个休止符，此后是一个漫长的文化严冬。加缪和其他西方作家遭到了迅速的遗忘，正如80年代中国文化复兴浪潮被蓄意悬置一样。直到新世纪降临，加缪才被重新解冻，从长达10多年的休眠中苏醒过来。世纪末的1999年，译林出版社推出《加缪文集》，显示出存在主义实施局部突围的迹象。该书由郭宏安、袁莉、周小珊、顾方济和徐志仁等联合翻译，除了收录《鼠疫》《局外人》《西绪福斯神话》之外，还推出《第一个人》和《堕落》，前者保留了小说的未完成形式，企图向我们传递作者意外死亡所留下的空白，以及隐藏在这种空白里的无言的惊骇。尽管这个版本起初悄无声息，却可以视为加缪在中国获得重生的信号，由此开启了加缪译介的第三阶段。

2000年，译林出版社再版了由顾方济、徐志仁和郭宏安翻译的《鼠疫》《局外人》，此后，广西师大出版社和西苑出版社分别再版了杜小真译的《西西弗的神话》，2003年10月，陕西师大出版社又推出插图本《西西弗的神话——加缪荒谬与反抗论集》，在杜小真的译本基础上增加插图，以期迎合视觉时代的读图渴望。在这股细小的再版旋风里，加缪的幽灵说出了旧日的絮语。

这个阶段的真正突破，是河北教育出版社在2002年推出的4卷本《加缪全集》，由柳鸣九和沈志明主编，该书的出版显然得到了法国文化机构的资助，它按加里玛出版社的“七星丛书”版编辑，不仅重译了加缪的《局外人》和《鼠疫》，还翻译了他的全部剧作和政论、文论等散文作品，译者是李玉民、丁世中等。这是加缪译介运动的高潮，获得了学术界的良好评价。从 1980 年到 2002 年，经过长达 23 年的漫长时间，加缪的孤寂灵魂，终于完成了缓慢的远东旅程。

中国作家的加缪崇拜

人们热衷于把加缪与萨特相提并论，称其为存在主义的两大思想导师。当加缪在埃菲尔铁塔下突遇车祸死去后，萨特的情人西蒙波伏娃在巴黎的围墙下通宵徘徊，悲痛得难以入眠，但萨特却公开表露出对加缪的轻蔑，认为加缪不过是一个文体家而已。这一方面暴露出萨特的狭隘性格，另一方面也揭示了加缪对于文学的卓越贡献——他完成了现代法语的伟大书写，并且因为这种书写而提升了法语的魅力。不仅如此，还因为杜小真这样的杰出译者，加缪话语的魅力获得了微妙的传达，并对现代汉语的建构产生不可思议的影响。在这个意义上，译者的贡献有时甚至可以与原作者并驾齐驱。除了杜小真翻译的加缪文论，其他对中国文学产生重大影响的文本，分别是王央乐翻译的《博尔赫斯短篇小说集》（上海译文出版社 1983 年版）和马尔克斯《百年孤独》（有多种译本）等等。这些杰出的译本，构成了中国先锋文学自我进化的范本。

加缪—杜小真语体首先影响了先锋小说家的书写。李劼在《中国八十年代文学备忘》一文中指出，“最早进入中国的二十世纪现代派文学，不是后来风靡的马尔克斯和博尔赫斯，而是卡夫卡和加缪等人”。作家孙甘露在《此地是他乡》中回忆道：“我依稀记得那个下午，工间休息时，坐在邮局的折叠椅上读加缪的书，……在窗外电车导流杆与电线的摩擦声中，我隐约获得了对上海的认识，一份在声音版图上不断延伸、不断修改的速写。”20 年后，在 2003 年“非典”大流行期间，孙甘露在《当你咳嗽时读什么?》一文里，依旧在不倦地劝说读者返回加缪的世界：“伟大的加缪，通过鼠疫发现世界之荒谬，而时髦的人则通过瘟疫发现时髦。”

作家格非在颂扬鲁迅的遗产的同时也宣称，在“鲁迅和加缪、卡夫卡之间是有可比性的”。马原在谈到加缪小说《局外人》的技巧时说：整个小说，加缪写得冷静至极，从始至终不显露出一点激动一点情绪……语言丝毫不露声色，多用短句，几乎看不出人物的思考，甚至有些啰唆，所有的细节都有意义——始终都是绝对的冷静与克制，将作者的情感和情绪控制得牢牢的，简直密不透风。这是中国小说家在其书写实验中获得的印象，它远远超越了翻译家和学者的干枯理解，散发出形而下经验的浓郁气息。

加缪、马尔克斯、里尔克、卡尔维诺、海明威和米兰·昆德拉一起，构成中国文学自我改造的话语套餐，为文坛留下了智性叙述和文体革命的线索。在许多先锋小说的文本里，时常会闪烁出加缪的句子，它们犹如被坚硬的文化壁垒碾碎了的贝壳，标示着加缪东行的细微踪迹。

但可以断言，加缪对中国的影响仅限于他的文体。他的哲学和美学只是经院学者们的研究对象，并未真正融入中国知识分子的灵魂，成为精神生活的秘密指南。存在主义曾经在 80 年代风靡一时，但它更像是一种知识标签，被贴上了新生代知识者的额头，俨如自我炫耀的时髦事物。正因为如此，它像其他风尚用品一样转瞬即逝，在 1989 年之后便烟消云散。它甚至没有构成一种基本的精神疗法，为辗转反侧的人们解除令人绝望的痛楚。

由罗洛梅确立的存在主义疗法，是建立在承认生活荒谬性的基础上的，所以它又被称为“意义疗法”。它认为做人的根本目标就是寻找意义，并借助生活中的苦难来发现意义。存在主义试图告诉我们，有时候，我们的全部生活，如同一句废话那样伟大而重要。正如尼采所说，知道为什么而活的人，可以忍受几乎任何怎样活的方式。

存在主义天生就有治疗解除失调性焦虑的机能。早在1985年，我就利用存在主义的荒谬原理，成功地说服一位朋友放弃自杀的决定，从此成了“积极生活的人”。然而，就宏观图景而言，存在主义并未成为中国知识分子的心灵药物。恰恰相反，出现了严重的死亡（自杀）多米诺骨牌效应。那些曾经大量反复阅读过加缪和萨特的绝望者，选择了激越的死亡方式。从诗人海子、戈麦、顾城、方向，到青年批评家胡河清和报告文学作家徐迟等等，这条黑色的死亡链，是中国存在主义时尚的一个反证：80年代存在主义的中国传播，只是一场表面的文化喧闹，它完全没有渗入中国知识分子的灵魂。被忧郁症气质笼罩的中国知识界，丧失了利用加缪进行自我精神拯救的契机。存在主义从中国舞台上的蒸发，再次验证了我的这种断言。

加缪美学的亚细亚式误读

加缪的生命美学被最原始的二值逻辑所笼罩，流露出为古老神学教义的单纯气质。在加缪的陈述中，人与他置身其中的世界、反与正、光明与黑暗、皈依与反叛、希望与绝望、秩序与动乱、理性与激情、憎恨与爱，等等，所有这些对立的元素互相对位和反错，纠缠在同一个陈述句里，形成奇异的圣经式的张力。“这茫茫黑夜就是我的光明”，“他就是灵魂的走投无路的过客”，“死亡是最终的放纵”，“以最悲怆的声音引出的希望”，“这无泪的充实，这充满我身的没有快乐的和平”……这些彼此冲突的语词被镶嵌在同一个语句里，展开近距离的肉搏，迫使其产生最饱满扩张的语效。这是内在对抗的教义，但它却根植于语词的深部，犹如从岩石裂缝深处升起并紧密纠缠的藤蔓。

加缪是擅长利用话语表层语词冲突的大师。他的革命性修辞制造了出乎意料的“二元式反讽”，但这种反讽并未损害其表述的决断性，相反，令他的哲学叙事获得某种罕见的力度。不仅如此，在这种对立物的彼此缠绕中，他自身的精神分裂得到了医治。与萨特截然不同的是，加缪比他的存在主义同事更具神学家气质，他像一个反面的先知，喊出了关于人生和世界荒谬的真理。

尽管加缪的灵魂阻止了与荒谬世界的破裂，但他的肉体却未能幸免于难。他被飞驰的汽车撞死，这显然是外部世界的一次严酷的谋杀，它实施了跟这个孤寂灵魂的最后决裂。车祸是一个惊心动魄的仪式。是的，人与其置身其中的世界的疏离不可避免。加缪号召我们带着这种疏离去生活，但他本人却无法超越大破裂的命运。存在的荒谬性就在于，世界还是以最激烈的方式，撕毁了与哲学家共存的契约。

作家马原在解读加缪的《局外人》时宣称，他发现了加缪的秘密，那就是他对其自身的冷漠。加缪死于车祸，他如果就是《局外人》里的那个男主角，一定会觉得这是一个无足轻重的事件。马原声称，海明威和这个世界硬碰硬，而加缪则放弃了一切抵抗。在我看来，这是一次典型的文化误读，马原掌握的所谓加缪的“不抵抗哲学”，恰恰就是加缪所要竭力抵抗的事物。这种彻底的价值倒置，再度向我们展露了“文化交流”的荒谬性。①

加缪的女儿卡特琳娜·加缪，在接受英国记者威尔金森专访时指出：“局外人不是加缪，但在《局外人》中却有加缪的某些特征，有那种被放逐的印记……他从知识分子圈子里被放逐。那是一种彻底的放逐。仅仅是因为他的感性先于理性的思考方式。”毫无疑问，

---

① 引自马原：《阅读大师》，上海文艺出版社 2002 年版。

局外人是加缪孤寂性的隐喻式叙写，它跟加缪对自身的冷漠毫无关系。①

然而，跟马原的误读相比，西西弗在中国的语义转换，无疑是更富于戏剧性的事件。加缪继承了荷马史诗的叙事传统，确认西西弗因背叛诸神而接受推石上山的永久性惩罚。加缪宣称他是“进行无效劳役而又进行反叛的无产者”，加缪的存在主义解读，旨在借助这个古老的符号，揭发“荒谬”状态的诸多意义，并号召我们接受这个伟大的宿命。

奇怪的是，在向中国历史传输过程中，西西弗发生了诡异的美学变脸，转型为勤劳善良的牛郎董永。这场语义变乱起源于南中国海的风暴。南宋、元和明永乐年间，沿循海上丝绸之路，大批波斯人、阿拉伯人、犹太人和北欧人在中国东南沿岸登陆，向当地船夫、商人和普通居民倾销本族文化，但似乎只有少数希腊神话被纳入了中国神谱，成为一种经久不息的信仰。

在闽南和台湾的七星庙里，至今仍然供奉着作为儿童守护神的“七星娘娘”（又称七星妈、七星夫人、七娘夫人和七娘妈）。这其实就是西方天文学的“七姐妹星团”（一组属于金牛座的蓝色恒星，在中国天文学体系里称“昴星团”），在希腊神话中叫作“普勒阿得斯”，是擎天大力神阿特拉斯的女儿，其中第七个女儿叫作墨罗佩，她的六位姐姐都嫁给了天神，只有她跟了一个有争议的凡人国王，那就是西西弗。据说她为此深感羞耻，用纱巾蒙上自己的脸庞，所以亮度最弱，肉眼很难看清她在星空上的美丽容颜。

以害羞而名垂青史的墨罗佩，正是中国“四大民间传说”中的“七仙女”的原型，她嫁给凡人的事迹，跟织女嫁给牛郎的事迹相似，结果在传入中国时被世人弄混，成了玉帝的第七个女儿，继而

① 拉塞尔·威尔金森、卡特琳娜·加缪、奥拜尔·加利马：《孤单而有联系——关于加缪的〈第一个人〉的访谈》，《外国文学研究》2003年第11期。

被移花接木，替代“仙女”下凡，当上农夫董永的外籍妻子。[①]

这场古怪的神话移植运动，保留了原型神话的总体叙事结构——西西弗和董永都是不倦的劳动者，并且都以凡人的身份获得天神之女的爱情，而最终都在天神的干预下失去了爱妻，由此成为悲剧性婚姻的范例。但西西弗神话的美学语义，却遭到了中国民众的严重篡改。西西弗是痛苦无奈的劳役者，董永则成了快乐勤劳的劳动者，西西弗是背叛者和遭人嘲笑的对象，而董永是世人颂扬的道德楷模，西西弗与妻子作了永久的分离，而董永却赢得了一年一度（七夕）相会的权利。中国文化据此显示了强大的喜剧改造能力。

这是截然不同的生存母题，并且注定要从中诞生两种背道而驰的美学：从西西弗中诞生伟大的存在主义，而从董永中长出了中国乡村社会的福乐信念。这种改造旨在消解存在的荒谬性，并寻求人与境遇的有限和解。西西弗—董永案例超越了文化误读和异延的寻常范围。越过董永所受到的礼赞（他是勤劳和善良的男性象征符码），我们看见了亚细亚乡村伦理消解反抗的强大力量，它足以在我们蔑视的事物面前摧毁我们。它是中国人民最坚实的道德教科书。在这一漫长的历史进程中，发生了两个彼此呼应的事件：民众获救了，而知识分子则在死去。

（原载《中国图书评论》2006 年第 6 期）

---

① 参见朱大可“牛郎织女的新仇旧恨系列”，《南方都市报》，2004 年。

马尔克斯的乌托邦

——谨以此文悼念最后一位小说大师的谢世

中国作家的仿写运动

尽管马尔克斯汉译本面临浓重的版权阴影，但经历了20多年的自由译介之后，马尔克斯事实上已经完成了对中国读者的影响，高中语文课和部分大学中文系，均已将《百年孤独》列入教材。三联书城最近发布的“20年来对中国影响最大的100本书”名单中，《百年孤独》赫然在列。此外，《博览群书》杂志选编的《读书的艺术》，向读者推荐“近20年来对中国社会有重要影响的20本书”，也列入了《百年孤独》。这些迹象都向我们验证了马尔克斯在中国公众心目中的意义。

但仅有这些表面的热烈场面是远远不够的。马尔克斯的灵魂，已经渗透到中国作家的语法里，并与卡夫卡、博尔赫斯和米兰·昆德拉一起，对当代文学产生深远影响。在某种意义上，中国作家是喝着盗版马尔克斯的精液长大的。我们可以列出一个长长的作家清单，他们包括莫言、贾平凹、马原、余华、苏童、格非、阿来等等，几乎囊括了所有创作活跃的前线作家。

《百年孤独》成为中国文学从伤痕叙事转型的教科书。一种“马尔克斯语法”在作家之间流行，犹如一场疯狂的西班牙型感冒：

> 许多年之后，面对行刑队，奥雷良诺·布恩地亚上校将会回想起，他的父亲带他去见识冰块的那个遥远的下午。

这个《百年孤独》的开卷句式，出现在许多作家的笔下，从马原的《虚构》、莫言的《红高粱》、韩少功的《雷祸》、洪峰的《和平年代》、刘恒的《虚证》、叶兆言的《枣树的故事》，到苏童的《1934年的逃亡》、余华的《难逃劫数》和格非的《褐色鸟群》，等等。

这是时空的双重移置，即从当下作家的书写场景移置到奥雷良诺上校的场景（空间），以及从行刑场景移置到“遥远的下午”（时间），由此造成了一种鲜明的他者化效应。他者为主语的书写，制造了作者和叙事对象的疏隔，由此跟此前的以“我”为主语的伤痕文学和朦胧诗划清界限。这是中国文学整体性转型的时刻。马尔克斯的“他者叙事”，帮助中国人跟幼稚抒情的状态决裂，蹒跚学步地走向后现代的前沿。与此同时，他的“拉丁美洲魔幻”，他的传说、神话、童话、巫术、魔法、谜语、幻觉和梦魇的拼贴，都令那些被“现实主义”禁锢的中国作家感到战栗。

然而，中国的前线小说家始终面临“抄袭”的指责。早在80年代，就已出现过大量批评声音，称先锋小说对马尔克斯和博尔赫斯有过度模仿之嫌。而在2007年初，网友黄守愚与老英子，又在天涯等论坛联合发布题为《余华〈兄弟〉涉嫌剽窃》的帖子，将矛头直指余华的新版小说《兄弟》，认为他的《难逃劫数》与《许三观卖血记》，就是模仿和剽窃了马尔克斯的《一桩事先张扬的凶杀案》和《百年孤独》。甚至《兄弟》的开头，也仍然笼罩着“马尔克斯语法”的浓重阴影——

> 我们刘镇的超级巨富……李光头坐在他远近闻名的镀金马

桶上，闭上眼睛开始想象自己在太空轨道上的漂泊生涯，四周的冷清深不可测，李光头俯瞰壮丽的地球如何徐徐展开，不由心酸落泪，这时候他才意识到自己在地球上已经是举目无亲了。

我不想在此谈论中国作家模仿运动的得失。但“马尔克斯语法”对中国文学的渗透，却是一个无可否认的事实。长期以来，马尔克斯扮演了中国作家的话语导师，他对中国当代文学的影响，超过了包括博尔赫斯在内的所有外国作家。其中莫言的“高密魔幻小说”，强烈彰显着马尔克斯的风格印记。尽管这些作家今天大多走出了老马的“阴影”，但在当年，只有少数人才愿意承认“马尔克斯语法”与自身书写的亲密关系。对于许多中国作家而言，马尔克斯不仅是无法逾越的障碍，而且曾是不可告人的秘密。

老人的乌托邦

马尔克斯与秘鲁作家马里奥·巴尔加斯·略萨长期以来都将对方视为仇敌。1976 年的某天，在墨西哥的一家破旧影院里，两个南美汉子曾大打出手。但这坚冰似乎有望消融。70 岁的略萨已经同意为纪念版的《百年孤独》提供序言，而即将 80 岁的马尔克斯也欣然接受了这一戏剧性安排。

但这种表面的和解，不能遮蔽两人间的政治分歧。略萨是著名的右派，曾经作为右翼派别候选人参选过秘鲁总统，而马尔克斯则是坚定的左派分子，并且是卡斯特罗的支持者和密友。这种长期的政治友谊，对一个自称“百年孤独”的作家构成了尖锐的讽刺。显然，这只是一种有限的孤独，它在古巴境内得到了超越。

只要探查一下马尔克斯的简历我们就会发现，他担任过古巴拉丁通讯社的记者，又在去苏联旅行后写下不少激情洋溢的游记；他还公开发表过大量政治宣言，声援卡斯特罗的“雪茄社会主义”运动。

《百年孤独》出版后，立即被誉为20世纪最伟大的小说之一，赢得多种国际性文学大奖，成为几十种语言的畅销书。瑞典文学院也破天荒地放弃右翼立场，盛赞马尔克斯在政治上坚定地站在穷人和弱者一边，反抗压迫与经济剥削。在诺贝尔受奖词里，马尔克斯坚信，一个类似共产主义的乌托邦就要实现。他宣称，那是“一个新的、真正的理想王国，在那里没有人能决定他人的生活或死亡的方式，爱情将变为现实，幸福将成为可能；在那里，那些注定要忍受百年孤独的民族，将最终也是永远得到再次在世界上生存的机会”。

但当时就有人断言，这个奖项无异于给本已声名过高的马尔克斯的创作生命下达了“死亡判决书”。1985年，马尔克斯发表了他获奖后的第一部长篇小说《霍乱时期的爱情》，此后的10年间又出版了《迷宫中的将军》《爱情和其他魔鬼》《绑架轶事》等，但都反响平淡。在身患淋巴癌之后，他便基本丧失了书写的能力。直至2004年，马尔克斯才推出一部只有114页的小说《回忆我忧伤的妓女》，描述一位九旬老人的心灵愿望，暗示老年人的衰老其实就是心灵的衰老。这似乎就是他最后的自白。在精神大幅度衰退之后，他在试图寻找跟世人道别的方式。

在一个被左翼势力环抱的空间，作者的书写生命，似乎受到了强烈的诅咒。马尔克斯的有限创造力，跟中国作家有着惊人的相似之处。他无疑是杰出的作家，但他的文学生命力却只有10多年之久。这是马尔克斯的“阿喀琉斯之踵”。他呼吸在脆弱的乌托邦里，最后就连自己都无法维系这种梦想。《回忆我忧伤的妓女》向我们揭示一个重大秘密，那就是他的心灵迅速衰老，正是缘于内在信念的瓦解。马尔克斯一直在向世界说谎。他的灵魂背叛了他的言辞，而他则靠可恶的美国“资产阶级”医学，维系着日益衰竭的肉身。但早在1990年代，这位空心的老人就已悄然死去。

（原载《企业界》2011年第6期）

贝克特：一个被等待的戈多

耸立的灰发，一张布满皱褶的瘦脸，被印在高高飘扬的旗帜上，成为 2006 年都柏林城的文化风景。就在萨缪尔·贝克特百岁诞辰之年，爱尔兰首府，那个贝克特厌倦和离弃的家园，纪念他的活动变得如火如荼，到处弥漫着这个人的乖张气息。而他跟祖国之间的失调，却被媒体小心翼翼地掩饰起来。他跟东方社会的失调，则遭到了更多的忽略。

脆弱的出版

以荒诞剧作家著称的塞缪尔·贝克特，其代表性剧作包括《等待戈多》、《终局》、《哑剧》（I 和 II）、《最后一局》、《克拉普的最后一盘磁带》、《尸骸》、《快乐时光》、《卡斯康多》、《喜剧》等；他还是杰出的小说家，拥有《莫菲》《瓦特》《莫洛依》《马隆纳死了》《无法称呼的人》等一些 20 世纪的小说杰作；此外，他还有一大堆等待翻译和诵读的诗歌，如此等等。我们被告知，这个人今年诞辰 100 周年了，需要被特别地加以纪念和缅怀。中国人加入了这场礼节性的文化喧闹。他们对这个人一无所知，或者只满足于一些肤浅的道听途说。

回顾贝克特作品在中国的出版历史，是一件令人不快的事情。用百度搜索，我们可以获得 12.9 万个结果，其中极少部分指涉英国女外交大臣玛格丽特·贝克特。而剩下的大约 10 万个网页，跟这个叫作塞缪尔·贝克特的男人直接相关。但这个数字，只是某个明星博客点击数的千分之一，显示贝克特在中国的微弱影响。只要察看一下贝克特的翻译出版状况，就会发现，就连这些数量有限的网页，也都是虚张声势的迷雾。

20 世纪 60 年代初期，施咸荣首次把《等待戈多》当作供批判用的“内部读物”引入中国，成为面目可憎的资产阶级艺术的象征。革命的逻辑高声嘲笑着荒诞的逻辑。这种意识形态气氛构筑了黑暗的布景，而贝克特以文化罪犯的身份登上了中国舞台。

1980 年，上海译文出版社首度出版《荒诞派戏剧集》，1983 年外国文学出版社又出了一种《荒诞派戏剧选》（1998 年再版），这两个选本都收录了施咸荣的《等待戈多》译本，这意味着贝克特首次以“资本主义批判者”的合法身份亮相中国。1986 年，上海文艺出版社出版由袁可嘉等人选编的《外国现代派作品选》，也收录了贝克特的《等待戈多》（施咸荣译）和小说《逐客自叙》（涂丽芳译）。从 60 年代到 21 世纪初期，在长达 40 年的岁月里，中国文学界对贝克特的认知，始终停留在“等待戈多”的初级阶段。这是一种令人惊异的冷漠和无知，它把贝克特的文化传播，变成了一场可笑而单调的“戈多之歌”。

在此期间，我们也看见了一些零星而低调的出版碎片。例如，80 年代在《外国戏剧》上，出现过贝克特的剧作《美好的日子》和《终局》，但那是一种专业杂志，传播面和读者都非常有限。1999 年 1 月，社会科学文献出版社推出了贝克特等的学术论文集《普鲁斯特论》，但那不是为了展示贝克特的学术成就，而仅仅是为了给那位普鲁斯特先生锦上添花。2000 年 12 月，上海外语教育出版社出版《贝克特》（John Pilling 编），作为“剑桥文学指南”丛书中的一种，该书收录了欧美当代著名学者的 13 篇研究论文，但那是用英文印刷的，读者限于极少数高校外文专业的学生和研究者。2002 年，人民文学出版社出版了高中甫和任吉生主编的《20 世纪外国短篇小说编年》，其中收入贝克特的短篇小说《一个黑夜》（裘志康译）。它像一个细小的饰品，消失在缀有无数亮片的华丽礼服的皱褶里。

2006 年是贝克特译介的唯一转机，借助诞辰 100 年的商机，湖南文艺出版社向法国午夜出版社买下版权，出版《贝克特选集》，并且将其分为《世界与裤子》（郭昌京等译）、《马龙之死》（阮蓓、余中先译）、《等待多戈》（余中先、郭昌京译）、《是如何》（赵家鹤、曾晓阳、余中先译）和《看不清道不明》（余中先等译）等五个分卷。这是国内首次出版贝克特作品选集，也意味着贝克特的法文作品全部有了中文译本。贝克特小说大规模进军中文世界，但贝克特已经失去了在远东“发迹”的最后契机。

《等待戈多（节选）》是人教版高中语文第五册课文之一，在戏剧单元里，跟中国戏剧《雷雨》、《城南旧事》和莎士比亚的《哈姆雷特》一起。这是荒诞主义进入中学教育的重大突破。在我看来，这才是贝克特在中国的唯一重要的收获。

盲目的美学

与贝克特作品的冷遇相呼应，贝克特研究也保持了一种散淡和无所谓的调子。除了在那些综合性选本里做一些宽泛的简介外，始终没有任何深入的专业化研究。

1995 年是一个古怪的年头。这年里发生了三件怪事：首先是贝克特出现在“全球诺贝尔奖获得者传记大系”里，一本叫作《贝克特——荒诞文学大师》的传记现身图书市场；其次是河南大学出版社出版了卢永茂等著的《贝克特小说研究》，印数仅 1000 册，其研究水准也很值得商榷；就在这年的 5 月，社会科学文献出版社出版了张容的专著《荒诞·怪异·离奇：法国荒诞派戏剧研究》，作者耗费了整整一章篇幅来讨论贝克特的戏剧。这些彼此毫无关联的事件，似乎在向人们显示贝克特复活的迹象。

但令人奇怪的是，此后，中国学术界突然再度失声。直到 10 年以后，也就是 2005 年 10 月，北京语言大学出版社才出版了王雅华的贝克特小说研究专著，题为《走向虚无——贝克特小说的自我探索与形式实验》（英文版）。该书通过对贝克特创作的五部长篇小说《莫菲》《瓦特》《莫洛伊》《马洛纳之死》《难以命名者》的比较性研究，阐释贝克特各小说之间的内在连贯性、互文性，主题的层层深入和形式的自我重构。耐人寻味的是，该论著是作者在其博士论文基础上扩充修改而成。它意味着在高校扩招和大规模高级学位培养浪潮中，贝克特正在成为专业论文的一个重要选题。

用谷歌学术引擎搜索，有 116 项结果，其中大多数是发表在各校学报上的学术论文。用中国知网学术引擎搜索，在期刊分类里获 2076 个结果，在博、硕士论文分类里获 218 个结果，而在会议论文里仅获 9 个结果。这些检索数据向我们表明，贝克特正在成为没有灵魂的学术垃圾制造运动的牺牲品。尽管学术成果迅速增加，但贝克特研究却进展迟缓，而且正在成为互相抄袭、仿写和临摹的对象。

另一方面，跟中国图书市场相呼应，贝克特研究也在向时尚化的方向转型。在消费一切的社会，贝克特被当成了一件有趣的商品。2006 年 5 月，上海人民出版社出版了名为《贝克特肖像》的图文书，该书除了詹姆斯·诺尔森撰写的 3 篇纪念文章，大部分篇幅是贝克特本人的玉照以及大量剧照，这种视觉化的编辑，响应了中国图书市场视觉化和低幼化的需求。贝克特拥有多重文化身份——荒诞剧作家、虚无主义者、当代隐士……这是贝克特的“幸运”，因为其中每一种身份，都会变成文化口红，成为媚俗性消费的对象。

稀疏的演出

跟贝克特在中国文学界、出版界和学术界的遭遇相比，他在先锋戏剧界却拥有少量知音。在斯坦尼体系和现实主义统领天下的年代，80年代的年轻导演，还是从《等待戈多》那里，窥见了新戏剧理念的微弱希望。《车站》是对《等待戈多》的一种反转性仿写，“借鉴”了某些叙事理念，却丢弃了他的哲学信条，表现出80年代中国知识分子的人本主义信仰。在全剧的结尾，一个戴眼镜书生放弃在车站上的冗长等待，奋然走向他自己的人生目的地。这是中国人对荒诞世界的一次戏剧性超越。这部幼稚的作品，以后成为中国先锋戏剧的开路之作。

1991年的酷热夏天。孟京辉导演的《等待戈多》，在中央戏剧学院小礼堂上演。“不华丽，不绚烂，残酷，诗意，幽默，还有暴力，包括语言的暴力和暴力本身的暴力”，孟京辉如此阐释他的导演意图。为尊重原著与译者，孟还邀请施咸荣担纲文学顾问，由这位翻译家为全体演员上了整个下午的文化启蒙课，向他们陈述自己对《等待戈多》的心得。这是公认的第一个先锋版《等待戈多》的出现，它企图揭示隐藏在荒诞生活里的内在暴力。

1998年4月下旬，林兆华启用濮存昕饰演流浪汉，在北京的首都剧场执导了混合版的《三姐妹·等待戈多》，以所谓“复调的结构”，将契诃夫的戏剧传统，与贝克特的颠覆性叙事彼此交织纠缠。这是俄式写实主义和法式荒诞主义的一次优雅拼贴。

2001年3月，一个江南的早春时节，女性版《等待戈多》在上海肇嘉浜路上的真汉咖啡剧场上演。剧作家张献和李容、美术设计家王景国、戏剧活动家张余等联袂出击，但其主人公竟由一名女演员担纲饰演。这种荒诞理念加上咖啡消费的时尚化演出，无疑是一次文化夹缝中的美学妥协。策划人借此谋求小剧场和民间表演的生存空间，但它还是未能给荒漠化的上海带来任何转机。两年后，真汉咖啡剧场被迫关门。这无疑也是戏剧本身的厄运。贝克特所描述的世界荒诞，成为上海文化命运的深切象征。

从先锋版、混合版到女性版，中国人在戈多先生身上表现出了自己的诸多阐释能力。直到 2004 年 5 月，爱尔兰都柏林的盖特剧团，在首都剧场上演《等待戈多》，中国人才第一次领略了原汁原味的贝克特。该剧团在世界各地的演出已逾百场，被公认为本世纪目前最权威的版本。

尽管如此，今年 4 月在上海话剧艺术中心的“贝克特戏剧节”上，来自台湾当代传奇剧场的传奇版《等待戈多》，还是用实验京剧的方式，再度炫耀了中国人对西方荒诞主义戏剧的解构能力。这是贝克特同中国戏曲的一次“最亲密”的接触，荒谬、嘲讽的语言，在舞台上转化成唱念做打和东方式的华丽歌舞。剧中的爱斯特拉冈被叫作“爱抬杠”，弗拉基米尔则被叫作“废低迷”，他们在土坡和孤树下耐心地等待着“戈多先生”。演员们突破了京剧丑角的表演模式，转向对生命的后现代戏谑及其人本主义关怀。

贝克特真相

两个流浪汉一直在等待一位叫戈多的人的到来。此人不断送来各种信息，表示马上就到，却从来没有来过。他们设想自己的存在具有某种意义，他们希望戈多能来，给他们带来希望，令他们获得某种形式的尊严。在这里，空旷的舞台就是世界，盲目的等待就是人生，而戈多就是人本主义者宣称的所谓人生价值。

《等待戈多》1958年在美国最大的圣昆廷监狱上演，获得了数千名囚犯的热烈掌声。他们是真正的“戈多”（关于希望的隐喻）等待者。贝克特的天才叙事，直截了当地说出了他们的境遇。而在此之前，所有的戏剧（文学）都在向他们说谎。

囚徒是“等待阵线”中最前沿的战士。他们用掌声喊出了对贝克特的信任。法国人则耗费了4年时间（1953～1957）才逐步看懂了他的喜剧。“贝克特是有史以来最勇敢、也最冷酷的作者。”哈罗德·品特聪明地说道。他是荒诞派戏剧的另一名重要成员，但他的戏剧始终无法企及贝克特的力度。

贝克特原先是个小说家，风格酷似卡夫卡，却比那个孤僻的奥地利人走得更远。他的解构式小说在技术上根本无法推进。他的书写就是一次自我绞杀，每个句子都是对上一句子的否决，并不断把自己送进无路可走的绝境。在中国，北村的小说曾经面临相似的格局。他后来在上帝那里找到了出路，但贝克特正好相反。他在黑色喜剧里找到了叙事的出路。库切宣称，正是戏剧的表现力帮助贝克特走出了死胡同。剧作家爱德华·阿尔比言辞夸张地赞美说，“贝克特的剧作，诗意在递进，文字越发精简，都织入了戏剧化的言语和行为”。这就是所谓“极简主义者”的文化容貌。

贝克特的苦闷的终极关怀，绵延在小说三部曲《莫洛依》《马龙之死》《难以命名者》之间，却在喜剧《终局》里发生了最后的破裂：那个叫“哈姆”的男人拿上帝开涮说：“那狗崽子！他根本就不存在!”《终局》是荒诞主义作品中最黑暗荒凉的一部，其间隐藏着大量隐喻，以传递对人类终极存在的关怀和绝望。这个半途而废的爱尔兰“新教徒”，终于找到了上帝不存在的证据。

这无疑就是一切荒谬之上的那个最高的荒谬。尤金·尤奈斯库说：“荒诞就是缺乏意义。在跟宗教的、形而上的、先验的根基隔绝之后，人就不知所措，他的一切行为就变得毫无意义，荒诞无用。”

不仅如此，在贝克特看来，人生的核心问题，是人对自身的存在完全无能为力。

写作正是谎言的一种本质形态。加缪和萨特都洞见了荒谬，但他们却坚持用理性主义和诗意的笔触去描述荒谬的现实。贝克特及其同事所推动的话语革命，终结了这一叙事传统。他们找到了用荒谬（话语）讲述荒谬（本体）的方式。在荒谬的命题上，形式和内容获得了惊人的统一。人借助荒谬的美学，握住了存在的荒谬本质。

事实上，中国人爬行在贝克特所描述的世界里，已经很多年了。尽管资讯资本主义制造的娱乐消费浪潮，不断加剧着存在的荒谬性，却更加无耻地消解、颠覆和解构着人的荒谬感。正是在那些狂欢中，我们丧失了对痛苦的基本感受力。这是现实和感受之间的严重分裂。纪念贝克特诞辰，不是为了追逐一场消费浪潮，也不是为了等待那个毫无指望的“戈多”，而是要说出存在的严酷真相，并借此修复我们的文化神经。

（原载《中国图书评论》2006 年 10 期）

诺贝尔文学奖：一场斯德哥尔摩游戏

2005年度的诺贝尔文学奖再爆冷门，让二流的英国戏剧家哈罗德·品特抱走了高额奖金。品特过去一直靠纽约百老汇和伦敦牛津街的演出报酬度日，如今他的钱袋再次变得饱满起来。而美国作家菲利普·罗斯、约翰·厄普代克、诺曼·梅勒、乔伊丝·卡罗尔·奥兹和南美作家略萨，再度与桂冠失之交臂。他们是世界性作家，被各国作家和媒体人所普遍推崇，却仍然徘徊于“文学神殿”的门外。

某份中国专家提供的问卷调查，向我们展示了20名被诺贝尔先生错失的大师名单，其中包括卡夫卡、乔伊斯、托尔斯泰、哈代、昆德拉、博尔赫斯、纳博科夫、易卜生、普鲁斯特、契诃夫、里尔克、高尔基、左拉、瓦雷里、劳伦斯、曼杰什坦姆和阿赫玛托娃等。这份冗长的黑名单，成了诺奖的奇耻大辱。

但诺奖评审员们的过失还远不止于此，仅以戏剧为例，在这个最敏感的样式里，它竟对迪伦马特（1921—1990）视而不见。这位易卜生和布莱希特之后最伟大的剧作家，拥有《老妇还乡》《物理学家》《罗慕路斯大帝》《天使来到巴比伦》等一系列杰作，其成就令品特之辈望尘莫及，就连他的小说《隧道》《抛锚》《诺言》《法官和他的刽子手》等，其水准都远在诸多诺奖得主之上。迪伦马特毕生至少有40次与诺贝尔先生相遇的契机，却遭到令人震惊的长久的蔑视。迪伦马特的案例，再度向我们揭示了这个神圣奖项的世俗本性。

人类的文学需要一种最高仪式来表述其信念。斯德哥尔摩承担了这项使命。100年来，它成为权威的文学教会，订立出世界文学的统一准则，从无限荣耀的角度审判作家，用坚实的奖金雕刻文学使徒的伟大石像。它的那些颁奖词洋溢着对事物伟大性的迷恋。它颂扬永垂不朽的话语业绩，并且企图建立文学的崭新纪元。所有这些举止都为诺贝尔先生描绘了一个神圣性的轮廓。

但对近年来诺奖的观察结果表明，它的结局越来越出人意料，也就是超出了文学的普遍经验的范畴。品特作为戏剧家的出线，隐喻着诺贝尔奖程序日益戏剧化的过程。从提名、猜测、期待、悬念、突转，到在爆出冷门中走向高潮，其间还有人高声抗议，或中途退场，整个过程充满冲突和戏剧性变化。多年以来，很少有人能按诺贝尔公布的尺度去预言它的评奖结果。斯德哥尔摩的每一次颁奖，都是对文学朝圣者的智力嘲弄。导致这种情形的只能有两种原因：要么是文学公众过于愚笨，要么是诺贝尔文学奖出了严重纰漏。

在我看来，所有这些变化都来自于诺奖自身的蜕变——迫于资讯资本主义时代的巨大压力，它放弃了自己的冠冕堂皇的文学承诺，并且日益沉浸于游戏的快乐之中。它的娱乐属性正在急剧扩张，变得更加扣人心弦。今天的诺贝尔文学奖，与其说是一次庄严的仪式，不如说是一副华丽的文学纸牌，洋溢着浓烈的博弈色彩。这就是我命名的“斯德哥尔摩游戏”。人们总是以为老K以上的角色才能称王，但在这类牌局里，一个普通的“J”往往可以成为赢家。所有这些结果都取决于某种内在的游戏规则。

什么是“斯德哥尔摩游戏”的最高规则？那就是某种精英主义的平衡哲学：皇家评审人不但要在不同的文学样式（诗歌、小说、散文和戏剧）之间寻求平衡，还要在性别、种族、语种、国家、意识形态之间确立平衡，甚至还要皇家文学院委员之间达成权力均势，如此等等。诺奖犹如一架世故的外交天平，在皇家文学院打造下，表面光滑如镜，而内部则日趋精细微妙，充满各种韬略、策略、斡旋、利弊轻重的算计，把文学价值引向一个高度中庸的状态。权力游戏的技艺在无限上升，但文学的基本原则却在急剧下降。文学不仅丧失了对世界的预言能力，而且也丧失了自我审判的能力。它是人权奖、种族奖和国家奖，却唯独不是文学奖本身。文学的天堂已经与我们渐行渐远。

我已经说过，所有这些变化并非只是瑞典皇家学院的责任。在某种意义上，游戏就是注定要被人玩弄的。作为晚期资本主义的最高形态，资讯资本主义修订了人类价值体系，根据市场的准则重新分配精神资源，大规模削弱文化精英的权力，并把大众趣味提升到不可逾越的高度。瑞典皇家学院作为精英主义的大本营，最终无法抗拒这种全球图景的剧变。

全世界民众每天都在打造自己的娱乐偶像，为此发出震耳欲聋的欢呼，他们对文学本身漠不关心。而在精英主义历史进程的尽头，斯德哥尔摩游戏出现了，仿佛是文学神殿的最后幻象，摇摇欲坠地坐落在斯堪的纳维亚半岛的岩石上。它面对一个摧毁文学的世界，并要为这种文学重新下定义，判处它不可阻挡地衰败下去。

西方文学的无力、病弱和孤独，向我们暗示了世界价值的悲剧，边缘民族的文学，也不能摆脱相似的命运。2005 年，中国作家余华经过长达十年的分娩，再次诞下他的文学婴儿——长篇小说《兄弟》，由此引发文学爱好者的激辩，他们要对这部小说的价值作出判定，并借此为中国文学的亡灵招魂。这个事件犹如一个古怪的镜像，映射出少数人近乎绝望的激情。但似乎没有人意识到，这其实就是一个职业作家所编织的话语花环。在文学死亡的现场，每一次艰辛的书写都是一场沉痛的悼念。

第三辑　序言叙事

剧痛的言说

——序蒋蓝《媚骨之书》

奥地利作家罗伯特·穆齐尔提出的“随笔主义”“一种支配生活、思考和书写方式的混合疗法”，是针对战争状态下不确定性的生命策略。产自二战时期的哲学，延续到了转型中国，成为中国自由知识分子的工具，它要营造一种自由、实验和隐喻的写作空间。但这种随笔始终处于文学的边缘地带，被“擅长小说和散文”的主流作家所轻蔑。

蒋蓝是大批四川先锋诗人分化后的“剩余价值”。他是“非非主义”的第二代传人，多年来保持了跟诗歌相关的书写，成为盆地写作的晚期代表，在他身上，延续了80年代川籍诗人的各种特点：非非式的语词营造、钟鸣式的知识考古、“流氓”和世俗的在世方式，以及跟日常生活保持良好的关系。

我跟“非非派”的诗人，有着年份久远的交往。1986年非非崛起，蓝马草拟的取消名词、形容词和动词的宏大宣言，一度引起我们的强烈关注。1989年在长春《作家》杂志社领奖，我结识自称有气功附体的杨黎，领教了“非非派”的天真；在扬州，我又认识了何小竹等人；唯独跟蒋蓝的见面，一直推迟到2007年，差不多晚了20多年。在成都，我们在一家欧式茶室里喝茶，一边听着川音女学生唱着普契尼的歌剧。颤动的性感嗓音，像猫科动物的眼睛一样闪烁不定，令人想起蒋蓝的书写风格。

我第一次阅读蒋蓝，正是他关于猫科动物的叙事。他对于动物灵性的通达，以及关于猫的性感躯体的描述，令我感到吃惊，因为这完全超越了非非主义的逻辑防线。

而在这本叫作《媚骨之书》的书里，蒋蓝打开了关于身体神话的改写工程。我们不仅可以读到关于嘴唇、手掌、乳房、喉咙之类器官功能的陈列、解读和揭示，还能够窥见器官在酷刑里所放射出的诡异光芒。从身体的自残、自杀到被剐的酷刑，不仅构筑了肉身苦痛的历史场景，而且还成为专制政治及其伦理的镜像。从美女、侠客、义士到佞臣，从施虐到受虐，从人的身体、食物到排泄物以及各种与身体相关的符号性器物（如红灯、芒果、绳结和周扒皮的公鸡），所有这些狂乱可笑的事物，都在滚动的叙事中变得栩栩如生，俨然在紧贴着我们的肌肤疾行，制造着气氛紧张的诗意。

大量的知识考古、狂热的历史想象、复杂的个人经验、丰富的诗歌意象以及批评家式的高谈阔论，这五种元素的任意组合，形成了一种狂飙式的语势。这跟周作人先生倡导的“娓语”式随笔截然不同。它不是把人引向灯下的闲适，而是令人起坐，转向更为亢奋的日神状态。在蒋蓝的锦匣式叙事里，到处都是浓烈的杀机和杀气。蒋蓝说，“我像一只飞蛾，在越来越危险地靠近火苗”。这与其说是一种自我警告，不如说是一种对火焰叙事的自我赞赏。

蒋蓝随笔的特征在于铺叙。他放任恣肆的风格，酷似司马相如，俨然是后者的直系后裔。这是一种仅属于古蜀国的历史性聒噪。从一个细小的词根起始，语词及其意义开始火舌般闪烁，向四处燃烧和蔓延，展开迅速而大量的自我繁殖，最后拓展为一部规模可观的随笔。蒋蓝很本土地发挥了蜀人的书写天性，令这部知识考古学著述变得趣味盎然起来。

在本书中，蒋蓝表达了对“文学党人”以及正统散文家的反蔑视。这是民间先锋派的一贯立场。是的，这是“随笔”向“散文”

宣战的时刻。在杨朔、秦牧、刘白羽和余秋雨的歌德式散文面前，这样的随笔是离经叛道的。它拒绝向主流价值鞠躬。随笔的动机就是摧毁主流美学的媚俗，它把媚骨留给散文，而把利爪留给了自己。

“绑在十字木桩上的石达开，像一头摊开的蜘蛛。血在地面编织着狰狞的构图，他的双眼被头皮覆盖着。残肢就像神话人物刑天一样，身体上突然睁开了无数双眼睛。”

这是残酷美学的一鳞半爪。在一种历史性的暴力景观面前，破裂的伤口像眼睛一样张开，露出愤怒的表情。但这痛苦而不谐的表情，不仅属于晚清，更属于当代中国，并隐喻着某个“无脑化幸福”的时代——丧失了对于历史疼痛的最基本的感知力。

为了修复这种文化痛觉，蒋蓝的随笔犹如刀子，在历史和文化的肌骨上精细地剐着，制造出大量事实碎片。这是一种残酷的剐式随笔，它要撕开那些被历史织锦包藏起来的血腥真相。这些真相关乎种族和人类的命运，本应离我们很近，但却因遭到口红散文家的遮蔽，而离我们很远。现在，越过那些被揭发的媚骨，我们即将面对历史残肢的伤口，并为此感到言说的剧痛。而正是在这电击式的剧痛疗法中，我们才能修复关于历史的良知。

民族国家的镜子和工艺

——序高桥敷《丑陋的日本人》

“丑陋”是一种令人不快的镜像，也就是人在镜中自照时所获得的负面性感知。对于一个民族国家而言，这意味着一种自我反省、批判和改造的能力。它最初仅仅是一种勇气，而后就会生长为一种智慧，并且最终成就为伟大的品格。反思力的存在，或者说，拥有足够的自我批判的力量，是探查民族国家是否真正强大的重要标尺。就精神层面而言，这无疑是最便捷有效的探查。

“丑陋”作为自我鉴定的基本术语，起源于一本叫作《丑陋的美国人》的书，它由美国作家W. 莱德勒、E. 伯迪克所著，书里充满了对美国外交人员的自大傲慢的抨击。据说，美国国务院曾对此加以深入研究，确认它是“确实刺激思想”的好书，并要求本国外交人员人手一册，仔细阅读和深刻反省，以期修正民族性的各种弊端。

日本文化人类学家高桥敷受到美国人鼓舞，于1970年推出《丑陋的日本人》，以其在南美洲生活八年的见闻和感受，“揭露生活在本土的日本人的种种弊端”，“那种犀利深刻的剖析，连续不断地撞击与刺痛着读者的心灵”（会田雄次语）。作者以为此举能够引发本国国民的深刻反省，却出乎意外地遭到了激烈围攻。“你还算个日本人吗?”“滚出日本去!”各种非难和威胁铺天盖地。作者甚至为此数度隐姓埋名，以免遭杀身之祸。

日本民族对自我反思的拒斥，显示了其“丑陋”背后的“丑陋”。在对待战争罪行和各种历史方面，日本民族都跟德国民族形成了尖锐对比。东亚民族的深层自卑和怯懦，由此已经暴露无遗。

无独有偶，当柏杨在台湾发表《丑陋的中国人》后，同样遭遇了来自台湾民众的狂热攻击，而在当下的大陆，一些“愤青”对柏杨的态度发生戏剧性的转变，从上世纪80年代的尊重转向轻蔑和谩骂。甚至知识界都开始展开对反思的“反思”，指斥其知识欠缺，无非是沽名钓誉的手法而已。虽然尚未达到燃灯鞭尸的程度，但用词之峻切，足以令人心惊。

这是远东文化共同体的“镜像综合征”，它的感染范围几乎囊括了中国、日本、韩国等所有东亚国家。它的共同症状，就是恐惧自己在批判性照镜中的形象，并且竭力指责镜子的低劣，进而打碎镜子，消灭所有那些真切的文化镜像。这是19世纪以来后发国家的集体性精神病症，它要以“民族主义”和“爱国主义”的名义，终结一切自我治疗的程序。

中国古代曾经有过一种广泛流行的职业，叫作造镜师，那些铜匠不仅技艺高超，而且被认为拥有某种巫术力量，因为他们所制造的神秘器具，能够奇妙地映射出人的美丽或丑陋，在上古和中古时代，这种魔法是不可思议的，它超越了人的权能。奇怪的是，尽管它可能引发强烈的不快反应，但人还是接纳了这个来自神的礼物。照镜，最终成为日常生活的重要组成部分。为了维系这种照镜事务，另一种与此密切相关的行业盛行起来，那就是磨镜匠，他们专门负责打磨镜子，以维护镜子的基本反射功能。

就更宏观的社会实体而言，没有哪个民族国家是完美的乌托邦。它们的自我完善，同样依赖于“人文镜子”的打造和修磨，借此展开对缺陷性基因的认知和改造。知识分子的使命，就是像高桥敷和柏杨那样，无畏于盲眼民众的攻击，承负起民族国家自我批判的艰难使命，把这种造镜——磨镜——照镜的事业，推向精密完美的状态。

是的，民族国家的自我反思，仅仅用“丑陋”来定义是远远不够的。这个语词过于情感化，还只是一种浅表的借喻。它可以成为通俗读物，却不能成为支撑文化人类学的内在核心。民族性解剖需要更深的切入，从肌肤、肌肉、骨骼直逼内脏，不仅如此，它还应当注入更多的分析理性和学术智慧。但超越“丑陋”的唯一道路，绝不是打碎镜子以逃避镜像里的自我，而是要在反省和批判中获取自我完善的能力。

我们已经看到，继台湾学者柏杨之后，香港学者孙隆基推出了《中国文化的深层结构》，并显示出比《丑陋的中国人》更加完备的学术理性。耐人寻味的是，这两位中国学者共同制造了某种“边缘镜像效应”——从中国的边缘地带，展开了针对“国民劣根性”的必要反思。而在中国的中心地带，反思者竟然杳无踪迹。

毫无疑问，无论高桥敷、柏杨还是W. 莱德勒和E. 伯迪克，那些建立在“丑陋性”上的反思，只是一种粗陋的开端。他们所启动的镜像工程，需要大批优秀接棒人的加入，由此提升造镜和磨镜工艺的水准。但无论如何，我们都应当向这些先驱者致敬，因为正是他们发明的民族国家镜子，第一次向我们说出了简单、残酷而有益的真相。

外一篇 没有哪个民族国家是完美的乌托邦

在柏杨先生《丑陋的中国人》出版30周年之时，不妨来回顾一下这个议题的两位主要引导者。

首次谈论国民丑陋性的著名人物是鲁迅。在小说《阿Q正传》里，鲁迅以黑色喜剧的风格，塑造出一个旧帝国底层的代表性人物，成为当时中国人的共同精神肖像。鲁迅是幸运的，他生活在富有自省能力的民国时代，所以没有受到太多非难，反而因这部小说（也许还应加上《狂人日记》等）而成为宗师和不朽者。

但柏杨未能享用到这种文化待遇。他的《丑陋的中国人》引发20世纪第二次民族国家的自我反省，却遭到台湾民众的激烈攻击，而大陆亦从1980年代的倾听转向了谩骂。在狭隘民族主义思潮的包围中，任何自省和反思的努力，都会面临声势浩大的敌意。

但无论如何，前有鲁迅，后有柏杨，中国人终究为自己留下了几面自省的镜子。这是本国的终极精神财富。它不仅是说出真相的勇气，更是一种洞察恶疾的智慧，并最终成就为伟大的品格。反思力的存在，或者说，拥有足够的自我批判的力量，是衡量民族国家是否健康的重要标尺，也是所谓“国家软实力”的坚硬核心。

柏杨所使用的“丑陋性”或“丑性”一词，属于美学范畴，跟美感和生理反应密切相关；另一种社会学语词也曾被广泛使用，叫作“国民性”；我们也可以套用生物学语词，把它跟“中国病毒”挂钩，更可以租借心理学术语，将其描述为“中国综合征”和“负性文化人格”，等等。而我则更倾向于使用“文化人格障碍”之类的中性语词。所有这些语词都从各自角度，向我们描述了病变的基本状况。

令人难堪的是，柏杨的警告没有奏效，反而成为难以解决的跨世纪难题。在“中国式病毒”的大肆侵袭下，30 年以来，国民人格的集体性崩塌，已经势不可挡。人们从正直、法治、诚实、信用、勇气、胆略、独立、尊严、教养、责任、勤劳等美德中大步退出，转向贪婪、无礼、粗鄙、说谎、投机、好赌、哄抢、欺诈、剽窃、冷漠，甚至为了一己私利，不惜在空气、土壤、食品里投毒，自上而下形成庞大的互害型景观。满目疮痍，一地鸡毛。这的确是丑陋的奇观，剧烈地伤害着我们的眼睛和心情。问题在于，对人格障碍的基本觉知，仍然没有建立起来。而没有诊断与报警，就没有改造和疗愈的空间。

有一种“理性的声音”宣称，感染这种病症的只是极少数人，因而“丑陋的中国人”的描述，毁损了大多数人的形象。这种貌似政治正确的“多数论”，始终是探讨问题的理论瓶颈。常识告诉我们，出现“集体性人格障碍”的比率，哪怕只有百分之一，都足以构成一种危机。文化人格障碍是一种高传染性病毒，如果缺乏鲁迅/柏杨式的警觉而任其滋长，就会动摇中国社会根基，甚至向外部世界蔓延，对整个人类文明产生伤害。

为了更清晰地表述这个观点，不妨援引 SARS（非典型性肺炎）作为例证。当年中国的 SARS 患者，官方数据是 4,698 例，而中国人口时为 13 亿，这意味着病患者仅占总人口的约 1/270,000，但它已经引发巨大的公共卫生灾难和民间恐慌。这种现象就是“SARS 效应”。以上述比率为基础，再放大 10,000 倍作为加权，就构成测试社会感应度的“SARS指标”。它的意义在于，在14亿中国人中，只要27人中出现一位人格/伦理障碍者，就足以描绘整个民族国家的不良图像，并触发关于集体人格障碍的警报。

但中国的实际情形，远远超过了这个指标所描述的范围。另一典型案例，是四年前发生于广东佛山的小悦悦事件。2011年10月13日，2岁的小悦悦（本名王悦）相继被两车碾压，7分钟内，18名路人从她身边经过，全部置若罔闻，最后，小悦悦被第19位路人——拾荒者陈贤妹所救，但已回天无力，成为道德冷漠的牺牲品。这则新闻对“SARS指标”做了根本性倒置，也即以1/19的比率，描绘出文化人格危机的严重现状。在19人中间，只有1个人是正常人，没有遭到病毒的侵蚀，这就是“小悦悦指标”。它虽然源于单一“样本”，却有广泛的警示意义。这个幼小而脆弱的生灵，对中国人的文化人格障碍，做了严厉的控诉。任何稍有良知的人，都不会对此无动于衷。

另一则经常被引用的自慰式格言是：“狗不嫌家贫，子不嫌母丑。”它的意思是，尽管母亲又老又丑，忠孝的儿子不应嫌弃。在古老乡村社会，这种道德劝勉是有意义的，它捍卫了家庭伦理的基本结构，而一旦将其转换到国家叙事层面，就会出现严重的逻辑错误。“丑陋”一词的所指，恰恰不是“祖国”，而是每一位人格破产的个体（“子”）。正是那些作为个体的“无名氏”（路人、顾客和游客），以其出现在新闻或日常生活里的丑行，拼贴出祖国（“母”）的负面容貌。

据说，鸵鸟在被追急的时候，除了扬沙踢腿，还会撅起身子和屁股，把脑袋埋进沙里，以为看不见猎手，猎手就不复存在。这类自作聪明的鸵鸟，在中国很多，而他们营造的“沙窝生活”，无助于难题的解决，只能加剧文化人格病症的恶化。

“人格障碍”的疗愈和改造，是一个比觉知更难讨论的话题。鲁迅和柏杨，未能来得及出示有效的疗法。但已经有部分中国人觉察了自身的问题，并试图接受真理，寻求有意义的生活，由此形成学儒、读经、禅修、拜佛和瑜伽等方面的宗教性潮流。尽管这些活动有时还驻留在事物的表层，犹如一场时尚表演，但如果这种时尚能够变成生命的内在需求，深入骨髓和灵魂，就有望成为自我疗愈的良方。

宗教疗愈的最大障碍，在于导引者方面出了麻烦。在仁波切、大法师、上师、大师和骗子云集的时代，究竟有多少真正的精神导师，这才是修行者的最大困惑。著名的佛寺主持——少林寺方丈释永信，正在面对各种匪夷所思的道德指控，尽管事实尚待澄清，但它已经加重世人的疑虑。导师问题成堆，他们所推销的“思想”，又如何能令人信服？

早在民国早期，蔡元培就发现宗教疗愈的诸多“弊端”，试图以“美育”取而代之。这种集体疗愈的策略，就是放弃病入膏肓的成人，转身从孩童教育入手，以文艺为药剂，陶冶情感，消除“丑性”，令文化人格在教化中变得美好起来。

“蔡元培策略”的核心，是在德、智、体、美、劳五育里，把美育推到最崇高的地位，而用于美育疗法的途径，除了建筑、雕刻、图画和音乐与文学外，还应包括“美术馆的设置，剧场与影戏院的管理，园林的点缀，公墓的经营，市乡的布置，个人的谈话与容止，社会的组织与演进，凡有美化的程度者，均在所包，而自然之美，尤供利用”。(《现代学生》第 1 卷第 3 期)。其中的关键正是“社会组织的演进”。假如“社会组织”已经腐化，丧失美的结构和体貌，就无法指望它能提供美育榜样，引领民众走向有良知的健康生活。

跟宗教疗愈困境相似的问题是，究竟由谁来承担这神圣的美育使命？众所周知，中国教育正在陷入“主体性危机”。作为教育主体的美育机构，一旦沦为官僚机构，被各种谎言所充斥，而教育者缺乏美感根基，甚至连人格都充满阴影，又何以推行正确的美育，将学生带入美好的生命感受？美育是一种严密的代际传承结构，其中一代人所受教育的好坏，取决于上一代人（教师）的品质。蔡元培的“美育”信念，只能基于对当时教育体制、教师人格和基本美感的信赖，但在 21 世纪的语境里，这些支撑性要素都在瓦解和流失。

“柏杨难题”的解决，暂时还没有令人信服的方案。

走出思想的童谣

——序羽戈文集《无名者的心魂书写》

青　　春

在“80后文学”的震耳欲聋的市场叫卖声背后，有一种声音低哑而沉重。它来自一个细小的青春群体。他们的话语摇篮与卡通、电玩游戏和武打片无关。越过那些丧失了乡愁与童谣的集体性人格，他们拥有类似苦难时代的奇异品质。从羽戈的文字里我获得了这样的印象：这个人是如此的年轻，但其额头上却隐现出早熟的皱纹。那是一种怎样的条纹啊，附着在思想的斑马上，继而行走在狂欢的时代，发出喑哑的不合时宜的叫喊。

贫　困

贫困不是优秀的品质，也不是思想丛生的原因，而是痛苦的最形而下的根源。但在嗜血的资本主义年代，它极易成为炫耀的事物。只有在自我认知照临的时刻，贫困才能成为一种灵魂生长的激素。饥饿与寒冷塑造了我们，令我们获得了身体和灵魂双重苏醒的契机。羽戈置身于贫困的边界，被这种困境所激怒，向形而上的世界展开探险。他逼迫自己站到了天堂和深渊之间。

苦　难

贫困是肤浅的痛苦。它根本不是苦难本身。一面是深重的民间苦难，一面是世人的痛苦感受力的高度麻木，这种尖锐的反比效应，已经超出了历史常识的范围。这就是零年代赏赐给我们的悲惨礼物。小资时尚总是迫切地转换一切现存的痛苦，把它变成可以吞服的文化糖果。没有任何一种事物像流行写作那样，不倦地抹除着痛苦留在我们心里的刻痕。但我还看见了另一种景象：苦难正在成为强烈的道德快感，并且总是停留在知识精英的表情上，仿佛是一种供人景仰的标签。痛苦是最容易沦为面具的那种事物。

羽戈的书写，体现了一种紧迫的使命，那就是不断地验证个人痛苦，并且向苦难世界伸出自己的触手。但对于羽戈和他的小群体而言，焦灼是比痛苦更为撩人的心情，他自言“日日夜夜焦灼难安”，表达了自我崛起的强烈渴望。“80后”的思想者善于从前辈那里获得养分。他们温柔地“弑父”，以继承和反叛的双重姿态现身，利用互联网平台，走向言说权力的现场，并且注定要对历史作出自己的判决。

愤　怒

愤怒不是一种歌唱，它只是一种孕生暴力的激情。面对普遍的苦难，愤怒像头发一样向上生长，越过头颅的理性高度，点燃思想叛乱的火焰。我们每天都数度被各种坏消息所激怒，那些苦难消息、死亡消息、黑暗消息和罪恶消息，笼罩我们，迫使我们做出最直接的生理反应。这是愤青诞生的广阔土地。

我注意到羽戈的理性主义立场。他很少直接被愤怒所左右，相反，他总能驾驭这种情感，把它们转换为一种知识考古的理性立场。他的观察限定于文本，也就是限定于那些知识性言说的范围。他从哲学与神学的血库里获取养分，同时也反观它们，从这种彼此的形而上打量中，验证存在的意义。这完全超越了青春期的惯常特性。愤怒从哲学的角度退出了书写。它打断了童谣生长的寻常程序。

信　仰

这是一个与灵魂而不是身体相关的话题。一个自诩富有的种族，沉浸于所谓经济增长的奇迹之中，而信仰却轻蔑地掉头离去。这难道不是一种令人悲恸的景象?正如屈原在两千年前所质疑的那样,我们从哪里去召回我们的精神家园?在新儒家和基督教之间痛苦地徘徊,被东西方两种传统所迷惑,中国变成了巨大的迷津。没有任何一种现存的心灵指南,能够把我们带出这个天堂的幻影。

羽戈的文论部分地指涉了信仰,这个被大多数知识分子所忘却的话题。但他的困顿和笃信却是等量的。就放在我面前的这个文本而言,他在悉心盘点那些二级价值,却难以直面终极的拷问。他的精神攀缘行动遭遇了崎岖的地貌。这是不可避免的事故。他正在重复我们这一代的历史际遇。但他也许有更多的时间寻找出路,而这就是我的寄望。尽管文化进化论是可笑的信念,但我愿意看见一个更健康有力的新世代的崛起。

救　赎

救赎(也许还应包括“忏悔”和“良知”)是我最不愿轻易指涉的语词,这不仅是因为从话语内部并不能达成救赎,也是因为它遭到了伪基督徒的篡改,沦为扮演道德精英的庸俗道具。我仅仅支持那种拒绝言说的救赎,包括各种内在的忏悔,以及那些被行为所证实的良知。“救赎”是自救与拯救两种行为的泛称,其中唯一值得我们认真考虑的是自救。在尚未握住信仰的核心及完成自救之前,必须慎言救赎与它的各种衍生词。这是我的唯一忠告。我们的言说完全不足以改变世界的进程,但可以改变我们自己的心灵。仅此而已。

言　说

我们置身于一个庞大的话语废墟。旧话语的统治无所不在，毁坏了我们的日常言说体系，令它变得粗陋而野蛮。互联网加剧了这种话语的灾变。值得庆幸的是，羽戈接纳了 80 年代少数人的话语遗产。尽管言说品质还有待纯化，但它已经获得一种近似澄明的气质。就这点而言，羽戈，还有他的挚友姚伟与张鹭等，超越了那些声名显赫的思想前辈。

我注意到一个耐人寻味的现象：反讽创造了颠覆极权主义的伟大奇迹，但它也颠覆了我们的信仰基石。羽戈的个性与反讽无关，他站在反讽的江湖里，手足无措，茫然四顾。他在本质上是正谕话语的后代，在出席过针对话语极权主义的告别仪式之后，他只能在正谕之路上一意孤行，从那里去探求真理或真知的极地。这使他的话语维度变得单一起来。这是某种相当严厉的限定，却可能是下一次飞跃的起点。我喜悦地看见，羽戈已经羽翼丰满。他大步走出了思想的童谣。

2004 年 12 月 10 日于上海莘庄

生活革命的先驱

——序张念《女人的理想国》

作为张念长达八年的同事，我目击了她的生长过程：以一名资深编辑和小说家的身份，向文化批评家转型，并以女性主义的立场，成为中国女性的理论守护者之一。她蛰居在同济新村的陋室，访问者需要费力地爬上六楼，敲开简陋生锈的铁栅门；她独自坐在逼仄的小室里，被大量凌乱的专业图书所环绕，俨然是一名不称职的图书管理员；她收入低下，却经常用上好的普洱茶款待客人，偶尔也展示一下精湛的厨艺；她点亮的薄荷烟，燃烧在茶与书的缝隙之间，犹如一种细小的信号，向访问者表达沉思的价值。

张念的存在模式，在中国是稀有的，它已成为我们用以验证某种信念的范例。在金钱焦虑症笼罩的中国语境里，纯粹的思想、学术和主义都是存在的冗余物，它们是黯淡的，几乎无人问津，仅在换取岗位津贴、职称和稿费时，才会跟日常生活碰撞，擦出一点稍纵即逝的微光。张念放弃优厚的薪酬，又以亏本价卖掉她在广州祈福新村的房子，义无反顾地奔赴上海学术前线。这种选择违背经济学法则，更触犯女性生存的基本原理，却塑造了一个中国女性主义的“新人”。

女性主义理论的目标，旨在通过性别政治、权力关系与性意识等路径，探讨男女不平等的本质和起源，并寻求解决问题的社会方案。但真正的女性主义，正是中国社会的重大缺环。中国的女性主义，早已被各种官方研究的空话和套话所替代，以“女仆主义”的面貌，成为学术垃圾场的优秀成员。

不仅如此，在一个强悍的男权国家，女人的权利，只能是一种政治口红，在每年3月8日那天，被涂抹于国家庆典的嘴唇。居委会、妇联和工会式的“组织关怀”，成为男权统治的蕾丝花边。多年来如雨后春笋的高校女子学院，培养以男权趣味为标准的所谓“淑女”，甚至提出“贞操”口号来满足男权的处女膜崇拜。在中国，几乎所有来自官方、媒体和学界的“尊重女性”叫喊，都可以纳入文化时装秀的范围。

最近十几年来，曾有多个事件足以催动女性主义运动的萌发，如虹影小说的司法判决、木子美的博客遗情、深圳警方将妓女游街示众，等等。但中国女性总是错失在日常生活里展开权利博弈的契机，不仅无法发育成有组织的社会运动，甚至难以形成独立的女性主义批评。而现在，它只能以零星的学术抗议的方式，静止在都市书斋的深处，等待一个福音时刻的降临。

“不咬人的女性主义”，这是张念给自己第一本文集的命名，此标题向读者传递了张念式女性主义的特征。张念据此分裂了女性主义运动，将其划为“咬人”和“不咬人”两类。张念试图告诉我们，她拒绝成为“女性沙文主义”的成员，也拒绝将女性主义视为“政治正确”和“受害者政治”的同义语。在日常生活中，张念性情温和、单纯而通透，对来自男性世界的嘲讽，总是给予宽容的一笑。

而在另一方面，张念也坚持认为，人的生理性别及其气质，都是后天符号交流和话语（意识形态）制造的结果。人总是在规训中接受关于性别的定义，由此确认自身的性别身份。我们曾为此多次发生这方面的争论。但此类符号互动理论，已经成为支撑张念信念的坚硬支架。她要从这个立场出发，去展开她的理论清道夫工作。她的活动范围，由过去的文化女性主义，转向政治女性主义。她站在黑格尔政治哲学的门槛上，眺望中国妇女的解放进程，形而上地痛悼她们的命运。张念的学术眼泪，滴落在键盘上，凝结成一部长达25万字的博士论文。聪颖、锐利、宏大，足以向我们证明女性思辨的力量。

本书是张念最近几年来关于政治女性主义的思考凝结物。它们大多发表在吴亮主编的《上海文化》杂志上。越过黑格尔式的谨严框架，她拓展出更为松弛的言说空间。张念在这样的领地自由地絮语，没有时间的边际，仿佛是一种没有对手的独白。张念悲痛地看到，“上帝没有性别，但传说、启示、福音书是有性别的，犹太王、使徒、先知（女先知只在庆贺的场面出现，她们从不预言什么）都是男性”。同时，张念也意识到所有中国女人的实存困境：“与男人的合作关系，就是一个女人成长为母亲的生命史。从嫁到陌生人家的新妇开始，女人的生存技巧在于，熟悉儒家主流文化的道德程序，她只需摁下确认键，就足以保证自身的安全与生存权。”不仅如此，“任何男人与女人，将家庭生活作为生命的全部意义，所有人都躲进私人领域的小空间，我们知道，专制与集权比任何人最喜欢更享受这样的局面”。这是她情感的逻辑起点。她形单影只，向需要被质疑的世界进发。

张念的事业注定是孤寂的。在一个由男人宰制的学术场里，女性主义几乎没有生长的缝隙。这是一种难以言喻的窒息性生态。在如此严酷的山谷里，张念的女性主义叙事，究竟会获得多少悦耳的回音呢？据说，在当下中国，女人做学术就是错误，而做女性主义学术，则是错上加错。但我依旧要为此祝贺张念，能够在“错误的道路”上一意孤行。这是张念的意志，也是孕育中的中国女性运动的信念。从新文化运动到今天，一百年即将流失，而在政治生活领域，中国女性从未获得真正的解放，它依然在期待某种触及本质的现代性转型。张念及其所有女性主义思想者，都将是这场思想/生活革命的先驱。

2013年5月28日写于上海梅陇寓中

爱、孤独与死亡的慢舞

——序王乙宴诗集《水一样的》

你的气息望定我
轻轻用乐器触我苍白的唇
犹如一场慢舞

——王乙宴《药方》

王乙宴弃世而去，已经一年多了。1992 年前后，我认识了她和她后来的夫君。那时她还是一名音乐学院民乐系的学生。我不知道她的手是什么时候染指诗歌的。“天黑了，音乐就会折叠起来”（《边境》），这句话写于 1999 年 6 月 2 日，那时的中国，音乐早已被折叠起来，“天”却没有被正义、良善和美学所点亮，而是逐渐走向一个文化衰败的状态。这段纷乱黯淡的历史，可以为王乙宴进入诗歌书写做重要的背书。

在毕业于上海音乐学院民乐系和上海戏剧学院的戏文系之后，乙宴给自己换了一个名字，而后悄然成长，扮演“跨界艺术家”的角色，以多样性的风格，架设起了她的书桌和舞台。世人对她的称谓有点奇怪——“琵琶西施”，听起来有点俗气；另一个则更令人费解——“最适合上海的女诗人”。如果不做精细的解释，这些称谓便会伤害她的本性。

王乙宴兼具琵琶演奏家、歌剧作家、诗人和占星师等多重身份。这是一种声音的多重组合。旋律线和言辞的声线交织起来，缠绕成一种有趣的复调文本。她的琵琶演奏，得过全国大奖，出过 CD 唱片，她创作的清唱剧《马可波罗与卜鲁罕公主》和诗集《一千年一万年》，都很受人瞩目。在我周围，像这样“多层混搭”的才女，殊为罕见。而这种琵琶演奏家兼诗人的跨界做派，并非偶然发生的邂逅。自古以来，琵琶与诗歌就有深切的传统关联。它不是什么艺术混搭，而是一种古老的美学联盟，最早发生于唐代的宫廷、乐府和坊肆，谱写着诗歌和音乐的共同信念。

“上海很迷乱，但我喜欢”，乙宴在诗作《迁》里如是说。她在迷宫般的都市林荫道上行走，成为流行趣味的导引者。她抽烟、搓麻将、恋爱、游玩、占星、算命、养生、写诗、编剧、手挥琵琶，与各种身份的人为伍，参加艺术和世俗生活的诸多派对，对形形色色的玄学深信不疑。她的笑声回旋在我的耳畔，像一些火焰般的花朵，至今都没有熄灭。她还行走于上海、巴黎和新加坡之间，仿佛一个传递诗意的信使。她的梦想是跟家人在巴黎生活，去捡拾兰波、勒内·夏尔和亨利·米修遗失在小巷里的诗句。但突然间，出乎所有人的意料，她过早地投身于死亡。死神追上她，以爱的名义，把她从我们身边带走，没有人能阻止这种残忍的绑架。

她的先生、作曲家刘湲在一周年纪念诗会上痛切地回忆说，“去年今天晚上六点零三分，是王乙宴的最后时刻。她连一句话都没有留下，眼里只流下一滴泪，挂在我的面前”。这是水做的钻石，以眼泪的晶莹形态，向这世界说出了最后的歉意，因为她懂得，在我们所有朋友中间，她是一个不可代替的女人。她留下了一个永久的创伤性空白。

王乙宴跟诗歌的关系有些诡异。她曾经告诉我，她写诗的经历犹如神启。那时，她像幽灵一样走上楼梯，关上二楼书房的门，幻象和诗句在键盘上流水般涌现，长达数年之久，而后，突然有一天，诗流被突然切断，她陷入无法写作的枯水期，而这状态，同样可以长达数年之久。她的书写，受制于一只神秘的手及其开关。我不知道，她是否从自己星盘上读出上帝留下的隐秘记号。

刘湲说，“这样充满美德的人，穿越生命——干净到没有一丝灰尘；爱和死亡是她本身的东西，看不到丝毫的染尘”。是的，在她的诗里有各种复杂的元素，但爱、孤独与死亡，却是她的核心原型。她的全部诗歌都在这三种生命原型的轴心上旋转，从爱开始，经过孤独，到死亡结束。

王乙宴如此写道，“阳光解剖我欲望的身体”（《常在河边走》），“我的脚被情欲系住”。“天快要亮了/让我陪你抽一支烟/你是我的父/我的兄/我三世的恋人”（《恋父》）。这是对爱的热烈占有的意志，她为此含蓄地赞美男根和鸟的意象：“自由的男根/轻盈而不可捉摸/难以捕捉”。“我用红色和白色的头发/捉住一只会飞的鸟”（《光亮之下》）。“无数的手轻抚小鸟悠长的灵魂”（《星期五，傍晚的窗帘》）。而有时候，爱也会转化为清新的友情，像水滴一样，弥散在令人惆怅的宣纸般的季节——

> 生活中一个下着雨的下午
> 她们手握一杯春茶
> 窗里窗外都是回忆
> 她们很快就要分别
> 飘落的花瓣染白她们的脸（《一个下着雨的下午》）

而在爱之叙事的背后，出现了诸多难以名状的危机，它像藤蔓一样缠住了她的灵魂：“破晓前的黎明/不再收留我/我再要呼救/我裂纹一般地呕吐”（《蚀》）。她总是以双鱼座的名义去寻找一只水瓶（《水瓶座》），寻找一只可以栖身的透明的子宫，从一只瓶子游向另一只瓶子，寻找各种可以寄生或躲藏的居所——床单、房子、咖啡馆、洞穴乃至厨房。这种迷茫有时竟转向了自我厌倦：“身体如此发出腐烂的味道/从一条条阴湿的缝隙”（《水一样的》），“我年轻的轮廓蜷缩成一堆暗黑的垃圾……每一次对话都穿越罪恶的阴道”（《巴黎之一》）。而基于这种厌倦，她进而转向对世界的抵抗。这世界就是她自我的变形镜像——那些来自外部的凶器——刀刃、小虫、飞鸟，种种不可阻止的危险，都在四周环绕，把爱变成不可捉摸的梦魇。

小虫白天躲进女人的子宫
晚间袭击教堂（《巧克力之四》）

越过宁静松弛的诗句表层，这些生命幻象触发了内在的迷乱，并凝结为各种女性的原型意象：乳房、子宫、舌尖、花朵、情欲、经血、怀孕、疼痛、做爱、极度的欢愉，等等。整部诗集，当然也包括此前出版过的《一千年一万年》，充满了此类跟女人生命经验相关的意象，像一些坚硬而圆润的遗珠，散落在语句的小径上，成为我们逾越其诗句迷津的线索。

在对爱和情欲的求索之后，敏感易碎的她，回到了孤独的范畴。这是诗歌逻辑的必然环节。她从爱的核心退缩，表达出拒绝和躲避的立场：“有一些男人径直从我下面经过/我要藏起来”（《整夜》）。“我顺着光线看第一个朝我走来的人/看你来时的路/看一路上孤独的我”（《铜锣湾 789》）。耐人寻味的是，爱跟孤独是一个钱币的两面，正是在爱的高潮里，孤独的声音像回声一样紧随而至，发出经久不息的震荡：“我抱着她坐在黑的中央/抱紧的身体下沉/落进这声音里……然后声音逝去了/我们变成了冰凉的石头”（《练习曲》）。“她镜中的星星……她皮包骨头/没有头发/满脸雀斑/每年冬天都在那里”（《5 号》）。这是一种透入骨髓的寒冷。犹如一些细针和刀子，尖锐地刺入肉与灵的深处——

我把刀子插进瞳孔里
视线越过你的肩头
让身体醒着，感觉你的手（《长藤》）

从爱和情欲出发，经过孤独的幻象迷津，乙宴的诗歌，最终抵达了死亡的终极原型。我们甚至可以将其视为对死的美学期待。死亡是比爱和孤独更加纯粹的命题，是关于身体的最高祭典，是诗歌赖以存在的最后根基。王乙宴说，“她走到花园里荡秋千/爱情和死亡刺激了她的幻想”（《绣》），而后，“回忆、性、迷恋、恐惧、死亡/流入浴室的下水道/发白的唇和床单/游戏开始了”（《诱惑》）。这是一种宣言式的言辞，向我们告知死亡语词游戏倒计时的开始。

“弄醒我/让我醒在你的怀里/抚摸我/我知道快乐的限数……”这种终结感引发了苍老感：“我已经苍老了/灯火扑进了我的屋子”（《灯火》）。“我右边的身体/已经想做爱了/左边的身体/却在加速衰老”（《棉花胡同》）。而苍老感则进一步引发破灭感：“只有破灭/我才想象我们互爱”（《号码》）。在破灭的尾部，是一种终极的解脱，于是她深切地意识到，“令人绝望的不会留下/令人仰望的终将自由”（《巧克力之五》）。这是一条情感逻辑的多米诺骨牌，它逐步向最后一块骨牌推进，那就是令人生畏的死亡。死亡是一种身不由己的自由，屹立在生命的尽头，发出蛊惑人心的召唤。

彼此想象
彼此死亡
彼此一尘不留（《巧克力之六》）

跟其他人的诗作相比，王乙宴的诗歌，具有浓烈的谶语色彩。她是女巫，用简洁而有节奏的言辞，说出各种诡异和令人疑惑的通告。最初它们被视为呓语，而此后却意外地显示出预言的犀利特点。这些预言犹如阴险的回旋镖，最终指向她自身的存在。她甚至模拟一个丈夫的口吻写道：“粉蓝色的墓碑上刻着我妻子的名字/在我最后一次离开她的时候她已走远”（《从沼泽地来的鳄鱼和毒蛇》）。这是令人震惊的墓志铭式书写，以身份倒置的姿态，预设了自身夭折的悲剧性宿命，语调理性而冰冷，俨然是一名来自幽暗世界的旁观者，穿越诗歌虫洞，向我们说出即将发生的事变。

在清唱剧《马可波罗与卜鲁罕公主》里，乙宴给尾声部分写下这样一个标题——“现在即是永远”。这是一组关于短暂与永恒的对立命题，暗示出个体生命的价值。短暂的绚丽，足以照亮整个生命，令其放射出超越时间的恒久光辉。时间机制遭到摧毁的后现代社会，空间变得无限廉价，而时间则剧烈地昂贵起来。互联网的传播效应，制造大量前所未有的畅销商品，在赋予其广阔空间的同时，剥夺了这些语言商品的时间属性，令它们走向速朽，沦为稍纵即逝的文化垃圾。

诗歌是唯一能够用来抵制“零时间效应”的物种。王乙宴终止美妙的慢舞，独自走开。她的洁白的诗歌文献，留给了这个污浊的世界。这是一种何等尖锐的对比。神判决她的不在，即判决世人失去那种分享她的福分。唯一的慰藉在于她的遗产。这本《水一样的》诗集，是《一千年一万年》的后续，由刘溪从她的大量诗歌手稿里萃取，可以展现乙宴诗歌的基本容貌。在仔细读完这部诗稿之后，我发现它获得了时间的属性，一如晶莹的钻石，是抵抗岁月和死亡的利器。正是这类诗歌成为支柱，托起崩塌的时间，令其获得支撑记忆的维度。在乙宴动身离去之后，她用这些诗歌焰火照亮了希望。

2015 年 1 月 12 日写于遵义土城

破坏仪式的诗歌

——序吕约诗集《破坏仪式的女人》

有些人坐得如此笔直
仿佛坐着根本没有必要

——吕约

诗歌，一种意识形态的幽灵，游荡在汉语的广阔荒原上，发出令人心悸的叫喊。在资讯资本主义时代，面对演艺化的大众狂欢，没有任何家园能够收容这种“细小而柔弱”的事物。这是21世纪的语词悲剧。到处是诗人的坟茔，诺贝尔文学奖追赶他们的背影，犹如考古学家追赶法老的亡灵。

在远东的汉语腹地，残剩的职业诗人正在为最后的尊严作战。要么流氓，要么自杀，这是非此即彼的抉择。诗歌不仅与主流文学对峙，而且向整个世界宣战，判处它堕落和死亡。自杀者的事迹在四处传扬，就像一种严厉的诅咒。而尽管文学自身早已走投无路，但诗歌“这只苍蝇”却依然顽强地“站在救世主面前/一点也不让步”（《参观一个自杀的朋友的房子》）。

那些80年代的成功诗人，在90年代初期背弃了诗歌，转向喧嚣的市场，成为腰缠万贯的书商，继而又在21世纪零年代重返诗歌故乡，热切地打造精神家园，以重温青春年代的鸳梦。这是一种严重破裂的风景：一方面是诗人尊严的日益失重，一方面是诗集和诗会的大量涌现。这彼此矛盾的景象重塑了诗人的属性。他们被告知，必须首先拥有世俗身份，而后才能为诗歌打开新的存在空间。

于是，社会身份的多重化，改写了 70 年代及其之后出生的个体，令其成为诗歌生长的温床。这些人大多是编辑、记者、公务员和写字间白领，收入稳定，心理健康，完全不同于那些穷困潦倒和走投无路的职业诗人。就其本质而言，这就是关于身份修复的范例。职业是身份的证明，也是一种生活投保，它部分地解除了存在的危机，令汉语守望者重新介入诗歌，自由处理语词事务，并享用书写游戏的快乐。而更为重要的是，它要以一种更加形而上的立场，去“缓解生存的本质性焦虑”，以及重续社会批判和汉语诗学的事业。

在经历了身份和信念的断裂阵痛之后，诗人学会分离职业和诗业这两种截然不同的事务。荷马和李白式的乡村游吟诗人早已辞世，80 年代走红的浪漫主义女诗人也已谢幕，而当代都市诗人正在成为诗歌的主体。这是一种革命性进化，在诗歌无法直接换回生活资源的背景下，它转身成为一种课后语词运动，为新一代诗人提供精神家园。众所周知，它的风格通常是反讽和挑衅的，充满了身体化的词语暴力；此外，就文体而言，当代诗歌犹如文学的精液，稀少、简洁、喷射短促，结构自由，足以为诗歌运动提供书写的便利。

具有讽刺意义的是，就在这种男性化的词语书写语境里，女诗人吕约为我们提供了某种与众不同的样本。在这部杰出的诗集里，第一首《坐着》，就是关于人类身体姿态、生命经验与微观权力关系的试探。“写诗需要坐着/谈判需要坐着/签署命令坐着”，这是毫无疑问的。吕约说，“坐着说‘对’或‘错’/比站着说/更有力量”，因为“坐着虽然行动不便/但足以让别人呼吸困难”。在这里，词语以一种自由嬉戏的方式逐步逼近事物和生命经验的核心，揭示那惯常的身体姿态对人的控制，以及对人际关系的影响：

坐着就是一种权力/坐着就是力量/坐着坐着/突然站起来/

也能产生一种力量/但还是不如坐着/有力量。

——《坐着》

是的，诗人正在获得一种有限的反讽权力，得以在“仰望天空，赞美电信公司的信号”之余，从事职业外的诗学书写。但这写作似乎从一开始就陷入了逻辑的悖论。写诗就是营救诗歌，但她的诗句似乎总在嘲笑和伤害传统“诗意”，或者说得更准确些，是在伤害那种包括朦胧诗在内的虚假“浪漫主义”话语方式。而这恰恰就是当代诗学的使命，它必须在清算撒娇的历史后才能获得重新起飞的动力——

诗歌不知道自己已经死了/在一千个洞的高尔夫球场上为它举行了国葬/眼皮上撒上花瓣，花瓣上洒上几滴眼泪……葬礼上，一个孩子发现它的眼睛还在眼皮下转动/但它捐出了自己的眼角膜/所以它将永远看不见自己的死亡。

——《诗歌不知道自己已经死了》

关于诗歌死亡的谈论，如同文学死亡的命题，总是充满喜剧的效果。它也是一种典型的隐喻式叙事，包含着大量用以勾连事件的“事象”：高尔夫球场、国葬、眼泪、花瓣、草履虫、恐龙、教皇、机器人。这些事物出现在“诗歌死亡”的现场，成为诗歌葬礼上的嘉宾，然而，一个孩子发现诗歌并没有死，它的眼睛还在眼皮下转动。“诗歌死了”是一条新闻，而诗歌的眼睛还在转动，这是一桩生死之间的秘密。诗人和诗歌一起守护着这个秘密。虚拟的新闻事件不仅是一种素材，也是构成诗学结构的逻辑因子。“事象”的出现，不仅是为了陈述一件事实，更是为了借此推着语词向前滚动。

地铁上，一个五六岁的丫头/领着断了一条腿的老太婆/向一排穿着名牌牛仔裤的膝盖/弯腰讨要/有的膝盖哼了一声/有的膝盖闭上眼睛/有的不怒自威/有的犹豫不决/铃声响了，时限已到/最坚硬的一只膝盖/伤感地独白/它说了什么/只有离它最近的膝盖才能听见。

——《老太婆的小姑娘》

那些作为借喻的“膝盖”，坚硬地站在诗歌的前线，为当代口语注入诗学的灵魂。不仅如此，我们还可以毫无困难地发现，破碎的“事象”不仅是叙事的元素和动力，而且已经成为话语审判的依据。各种事物卷入诗歌进程，令诗句成为社会判词。它跃出浪漫抒情的限度，变得更加自由和犀利。它也超出了寻常叙事的框架，推动一种叫作“议象”的元素，与“事象”结合起来，大量闪现在吕约诗作的现场，俨然是后现代的“诗体政论”。

诗人抓住危机事件和日常生活的积木，恣意拼贴和组装，时而对诸如“爱情”“救世主”“老爸”“外婆”之类的正谕价值展开反讽，义正词严、犀利戏谑，同时又充满词语再生的机能。自我缠绕的语句，逾越了日常逻辑的层面，在国家主义、世界主义和绿色和平主义和女性主义的立场中交缠，产生各种讽喻性歧义。它们语义复杂，伦理飘摇，犹如老虎背上的不规则条纹，令阅读者愉快地困惑起来。而这正是一个生于70年代女诗人的特征。她双手纤纤，玩弄正谕和反讽的玻璃珠，在汉语的沙滩上嬉戏，以一种貌似轻快的方式，说出了世界的严酷真相：

> 这颗炸弹比它的祖先们更纯洁/它要做一件严肃的事情，不伤及无辜/也不为自己谋求利益/炸弹温柔地盯着每个可爱的人/表示对他们的宽恕。
>
> ——《炸弹漫游》

那是关于恐怖主义事件的新闻评述，也是关于诗歌自身“威胁性”的隐喻。在吕约的手里，诗歌就是一枚拒绝爆炸并无限温柔的“反炸弹”，落在语词的村庄里，挑战威权主义的权力核心。威权的死穴就是追问，因为它总是建立在谎语沙滩之上。于是人们看见，那枚苏格拉底或哈姆雷特式的巡航炸弹，被体面的陌生人所携带，飞行在动乱的世界，“向遇见的每个人提问”。它跟以往所有炸弹不同，意外地具备了真相探查者的人格。这是诗歌使命的严重外溢。它越出浪漫时代的抒情、撒娇和“含泪劝告”的陋习，转向了犀利和非暴力的挑战，借此动摇各种意识形态的坚硬根基。但诗歌并未提供答案。答案并不重要，重要的是屹立在答案面前的反叛。

此即资讯时代的良性诗学写作，它兼具诗歌、新闻和政论的多种风格，在口语和书语之间随风摆动，完全抹去文体的血缘线索。它对被污染的语言保持高度警惕，又以崭新的语言切入事物和生命经验的核心。到处散布着解构式妙语、似是而非的警句、大义凛然的反讽、表情暧昧的戏仿，各种状态层出不穷，在最具颠覆性的叙事中，涌现出言说的无限快感。

吕约向我们严正指出，“这涉及与语言斗争，测量语言的尺寸，有时裁剪语言，有时折叠语言”。它甚至超越了性别美学的框架。但我们几乎无法从中看清她的女性主义立场。“我们比你（某个女人）更强悍，比剥我们皮的人更耐心。”其中的主词“我们”是暧昧的，规避性别权力的明澈陈述。吕约以一个观察者的立场隐藏了自己的性征。她似笑非笑，面容冷峻，站在中性诗歌的门板后，给怀有性别阴谋的读者以当头痛击。

此举不仅破坏了与读者和批评家的约定，而且也破坏了与传统诗意的约定。“吕约”即履约，也就是一种以履约为借口的反讽，它旨在解除一切跟旧语法的契约。正如某首诗所暗示的那样，她是“一个企图破坏仪式的女人”。她用语词这把刀子，切碎了大量“未经设计的土豆”。吕约说，“我承认，我一直把诗歌/当作垃圾桶使用/往里面倾倒/身体的药渣/思想的死鸡/信仰的讨米碗/上吊的绳子/算命的铜钱/狂喜的黑念头/嗒拉嗒拉”（《四个婚礼，三个葬礼》）。这些坚硬的零件汇成了诗句的洪流：

> 绿色的黑暗/明亮而温暖/衬着她如一片叶子/衬着一朵玫瑰/玫瑰被一个升起的呵欠托起。
>
> ——《鼠年》

绿色而明亮的黑暗、被哈欠托起的玫瑰，这些属性对抗乃至毫不相干的事物，总是被意外地召集起来，完成语词重组的精妙游戏。

但另一方面，契约和仪式，那些庄严的事物仍然内在地保卫着诗歌，令其散发出恒久的光泽。吕约在摧毁传统浪漫主义语法的同时，显示出对重新打开的语言的高度敏感：“黑夜打扫干净的地方/语言落下皮屑/有洁癖的事物/最先受到伤害/一张白纸挺身而出……火红的士兵在纸上急行军/去年越狱的词语/至今没有到家”（《着魔》）。而这就是诗歌的悖论：它总是以“自责的语调”开始聒噪，“试图用语言来抑制语言，用语言对语言本身发起攻击，使用语言来表达沉默”。（《激进的沉默》）

这裂变就是诗歌的本质。吕约发现，“诗歌的立场是未成年人的立场”。它是儿童的语词游戏，不受日常逻辑的支配。在诗集尾端的诗学评论中，吕约阐述了自己的诗学信条。她要从词的小凳子起跳，向语言的内核飞跃，去抓握书写技艺的秘密。因为她深知，“技艺是所有行业的良知”。而在这场探险的终点，她透彻地看到，“爱情的最大奇迹，就是消除了调情；诗歌的最大奇迹，就是消除了陈词滥调”。这是当代诗学所能企及的高度，它逾越了古典诗人的传统梦想。吕约援引曼德尔斯塔姆的见解说：“今天，人们已分化成了词的朋友和词的敌人。”她进而宣称，“诗人就是为了词的敌人而写作的”。

这是千真万确的事实。面对“词”“话语”“文学”的死敌，诗人在语词里孤寂地危坐，以近乎洁癖的方式，看守被互联网口水和各种话语泡沫所包围的语言。这本诗集可以证明，在时局动荡和文学衰败的语境中，诗歌仍然在不屈地行进，探寻着汉语微观权力的黑暗边界，以及诗意和诗艺的双重高度。在吕约那里，诗歌不仅破坏了传统的浪漫仪式，诗歌也在重建通往文学乌托邦的语言之途。

越过女性主义的感官视界

——序《马莉诗选》

作为一个长期居住在广州的女诗人，马莉的诗歌向我们呈现出了其独特的空间容貌。这种居住地理决定了意象的特征，它总是与海洋和城市的宏大背景密切相关，并要在这种宏大语境中不倦地探寻着话语的细小诗性。“大”与“小”的这种对位和转换，塑造了马莉诗歌的基本容貌。

马莉的空间是被高度选择的，简洁、抽象、光滑、冷静，流露出罕见的思辨性。这是女性主义的玄学，环绕着一些常见的事物（风、雨、闪电、海洋、鱼、狗和喷水池等），却超越了寻常女人的生命感性，令其获得一种与众不同的形而上品质。

这种品质是在“数量诗学”中依次呈现的。在马莉的诗歌里，到处分布着数量上的单一物体：一只圆形玻璃茶几、一把无人坐的转椅、一件黑色风衣、一片云朵、一只热带鸟、一只巨型蘑菇、一只出逃的虫子、一棵妩媚的棕榈树，如此等等，这些被“一”所界定的事物，构成了叙事的核心。这是量词的诗学，物体被囚禁在数字的框架里，从那里散发出物理学的冰凉气息。

马莉的这种“冷叙事”和通常的“热抒情”形成了鲜明对照。与大多数诗歌的破碎性完全不同，她的句式是高度理性主义的，通常包含着完整的主词、谓词和宾词，后期的作品尤其如此。而这就是叙事语体的一个语法特点，它向我们揭示了马莉诗歌叙事的内在款式。

但马莉的叙事并非“真性叙事”。她其实是利用诗歌展开“假性叙事”的高手，除了关于父母的回忆，绝大多数诗作是一些虚构的事件：“天还没有黑下来/花园里的情人还没有到来/一只黑色的蝙蝠躺在喷水池里/平静地躺着，仿佛/一年到头都是夏天/这是一种什么样的布局/一次又一次地任性/制造着非此即彼的假想事件”（《喷水池里躺着一只黑蝙蝠》）。这是“零度事件”的叙事，蝙蝠的尸体是一个静物，它的过去和未来都没有构成事件，却在叙事者的话语中形成了内在的历时性幻影，让读者恍然感到某种事件链的存在。

《影子落在了蝴蝶的翅膀上》是这方面另一类例证，其中包含的事件并不完全“零度”，但却相当细小和轻微。诗人企图虚构蝴蝶袭击天空的事件，借此营造一种微观的语词动力学结构：“影子落在了蝴蝶的翅膀上/翅膀此刻纹丝不动/但突然/以香气/以尖锐的香气/袭击着天空”。在光影、空间、静物和昆虫之间形成了一种张力。那些微观事物的变化在咒语中变得“巨大”起来，由此产生了宏大事件的幻觉。

这些经过虚构或放大的假性事件，是马莉诗歌的基本对象。它们是偶然的，处在发生和未发生之间，细小而又阔大，被各种似是而非的语词所环绕。诗人由此成了一个“伪叙述者”，复孜孜不倦地制着那些博尔赫斯笔下的“特隆”式语境。在潮湿的珠江三角洲季风里，诗句就此像树叶一样生长和陨落。

物件的抽象性和事件的虚无性，营造着马莉诗歌的暧昧性。“在暧昧的日子里/到处是暧昧的气息……在暧昧的日子里/褐色长裙在风中飘忽不定/门窗神秘地响起/在每一时刻/等待暧昧的来临/这等待多么离奇/又多么痛苦/却不可以抗拒”（《在暧昧的日子里》）。这首诗显然是马莉“暧昧诗学”的一项自我证明，它不仅在暗示“暧昧的书写对象”，而且还要进一步暗示“暧昧的书写”自身。叙事主体和被叙事物的这种双重暧昧，正是马莉诗歌的一种特性。

此外，马莉诗歌的闭合性也是不言而喻的。它像一种密不透风的容器，其间陈放着诗人的自我影像，她在这个限度里反观自身，“思想在怀念之中保持着严肃的警惕”：我在一间空房子里朗读/一个人长久地朗读/我的声音从空房子传向旷野/脆弱的事物变得坚固/爱情从深处走来/在远方颤栗（《我在一间空房子里朗读》）。诗人在椅子、墙壁、门、露台和楼梯的距离中发现了语词的真相。这真相是静止的，却在意识的动乱（季风和雷雨）中被发现和改组。但在另一方面，马莉也时常意识到，“诗还未开始/就已告结束/时辰到了你姗姗来迟/奇迹没有发生”（《奇迹没有发生》）。正如马莉的诗句所说，她在日常生活的感知中“无中生有地制造意义”。

正是这种从无中生有中制造意义的方式，构筑了女性主义的诗歌玄学。在粗略地分析了马莉的诗歌品质之后，我要再度返回这个话题。在我看来，马莉的玄学是女性化的，她的书写保持了对细微变化的感官敏锐，却又超越了女性的纯粹感性，凭借对事物的哲学本性的追问，向形而上的世界悄然飞跃。对空间和物体的体察、对事件的抽象能力、沉静而简洁的叙事，以及对抒情的审慎规避，所有这些元素都令她的书写获得了特殊的话语深度。

鉴于资讯资本主义时代互联网的高度繁荣，汉语垃圾化趋势变得势不可挡。文学日益萎缩，诗歌的道路变得日益狭窄。只有极少数诗人能够战胜媚俗潮流的诱惑，蜗居在诗性空间里，不倦地经营着话语的原创事业。他们在捍卫诗歌灵魂的同时，还要为退化的现代汉语守住最后的营地。自从 20 世纪 80 年代以来，诗歌的使命从未像今天这样沉重。在马莉诗集行将出版之际，请允许我借此机会向包括马莉在内的诗人们表达敬意。他们坚持为诗歌的灵魂“守寡”的立场，无疑将成为汉语文学的一个微弱福音，因为正是在这样的书写中，孕育着未来复兴的希望。

学术简表

专　　著

《流氓的盛宴》　　新星出版社 2006 年版
《华夏上古神系》　　东方出版社 2014 年版

文　　集

《燃烧的迷津》　　学林出版社 1991 年版
《聒噪的时代》　　湖南文艺出版社 1998 年版
《逃亡者档案》　　学林出版社 1999 年版
《话语的闪电》　　华龄出版社 2003 年版
《守望者的文化月历》　　花城出版社 2005 年版
《孤独的大多数》　　中国书籍出版社 2012 年版
《眼与耳的盛宴》　　福建人民出版社 2010 年版
"朱大可守望书系"（《神话》《审判》《乌托邦》《时光》《先知》）
东方出版社 2013 年版
《文化虫洞：朱大可语录》　　江苏文艺出版社 2014 年版

小说　散文　诗歌

《记忆的红皮书》　　花城出版社 2008 年版

《长生弈》 花城出版社 2018 年版
《古事记》 人民文学出版社 2018 年版

编 著

《21 世纪中国文化地图》（中文版九卷）
广西师大出版社、商务印书馆等
《中国文化总览》（日文版八卷） 好文出版
《文化批评》（主编，教材） 古吴轩出版社 2011 年版

论文（2000 年以前）

《从媒介系统看艺术的历史演进》
《华东师范大学学报》1982 年第 3 期
《电影系统论》 《当代文艺探索》1985 年第 3 期
《论艺术及其美学的有序化》 《当代文艺探索》1986 年第 2 期
《西方艺术的异化与反异化》 《批评家》1986 年第 1 期
《焦灼的一代和城市梦》 《当代文艺思潮》1986 年第 1 期
《文学批评：科学文化与宗教文化的对话》
《当代文艺思潮》1986 年第 3 期
《谢晋模式：当代电影的图腾和衰变信号》
《语文导报》1986 年第 11 期
《人类需要的艺术代偿》 《上海文学》1986 年第 11 期
《从文化的寂灭到自我的寂灭——张小波及其诗论》
《中国》1986 年第 11 期
《诗神的迷误》 《上海文论》1987 年第 5 期
《城市神话及其游戏规则》 《中外文学》1987 年第 6 期
《空心的文学——关于新时期文学的白皮书》《作家》1988 年第 9 期
《亚当的城市》 《艺术广角》1988 年第 2 期

《懒慵的自由——宋琳及其诗论》　《当代作家评论》1988年第3期
《都市的老鼠》　《上海文论》1988年第6期
《燃烧的迷津——缅怀先锋诗歌运动》　《上海文论》1989年第4期
《游戏背景》　《花城》1990年第5期
《超越大限（信念的诞生）》　《上海文论》1991年第8期
《缅怀浪漫主义》　《福建文学》1991年第1期
《先知之门——海子与骆一禾论纲》　《上海文论》1991年第8期
《无边的聒噪——关于北村小说》　《当代作家评论》1992年第1期
《洪水神话及其大灾变背景》　《上海师范大学学报》1993年第1期
《亚细亚痛苦及其消解模式》　《花城》1994年第4期
《流氓的精神分析》　《花城》1996年第6期
《甜蜜的行旅——论余秋雨现象》
《十作家批判书》，陕西师范大学出版社1999年

代表性短评

《谢晋电影模式的缺陷》　《文汇报》1986年7月8日

影像作品

《苹果阐释》（行为艺术，与张隆等合作）　《上海美术馆》1992年
《百年婚恋》（文献纪录片，120集）（总撰稿）　阳光卫视2002年
《郑和》（文献纪录片，策划与撰稿）　阳光卫视2003年

跋

本书所收集的，是我 1982 年以来的大多数文学批评文章，它们在被抹去尘土之后被重新点亮，大致地勾勒出我的文学生命轨迹。为了编订自己的写作年表，我坐在地板上，从阁楼上的书橱里翻检那些早已泛黄的老旧杂志，一股霉变的气味弥漫开来。在昏黄的灯光下，我突然意识到，我曾经是那个“阁楼上的疯女人”的精神邻人。

“闽籍学者文丛”把我定义为一个福建批评家，这也许比较符合我自己的意愿。作为武平客家人的后裔，我可能秉承了客家人的某些文化特征——酷爱自由和无所畏惧，但同时我也因出生和成长于上海，带有某种海派文化习性——喜欢精致的事物、修辞和隐喻，并且乐此不疲。

我与其说是一个纯种的福建人（我母亲是莆田人），不如说是一个文化混血的产物。正是这种山地和海岸的地理杂交，塑造了我这样的怪物。直到今天，我都无法给自己找到精准的身份定位。我是“客人”而非“家人”。作为一个文化弃儿，我长期漂流在我的文化祖国，与现有的学术秩序格格不入。这种状况还将令人不快地持续下去。

就其本质而言，写作就是一场“为了告别的聚会”。我们这代人正在和那些杂志一起发黄和老去，逐步退出历史。即便这些“文化遗产”被结集出版，仍无法逃脱被遗忘的命运。对此我没有任何意见。在人类的浩瀚历史面前，我们都露出了渺小可笑的弱点。

与时间较量的唯一方式，就是不断蜕变和蝶化。我很庆幸的是，我正在以另一个物种的立场打量我的过去。我看见褪去的那个旧壳，我也看见那个崭新的未来。我就这样跟时间之神达成了和解。

顺便告知我的读者，在整理出版这些旧作时，编辑做了一些删节。

再祝我的旧壳，有机会成为博物馆玻璃橱里的历史展品。

2019 年 10 月 20 日

于上海浦东张江寓中